Verfassungsrechtliche Untersuchung der Impfgesetzgebung in Deutschland

Europäische Hochschulschriften Recht

European University Studies in Law

Publications Universitaires Européennes de Droit

Band/Volume 6679

Julia-Marleen Staudinger

Verfassungsrechtliche Untersuchung der Impfgesetzgebung in Deutschland

Von Information und Aufklärung bis zum Impfzwang

PETER LANG

Bibliografische Information der Deutschen Nationalbibliothek
Die Deutsche Nationalbibliothek verzeichnet diese Publikation in der Deutschen Nationalbibliografie; detaillierte bibliografische Daten sind im Internet über http://dnb.d-nb.de abrufbar.

Zugl.: Bielefeld, Univ., Diss.,2021

Gedruckt auf alterungsbeständigem, säurefreiem Papier.
Druck und Bindung: CPI books GmbH, Leck

D 361
ISSN 0531-7312
ISBN 978-3-631-84748-0 (Print)
E-ISBN 978-3-631-86194-3 (E-PDF)
E-ISBN 978-3-631-86195-0 (EPUB)
DOI 10.3726/b18708

Diese Publikation wurde begutachtet.

www.peterlang.com

Vorwort

Die vorliegende Arbeit wurde ab dem Jahr 2013 geschrieben und schließlich im Januar 2020 – mithin unmittelbar vor Beginn der COVID-19-Pandemie – fertiggestellt. Die Disputation fand am 24.11.2020 an der Universität Bielefeld statt.

Ab März 2020 erfolgten zahlreiche Änderungen des IfSG, welches bis dahin eher ein Schattendasein führte. In Folge der Reformen wurden neue Kommentare aufgelegt und ergingen zahlreiche Publikationen. All dieses in der gebotenen Sorgfalt einzuarbeiten, hätte bedeutet, die Arbeit in weiten Teilen zu verändern. Derart massive inhaltliche Eingriffe wären über die erlaubte Aktualisierung bis zur Drucklegung hinausgegangen, sodass ich mich dafür entschieden habe, sie auf dem Stand von Januar 2020 zu belassen. Dies bedeutet nicht, dass die Ausführungen überholt sind. Vielmehr können etliche Fragen auf die Zeit in und nach der Pandemie übertragen werden.

Danksagung

Mein Dank gilt meinem Doktorvater Prof. Dr. Gusy, der mit viel Geduld auf den Abschluss der Arbeit wartete.

Für die Erstellung des Zweitgutachtens danke ich Frau Prof. Dr. Kathrin Groh.

Ebenso danken möchte ich Dr. Christoph Ebeling für seine hilfreichen Anregungen.

Meinen Eltern Birgit und Matthias Werner sowie meinen Schwiegereltern Lydia und Dr. Heinz Staudinger danke ich für ihren stetigen Rückhalt.

Zuletzt danke ich in besonderem Maße meinem Mann Ansgar für zahlreiche spannende Diskussionen und seine unermüdliche Unterstützung.

Marleen Staudinger
Bielefeld, im April 2021

Inhaltsverzeichnis

Abkürzungsverzeichnis

Bay KiBiG	Bayerisches Kinderbildungs- und Betreuungsgesetz
BGBl.	Bundesgesetzblatt
BremKTG	Bremisches Kindertageseinrichtungs- und Kindertagespflegegesetz
BSeuchG	Bundesseuchengesetz
BT-DS	Bundestagsdrucksache
GO	Geschäftsordnung
HGöGD	Hessisches Gesetz über den öffentlichen Gesundheitsdienst
IfSG	Infektionsschutzgesetz
IfSGDV RP	Landesverordnung zur Durchführung des Infektionsschutzgesetzes
IfSZV	Infektionsschutzzuständigkeitsverordnung Brandenburg
KiBiz NRW	Kinderbildungsgesetz Nordrhein-Westfalen
KiFöG MV	Kindertagesförderungsgesetz Mecklenburg-Vorpommern
KiFöG SA	Kinderförderungsgesetz Sachsen-Anhalt
KitaFöG Berlin	Kindertagesförderungsgesetz Berlin
KitaG BB	Kindertagesstättengesetz Brandenburg
KitaG BW	Kindertagesbetreuungsgesetz Baden-Württemberg
KitaG NS	Gesetz über Tageseinrichtungen für Kinder Niedersachsen
KitaG SH	Kindertagesförderungsgesetz Schleswig-Holstein
KTagStG RP	Kindertagesstättengesetz Rheinland-Pfalz
m. w. N.	mit weiteren Nachweisen
PrävG	Präventionsgesetz
Reichsgesetzbl.	Reichsgesetzblatt
RKI	Robert-Koch-Institut
Rn.	Randnummer
SKBBG	Saarländisches Kinderbetreuungs- und -bildungsgesetz
SH	Schleswig-Holstein
SL	Saarland
St. Rspr.	Ständige Rechtsprechung
STIKO	Ständige Impfkommission
ThürKitaG	Thüringer Kindertagesbetreuungsgesetz
VO	Verordnung
Vorb.	Vorbemerkung
Zif.	Ziffer

Bezüglich aller weiteren verwendeten Abkürzungen wird verwiesen auf:

Kirchner, Hildebert (Begr.) -	Abkürzungsverzeichnis der Rechtssprache, 9. Auflage, Berlin 2018
Duden, Konrad (Begr.) -	Die Deutsche Rechtsschreibung, Band 1, 27. Auflage, Berlin, 2017

1. Kapitel – Einleitung

A. Anlass der Untersuchung

Das Thema Impfen wird seit vielen Jahren kontrovers diskutiert. Immer wieder gibt es in Deutschland Ausbrüche von Krankheiten, die eigentlich durch Impfungen vermeidbar gewesen wären. Wissenschaftliche Analysen zeigen, dass die Impfquoten für die verschiedenen impfpräventablen Krankheiten in der Bundesrepublik dauerhaft zu niedrig sind. Dies liegt darin begründet, dass Probleme beim zeitgerechten Impfen im Kleinkindalter sowie im Jugend- und Erwachsenenalter bestehen und daneben für einzelne Impfungen eine erhebliche Varianz auf regionaler Ebene zu erkennen ist.[1]

Einige Stimmen fordern daher immer wieder die Einführung einer Impfpflicht, andere hingegen lehnen eine solche strikt ab.[2]

Diese Problematik gibt Anlass dazu, die in Deutschland bestehenden gesetzlichen Regelungen über Schutzimpfungen zu untersuchen, sie verfassungsrechtlich zu bewerten und zu überlegen, inwiefern sie verbesserungsbedürftig sind.

Diese Arbeit wurde in ihren Grundzügen erstellt, bevor die Bundesregierung am 17.07.2019 die Einführung eines Gesetzes für den Schutz vor Masern und zur Stärkung der Impfprävention beschloss, nach welchem alle Personen, die eine Gemeinschaftseinrichtung besuchen, einen Masernimpfschutz nachweisen müssen.[3] Am 14.11.2019 hat der Bundestag dieses sogenannte Masernschutzgesetz verabschiedet und es wird am 01.03.2020 in Kraft treten. Die Ergebnisse und Vorschläge dieser Ausarbeitung sind mithin im Zeitraum vor der Gesetzesnovelle entwickelt worden. In Kapitel 5 erfolgt ein Überblick über dieses neue Gesetz. Es wird hier den zuvor gefundenen Ergebnissen gegenüber gestellt.

---

1 Robert-Koch-Institut, Aktuelles aus der KV-Impfsurveillance - Impfquoten ausgewählter Schutzimpfungen in Deutschland, in: Epidemiologisches Bulletin 1/18, S. 1–14, S. 13.

2 Siehe z. B. Braucht Deutschland eine Impfpflicht? v. 02.04.2019, https://www.tagesschau.de/faktenfinder/inland/impfgegner-103.html (zuletzt abgerufen am 14.12.2019). Diese Impfgegnerschaft gibt es seit dem Beginn der Impfungen, vgl. Hundert Jahre Impfgesetz - Ausstellung in der Universitäts-Bibliothek Gießen, 19.–26. April 1974, Katalog, S. 6.

3 (Überarbeiteter) Gesetzentwurf der Bundesregierung, BT-DS 19/13452 v. 23.09.2019.

B. Allgemeines zu Schutzimpfungen

I. Kurzer Überblick über die Entstehung von Schutzimpfungen

Die sogenannte Pocken-Krankheit ist den Menschen vermutlich bereits seit Jahrtausenden bekannt. Es handelt sich dabei um eine schwere fieberhafte Allgemeinerkrankung mit ausgeprägtem Hautausschlag, die durch Tröpfcheninfektion übertragen wird.[4] Die Pocken waren früher zunächst in Europa und Asien weit verbreitet und zogen eine hohe Sterblichkeit nach sich.[5] Europäische Seefahrer brachten die Krankheit dann auch nach Amerika und später nach Australien.

Um diesem Massensterben ein Ende zu setzen, gab es immer wieder Versuche, Stoffe und Verfahren zu entwickeln, um die Ansteckungsfähigkeit des Pockensekretes abzuschwächen. Die Erfahrung hatte gezeigt, dass eine einmal überstandene Krankheit einen Menschen vor einer zweiten Erkrankung schützte.[6] Weiterhin verbreitete sich die Erkenntnis, dass auch Menschen, insbesondere Melkerinnen, die die sogenannten Kuhpocken, eine im Vergleich zu den Pocken harmlose Virusinfektion, überstanden hatten, sich nicht mehr mit der menschlichen Pockenerkrankung infizierten. Verschiedene Personen experimentierten daraufhin ab 1770 mit der sogenannten Kuhpockenlymphe, eine Flüssigkeit entnommen aus einer Kuhpockenpustel. Darunter gilt der englische Arzt Edward Jenner als derjenige, der letztendlich die erste Schutzimpfung gegen Pocken, von ihm als „Vakzination"[7] bezeichnet, entwickelte. Am 14. Mai 1796 gelang ihm dieser entscheidende Schritt, als er einen achtjährigen Jungen mit dem Sekret einer an Kuhpocken leidenden Magd impfte, worauf selbiger ebenfalls leicht an Kuhpocken erkrankte. Sechs Wochen später infizierte sich der Junge trotz Kontaktes mit dem Pockensekret nicht mit den Pocken. Diese damals revolutionären Erkenntnisse veröffentlichte Jenner 1798 in seinem Buch.[8]

Diese Methode des Impfens wurde fortan in ganz Europa kopiert. Wie kein anderes Ereignis in der Medizingeschichte stieß diese erste Impfung sowohl bei

---

4 Hundert Jahre Impfgesetz - Ausstellung in der Universitäts-Bibliothek Gießen, 19.-26. April 1974, Katalog, S. 3.

5 Medizingeschichte: Geschichte der Schutzimpfung, DAZ 2003, Nr. 17, S. 76–79.

6 Hundert Jahre Impfgesetz - Ausstellung in der Universitäts-Bibliothek Gießen, 19.-26. April 1974, Katalog, S. 3f.

7 Engl. vaccination nach lat. vacca = Kuh.

8 Medizingeschichte: Geschichte der Schutzimpfung, DAZ 2003, Nr. 17, S. 76–79; Hundert Jahre Impfgesetz - Ausstellung in der Universitäts-Bibliothek Gießen, 19.-26. April 1974, Katalog, S. 4; Schuhmacher/Meyn, BSeuchG, Vorb. §§ 14–16.

Ärzten als auch in der Bevölkerung auf große Zustimmung.[9] Die letzten dokumentierten Fälle der Pocken traten 1977 in Somalia und 1978 in Birmingham auf. 1980 erklärte die WHO die Welt für pockenfrei. Damit war es knapp 200 Jahre nach Erfindung der Impfung als neue Maßnahme erstmalig möglich, eine Krankheit weltweit auszurotten.[10]

Ende des 19. Jahrhunderts gewannen dann Wissenschaftler wie Louis Pasteur, Robert Koch, Emil von Behring und Paul Ehrlich unter anderem durch Versuchsreihen mit Tieren wichtige Erkenntnisse über neue Impfungen. So entwickelten sie Tollwut-, Diphtherie- und Tetanusimpfstoffe.[11]

In den 1950er Jahren gelang es dem amerikanischen Forscher Jonas Salk einen Impfstoff gegen die Kinderlähmung zu entwickeln.[12]

II. Schutzimpfungen aus medizinischer Sicht

Impfungen gehören heute aus medizinischer Sicht zu den wichtigsten und wirksamsten präventiven Maßnahmen, die zur Verfügung stehen.[13]

Durch eine Schutzimpfung wird eine künstliche Immunität des Körpers gegenüber bakteriellen oder viralen Infektionskrankheiten erzeugt, die, soweit rechtzeitig durchgeführt, den Ausbruch einer bestimmten Krankheit verhindert. Unmittelbares Ziel der Impfung ist es, den Geimpften selbst vor einer ansteckenden Krankheit zu schützen. Durch das Erreichen hoher Impfquoten ist es wiederum möglich, einzelne Krankheitserreger zunächst regional und im Anschluss weltweit auszurotten.[14]

III. Herdenimmunität und Musketierprinzip

Neben dem Individualschutz gibt es noch einen weiteren wichtigen Vorteil des Impfens: Die durch eine Impfung erworbene Immunität des Individuums ist auch für die restliche Population wichtig, denn eine geimpfte Person kann die Erkrankung nicht mehr an andere übertragen. Somit werden auch Personen innerhalb der Gemeinschaft geschützt, die noch oder gar nicht geimpft werden können, wie Babys

---

9 Hundert Jahre Impfgesetz - Ausstellung in der Universitäts-Bibliothek Gießen, 19.-26. April 1974, Katalog, S. 4.

10 Schuhmacher/Meyn, BSeuchG, Vorb. §§ 14–16.

11 Medizingeschichte: Geschichte der Schutzimpfung, DAZ 2003, Nr. 17, S. 76–79.

12 Medizingeschichte: Geschichte der Schutzimpfung, DAZ 2003, Nr. 17, S. 76–79.

13 https://www.rki.de/DE/Content/Infekt/Impfen/impfen_node.html (zuletzt abgerufen am 02.11.2019).

14 https://www.rki.de/DE/Content/Infekt/Impfen/impfen_node.html (zuletzt abgerufen am 02.11.2019).

oder Immungeschwächte.[15] Ein einzelner Ungeimpfter braucht in der Gesellschaft Geimpfter keine Angst vor der Ansteckung mit einer impfräventablen Krankheit zu haben. Dieses Phänomen wird als Herdenimmunität oder Musketierprinzip, getreu dem Motto „Einer für alle – alle für einen!", bezeichnet.[16] Wenn sehr viele Menschen geimpft sind, kann dieser Gemeinschaftsschutz zur Ausrottung bestimmter Krankheiten führen.[17]

IV. Teufelskreis

Diese bestehende Herdenimmunität kann wiederum dazu führen, dass Einzelne diese gut geimpfte Gesellschaft dazu ausnutzen, sich selbst nicht impfen zu lassen – sogenanntes Trittbrettfahren. Sie profitieren also von den Vorteilen der Herdenimmunität, ohne selbst ihren Beitrag dazu zu leisten.[18] Wenn zu viele Menschen ein solches Ausnutzen praktizieren, funktioniert das Prinzip der Herdenimmunität durch zahlreiche Ungeimpfte jedoch nicht mehr.

Daneben besteht die Problematik, dass, sobald die Häufigkeit des Auftretens bestimmter Krankheiten durch gute Impfquoten abnimmt, die Angst vor jenen Krankheiten in der Bevölkerung schwindet und damit auch das Bewusstsein für die Wichtigkeit von Impfungen. Die Bevölkerung wiegt sich in Sicherheit und deshalb werden weniger Impfungen vorgenommen, was als sogenannte „Impfmüdigkeit" bezeichnet wird. Diese führt wiederum zu erneuten Ausbrüchen der Krankheit.[19]

V. Nebenwirkungen und Impfschäden

Allgemeine Reaktionen des Körpers nach einer Impfung sind möglich und Ausdruck dafür, dass sich das Immunsystem mit dem Impfstoff wie erwünscht auseinandersetzt. Diese halten in der Regel nur wenige Tage an.[20]

---

15 http://rocs.hu-berlin.de/D3/herd/musketierprinzip/ (zuletzt abgerufen am 02.11.2019); https://www.impfen-info.de/wissenswertes/herdenimmunitaet/ (zuletzt abgerufen am 02.11.2019).

16 http://rocs.hu-berlin.de/D3/herd/musketierprinzip/ (zuletzt abgerufen am 02.11.2019).

17 http://rocs.hu-berlin.de/D3/herd/musketierprinzip/ (zuletzt abgerufen am 02.11.2019).

18 Betsch u. a., On the benefits of explaining herd immunity in vaccine advocacy, Nature Human Behaviour 56, 2017, S. 1–6, S. 1.

19 Vgl. auch Thießen, Vorsorge als Ordnung des Sozialen, in: Zeithistorische Forschungen, Online-Ausgabe, 10 (2013), Heft 3, S. 1–23, , S. 9.

20 https://www.rki.de/DE/Content/Infekt/Impfen/Nebenwirkungen/nebenwirkungen_node.html;jsessionid=A06CDA28C465FF06B4B3235793117CEC.2_cid363 (zuletzt abgerufen am 02.11.2019).

Schwerwiegendere Impfkomplikationen und -schäden sind sehr selten. Früher traten diese häufiger bei Impfungen auf, die heute nicht mehr empfohlen werden. Verdachtsfälle von außergewöhnlichen Impfnebenwirkungen müssen an das Paul-Ehrlich-Institut gemeldet werden.[21]

VI. Ungeimpfte

Die Personen, die sich nicht impfen lassen, können grob in zwei Gruppen unterteilt werden. Die eine Gruppe ist die der ideologisierten Impfgegner, die sich aus verschiedenen Gründen bewusst gegen das Durchführen von Schutzimpfungen entscheidet. Meist ist es die Angst vor eintretenden Impfschäden, die diese bewegt. Deren Anteil an der Gesamtbevölkerung ist laut einer Befragung der Bundeszentrale für gesundheitliche Aufklärung (BZgA) zur Einstellung der Allgemeinbevölkerung zum Impfen sehr gering.[22] Auch eine europaweit durchgeführte Studie zeigt, dass 85 Prozent aller Europäer Impfstoffe befürworten.[23] Wesentlich größer als die kleine Gruppe der Impfgegner ist der Anteil der „Impfsäumigen", die zwar grundsätzlich impfwillig sind, es aber schlichtweg vergessen, Impfungen durchführen zu lassen.

Grundsätzlich ist jeder für seine Gesundheit eigenverantwortlich und kann mithin über die Durchführung von Schutzimpfungen selbst entscheiden. Die Folgen, die sich durch das Nichtdurchführen von Schutzimpfungen durch oben genannte Gruppen ergeben, sind jedoch für andere problematisch. Offensichtlich droht einerseits beim Auftreten von ansteckenden Infektionskrankheiten für jeden selbst eine Ansteckungsgefahr. Diese liegt im eigenen Verantwortungsbereich eines jeden Individuums. Inwiefern der Staat den einzelnen vor sich selbst zu schützen hat, muss in diesem Zusammenhang erörtert werden.

Alle anderen Personen wiederum, die Schutzimpfungen an ihrem Körper auf freiwilliger Basis haben durchführen lassen, sind dadurch geschützt und es besteht für sie keine Gefahr, soweit die Impfung wirkt. In wenigen Fällen kann eine durchgeführte Impfung jedoch ohne den erwarteten Erfolg der Immunisierung

---

21 https://www.impfen-info.de/wissenswertes/sicherheit-von-impfungen/ (zuletzt abgerufen am 02.11.2019).

22 Vgl. Antwort der Bundesregierung auf die Kleine Anfrage des Abgeordneten Dr. Wieland Schinnenburg und der Fraktion der FDP, BT-DS 19/320 v. 22.12.2017, S. 2; siehe auch Beschlussprotokoll des 110. Deutschen Ärztetages v. 15.-18.05.2007 in Münster, S. 21f.

23 Nachrichten zum Europäischen Sozial- und Arbeitsrecht, ZESAR 2019, S. 313–316, S. 315.

bleiben. Außerdem gibt es Personen, die aus gesundheitlichen Gründen nicht geimpft werden können. Diesen droht eine Ansteckung durch Ungeimpfte und dadurch gegebenenfalls eine lebensbedrohliche Erkrankung. Zu untersuchen ist, ob der Staat hier seinem Schutzauftrag ausreichend nachkommt.

VII. Schutzimpfungen aus rechtlicher Sicht

Nach der Legaldefinition des § 2 Nr. 9 IfSG ist eine Schutzimpfung die Gabe eines Impfstoffes mit dem Ziel, vor einer übertragbaren Krankheit zu schützen.

Eine übertragbare Krankheit ist gemäß § 2 Nr. 3 IfSG eine durch Krankheitserreger oder deren toxische Produkte, die unmittelbar oder mittelbar auf den Menschen übertragen werden, verursachte Krankheit.

Diese Durchführung einer Schutzimpfung ist rechtlich gesehen eine Körperverletzung nach § 223 StGB. Sie ist nur straffrei, wenn der zu Impfende oder dessen Sorgeberechtigter oder Betreuer im Sinne des § 228 StGB vorher eingewilligt hat. Dieser Einwilligung soll eine ausführliche Aufklärung vorausgehen, die dem aktuellen medizinischen Stand entspricht.[24]

C. Gang der Untersuchung

In Kapitel 2 werden die geltenden gesetzlichen Regelungen zu Schutzimpfungen zusammengetragen. Dazu gilt es, zunächst einen Blick auf frühere Regelungen zu werfen (A.), um sodann die jetzigen Vorschriften zu untersuchen (B.).[25] Im Anschluss werden Stellungnahmen Sachverständiger zu Impfungen und dieser geltenden Gesetzeslage dargestellt und eine eigene Bewertung vorgenommen (C.).

Kapitel 3 befasst sich sodann mit der verfassungsrechtlichen Untersuchung der zuvor dargestellten Regelungen. Dazu werden zum einen diejenigen Impfgesetze, die in Grundrechte eingreifen könnten, untersucht (A.). Im Anschluss gilt es, die bestehenden Regelungen im Hinblick auf die staatliche Schutzpflicht und das Wächteramt der staatlichen Gemeinschaft zu untersuchen (B.).

Kapitel 4 stellt Möglichkeiten zur Erhöhung der Impfquote vor und enthält deren verfassungsrechtliche Bewertung.

Kapitel 5 befasst sich sodann mit dem neuen Masernschutzgesetz.

24 Vgl. Erdle, Allgemeines zu § 20 bis 22, Zif. 2) m.w.N.

25 Wie oben beschrieben finden die Neuregelungen durch die Masernimpfpflicht hier zunächst noch keine Berücksichtigung.

2. Kapitel – Überblick über die gesetzlichen Regelungen zu Schutzimpfungen und Stellungnahmen zu Schutzimpfungen

Es ist zu untersuchen, welche gesetzlichen Regelungen zu Schutzimpfungen in Deutschland derzeit bestehen. Vorab werden ehemalige deutsche Vorschriften zum Impfen dargestellt, im Anschluss die aktuell gültigen. Danach folgen Stellungnahmen Sachkundiger zu Schutzimpfungen sowie den dazu vorhandenen Gesetzen, wobei sich eine eigene Bewertung der dargestellten Regelungslage anschließt.

A. Kurze Geschichte der Impfregelungen und -praxis

Wie oben gesehen, verbreitete sich die Pockenschutzimpfung nach dem Vorbild Jenners sehr schnell in ganz Europa.[26]

Während Preußen und andere deutsche Staaten die Impfung nicht als Zwangsmaßnahme durchführten, erließ das Großherzogtum Hessen als erstes Gesetz dieser Art im Jahr 1807 eine Pockenschutz-Impfpflicht, wenig später folgte das Königreich Bayern.[27]

Erst im Jahr 1874 führte das Deutsche Reich eine allgemeine gesetzliche Impfpflicht ein, nämlich die Pflicht zur Durchführung der Pockenschutzimpfung durch das Reichsimpfgesetz.[28] Dieses Gesetz galt noch bis in die Bundesrepublik Deutschland und die Deutsche Demokratische Republik fort.

Daneben gab es in der BRD wie der DDR unterschiedliche Regelungen über Schutzimpfungen, die neben der tatsächlichen Impfpraxis kurz dargestellt werden.

I. Die Pockenschutzimpfung nach dem Reichsimpfgesetz von 1874

Am 8. April 1874 verabschiedete Kaiser Wilhelm I. ein sogenanntes „Impfgesetz“[29] für das Deutsche Reich, welches am 1. April 1875 in Kraft trat und die

26 Siehe 1. Kap. B. I.

27 Medizingeschichte: Geschichte der Schutzimpfung, DAZ 2003, Nr. 17, S. 76–79, 77.

28 Reichsgesetzbl. 1874, Nr. 11, S. 31.

29 Reichsgesetzbl. 1874, Nr. 11, S. 31.

Pockenschutzimpfung für jedes Kind im gesamten Reich verpflichtend machte. Grund für dieses Gesetz waren die Pockenepidemien im und nach dem deutsch-französischen Krieg 1870/71, denen im Deutschen Reich in den Jahren 1870 bis 1873 insgesamt 181.000 Menschen, darunter ein hoher Anteil der Zivilbevölkerung, zum Opfer fielen.[30]

Das Gesetz schrieb vor, welche Kinder sich der Impfung zu unterziehen hatten, nämlich jene im Alter zwischen ein bis zwei sowie von 12 Jahren, sofern nicht bescheinigt werden konnte, dass sie die Pocken bereits überstanden hatten oder dass eine Schutzimpfung bereits erfolgt war (§ 1). Über die Namen jener Kinder und deren Impfzustand führten die Behörden Listen (§ 7). Öffentliche Impfärzte überwachten die Durchführung der Schutzimpfungen oder nahmen sie selber vor (§§ 6, 9). § 6 regelte die örtliche und zeitliche Organisation der Durchführung der Schutzimpfungen und deren Unentgeltlichkeit. Sechs bis acht Tage nach der Impfung erfolgte eine ärztliche Kontrolle des Impflings (§ 5). Behördlich eingerichtete Impfinstitute beschafften, erzeugten und verteilten den Impfstoff (§ 9). In einem Impfschein war für jedes Kind der Impfstatus zu vermerken (§§ 10, 11). Eine Kontrolle mit Meldepflicht erfolgte durch die Schulen (§ 13), die Eltern waren gehalten, den Impfnachweis zu führen (§ 12).

Durch Vorlage eines ärztlichen Zeugnisses konnte die Schutzimpfung aus medizinischen Gründen verschoben werden (§ 2) und bei Erfolglosigkeit bestand eine Nachholpflicht (§ 3).

Wurde die Vornahme der Impfung versäumt, so war eine behördliche Fristsetzung vorgeschrieben (§ 4) und bei Nichtnachkommen konnten gegen die Eltern Geldstrafen von bis zu 20 oder bis zu 50 Mark sowie bis zu 3 Tage Haft angeordnet werden (§ 14). Auch für Lehrer und Ärzte war eine Geldstrafe von bis zu 100 Mark vorgesehen, wenn sie ihren gesetzlichen Verpflichtungen zur Listenführung und Kontrolle nicht folgten (§ 15).[31]

Allerdings war die Einführung dieses Impfzwanges im damaligen Reichstag sehr umstritten, es gab dafür nur eine knappe Mehrheit.[32] Die Politiker im Reich

---

30 Gutachten des Bundesgesundheitsamtes über die Durchführung des Impfgesetzes, S. 2; Vgl. auch Gesetzentwurf der Bundesregierung, BT-DS 7/4375 v. 01.12.1975, S. 7.

31 Zur Entstehung der Impfgesetzgebung siehe auch Kerscher, Der preußische Weg zum Impfzwang - Die Entwicklung der preußischen Pockenschutzgesetzgebung 1750–1874.

32 Thießen, Vom immunisierten Volkskörper zum „präventiven Selbst", in: VfZ 1/2013, S. 35–64, S. 39: 151 Befürworter und 138 Gegner. Siehe zur Diskussion um die Einführung der Impfpflicht: Verhandlungen des Deutschen Reichstags, 17. Sitzung am 14.03.1874, Reichstagsprotokolle - 1874, 1, S. 336 ff; siehe auch Höfling, Vom präventiven Selbst zum immunisierten Volkskörper?, in: JZ 2019, S. 776–778, S. 776.

diskutierten seit dem Gesetzeserlass immer wieder, den Impfzwang abzuschaffen und stattdessen auf Freiwilligkeit bei der Durchführung der Pockenschutzimpfung zu setzen. Nichtsdestotrotz wurde der gesetzliche Impfzwang mehr als 50 Jahre lang strikt verfolgt, obschon die Gegner des Zwangs jenen fortwährend kritisierten.[33]

Das Gesetz führte schließlich dazu, dass die Anzahl der Pockenerkrankungen und -todesfälle in der Bevölkerung stark zurückging. Der Grund dafür können jedoch nicht nur – wie von Impfkritikern gern angeführt – die stets besser werdenden Hygieneverhältnisse sein. Bewiesen wird dies durch die Tatsache, dass in Ländern ohne eine gesetzliche Impfpflicht wie England oder Holland trotz gleicher Lebensverhältnisse zu dieser Zeit die Pocken immer wieder auftraten.[34]

Später führte das Reichsimpfgesetz gemeinsam mit ähnlichen Gesetzen in anderen Ländern letztendlich sogar dazu, dass die Pocken aus Nordamerika und Europa verschwanden.[35]

Im Jahr 1930 schlug der Präsident des Reichsgesundheitsamtes Carl Hamel vor, die Durchsetzung des Impfzwanges praktisch auszusetzen. Formal behielt das Impfgesetz jedoch weiterhin seine Gültigkeit.[36] 1933 schrieb die Politik offiziell eine liberalisierte Impfpraxis fest. Der gesetzliche Zwang blieb nichtsdestotrotz weiterhin – unter anderem aus wehrpolitischen Gründen – in Kraft.[37]

Nach Gründung der Bundesrepublik Deutschland 1949 galt das Reichsimpfgesetz von 1874 und damit die Pockenimpfpflicht gemäß Art. 123 Abs. 1 GG als vorkonstitutionelles Gesetz fort. Die Angst vor einer erneuten Einschleppung der Krankheit begründete die Aufrechterhaltung des Impfzwangs trotz Pockenfreiheit in Deutschland – wie auch in anderen westlichen Ländern.[38]

In der jungen BRD stand diese immer noch fortgeltende Impfpflicht allerdings stetig in der Diskussion. Gegner kritisierten die zu starke Intervention des Staates.[39] 1951 versuchte beispielsweise das Friedensobergericht Stuttgart das

---

33 Thießen, Vom immunisierten Volkskörper zum „präventiven Selbst“, in: VfZ 1/2013, S. 35–64, S. 43 ff; Geschichte der Schutzimpfung, DAZ 2003, Nr. 17, S. 76–79, 77.

34 Gutachten des Bundesgesundheitsamtes über die Durchführung des Impfgesetzes, S. 11.

35 Siehe Gesetzentwurf der Bundesregierung, BT-DS 7/4375 v. 01.12.1975, S. 7.

36 Thießen, Vom immunisierten Volkskörper zum „präventiven Selbst“, in: VfZ 1/2013, S. 35–64, S. 45.

37 Thießen, Vom immunisierten Volkskörper zum „präventiven Selbst“, in: VfZ 1/2013, S. 35–64, S. 46 ff.

38 Gutachten des Bundesgesundheitsamtes über die Durchführung des Impfgesetzes, S. 87.

39 Thießen, Vorsorge als Ordnung des Sozialen, in: Zeithistorische Forschungen, Online-Ausgabe, 10 (2013), Heft 3, S. 1–23, S. 3.

Bundesverfassungsgericht zur Klärung der Frage anzurufen, ob die §§ 12 und 14 des Impfgesetzes von 1874 gegen das Grundrecht der körperlichen Unversehrtheit aus Art. 2 Abs. 2 GG verstießen. 1952 veröffentlichte der Erste Zivilsenat des BGH dazu eine gutachterliche Stellungnahme.[40] Der Senat stellte fest, dass das großflächige Impfen der ganzen Volksgemeinschaft die schwerwiegenden Pockenepidemien des 19. Jahrhunderts stark eingedämmt hatte. Der Impfzwang ordnete einen regelmäßig „unbedeutenden vorbeugenden ärztlichen Eingriff in die körperliche Unversehrtheit des Einzelnen" an. Abgewogen mit den Gefahren, die von der Pockenerkrankung ausgingen und denjenigen der erneuten Einschleppung der Krankheit aufgrund von großen „Seuchenherden in anderen Teilen der Welt", sei der Eingriff durch die Impfung unverhältnismäßig gering. Die körperliche Unversehrtheit sei nur in dem kleinstmöglichen Ausmaß innerhalb der Schranken des Art. 2 Abs. 2 GG berührt, der Eingriff erscheine zumutbar und damit verfassungsgemäß.[41]

Bis zum Jahr 1963 wurde die Durchführung der Pockenimpfpflicht in der BRD strikt verfolgt. So hatten im Jahr 1962 noch 1.200 Impfgegner wegen Impfverweigerung Geldstrafen zu bezahlen.[42] Kurz darauf entspannte sich dann die Durchsetzung der Pflicht. 1964 kam innerhalb des Bundesjustizministeriums der Vorschlag auf, Impfverweigerung als Ordnungswidrigkeit und nicht mehr als kriminelles Unrecht zu behandeln.[43]

Am 18. Mai 1976 lockerte das „Gesetz über die Pockenschutzimpfung"[44] in Westdeutschland sodann auch offiziell die Impfpflicht, indem darin auf die Impfung von Kleinkindern verzichtet wurde und nach seinem § 1 nur noch 12-Jährige wie Personen, die aus beruflichen Gründen gefährdet waren, der Impfpflicht unterlagen.

Die Bundesregierung begründete dies mit den weltweit großen Fortschritten in der Ausrottung der Pocken und stellte fest, dass laut Angaben der Weltgesundheitsorganisation im Jahr 1975 die Pocken nur noch in drei Ländern endemisch gewesen seien.[45]

---

40 BGHSt 4, 375.

41 BGHSt 4, 375, 377f.

42 Thießen, Vorsorge als Ordnung des Sozialen, in: Zeithistorische Forschungen, Online-Ausgabe, 10 (2013), Heft 3, S. 1–23, S. 7 m. w. N.

43 Thießen, Vorsorge als Ordnung des Sozialen, in: Zeithistorische Forschungen, Online-Ausgabe, 10 (2013), Heft 3, S. 1–23, S. 7, m. w. N.

44 BGBl. I 1976, S. 1216.

45 Gesetzentwurf der Bundesregierung, BT-DS 7/4375 v. 01.12.1975, S. 7.

1977 schlug der Bundesrat durch Einbringung eines Gesetzesentwurfes in den Bundestag eine weitere Einschränkung der Pockenschutzimpfungen vor, scheiterte damit jedoch aufgrund zu großer Bedenken der Bundesregierung.[46] 1981 brachte der Bundesrat dann einen erneuten Gesetzesentwurf zur Aufhebung des Pockenschutzgesetzes vom 18. Mai 1976 in den Bundestag ein[47], welchem die Bundesregierung[48], die Bundesländer[49] sowie der Bundestagsausschuss für Jugend, Familie und Gesundheit[50] zustimmten. Somit konnte das „Gesetz zur Aufhebung des Gesetzes über die Pockenschutzimpfung“ [51] am 01.07.1983 in Kraft treten.

Dementsprechend gibt es seit diesem Tag auch offiziell in der BRD keine Impfpflicht mehr.

Das Reichsimpfgesetz von 1874 mit der Pflicht zur Pockenschutzimpfung galt nach der Gründung der DDR – wie in der BRD – auch dort fort.[52]

Bei der tatsächlichen Durchführung der Pockenschutzimpfung gab es ab 1960 jedoch auch Lockerungen, das heißt, der Impfzwang wurde nicht mehr so stark durchgesetzt. Grund dafür war der gravierende wie stetige Rückgang der Anzahl der Pockenerkrankungen. Mitte der 1970er Jahre entfiel dann die Pockenimpfpflicht in der DDR.[53]

II. Impfregelungen und -praxis in der DDR (1949 bis 1990)

In der DDR herrschte bezüglich der Gesundheit das Leitbild der „Vorsorge und Prophylaxe“ vor. Der Sozialismus sollte dazu führen, die Bürger des Arbeiter- und Bauernstaates vor ansteckenden Erkrankungen zu schützen. Das Impfen

---

46 Gesetzentwurf des Bundesrates, BT-DS 8/933 v. 23.09.1977 und Stellungnahme der Bundesregierung (Anlage 2 derselben).

47 Gesetzentwurf des Bundesrates, BT-DS 9/524 v. 01.06.1981.

48 Stellungnahme der Bundesregierung, Anlage 2 zu ebendieser BT-DS 9/524.

49 Unterrichtung durch die Bundesregierung, BT-DS 9/2423 v. 28.02.1982.

50 Beschlußempfehlung und Bericht des Ausschusses für Jugend, Familie und Gesundheit (13. Ausschuss), BT-DS 9/1996 v. 23.09.1982.

51 BGBl. I 1982, S. 1529.

52 Thießen, Vom immunisierten Volkskörper zum „präventiven Selbst“, in: VfZ 1/2013, S. 35–64, S. 61; Thießen, Vorsorge als Ordnung des Sozialen, in: Zeithistorische Forschungen, Online-Ausgabe, 10 (2013), Heft 3, S. 1–23, S. 4.

53 Thießen, Vorsorge als Ordnung des Sozialen, in: Zeithistorische Forschungen, Online-Ausgabe, 10 (2013), Heft 3, S. 1–23, S. 8.

galt als Zeichen der Fürsorge des Staates.[54] Erklärtes Ziel der Gesundheitspolitik war das „Ausmerzen" der Volkskrankheiten.[55]

Daher wurden Anfang der 1950er Jahre systematisch Impfungen der Bevölkerung gegen Wundstarrkrampf, Keuchhusten, Tuberkulose, Kinderlähmung und Diphterie durchgeführt, wobei die letztgenannte seit 1954 sogar verpflichtend war.[56] Die Einrichtung sogenannter „Dauerimpfstellen" ermöglichte den Bürgern das Durchführen von Impfungen ohne festen Termin. Plakate, Bilder und Schilder wiesen – oft durch Darstellung der entsprechenden Krankheit in einer schweren Verlaufsform – auf die durchzuführenden Impfungen hin.[57]

Anfang der 1960er Jahre erklärte das Ministerium für Gesundheitswesen alle Schutzimpfungen für verpflichtend, bis auf diejenigen gegen Grippe und Masern. 1970 galt selbiges dann auch für die Masernimpfung, sodass die Bürger bis zum 18. Lebensjahr bis zu 17 Pflichtimpfungen durchzuführen hatten.[58] Somit waren die staatlichen Impfprogramme sogar umfangreicher als es die Weltgesundheitsorganisation empfahl.[59] Durch die Impfung bekannte der treue Bürger seine Liebe zum Staat wie zum Sozialismus und untermauerte seine politische Standfestigkeit.[60] Die Solidarität sollte stets an erster Stelle stehen.[61]

Durch die genaue Dokumentation der durchgeführten Impfungen, das Aufzeichnen der Impfquoten und daraus resultierend das Aufstellen von „Leistungsvergleichen" entfachte unter den Kreisen und Bezirken der Demokratischen Republik ein regelrechter „sozialistischer Wettbewerb" um das Impfen. Der Staat

54 Thießen, Vorsorge als Ordnung des Sozialen, in: Zeithistorische Forschungen, Online-Ausgabe, 10 (2013), Heft 3, S. 1–23, S. 5 m. w. N.; Mollnau, Rechtshandbuch für den Bürger, S. 447.

55 Thießen, Vorsorge als Ordnung des Sozialen, in: Zeithistorische Forschungen, Online-Ausgabe, 10 (2013), Heft 3, S. 1–23, S. 5 m. w. N.

56 Thießen, Vorsorge als Ordnung des Sozialen, in: Zeithistorische Forschungen, Online-Ausgabe, 10 (2013), Heft 3, S. 1–23, S. 4.

57 Thießen, Vorsorge als Ordnung des Sozialen, in: Zeithistorische Forschungen, Online-Ausgabe, 10 (2013), Heft 3, S. 1–23, S. 4, siehe auch Abbildungen bei Thießen S. 6, 10, 11.

58 Thießen, Vorsorge als Ordnung des Sozialen, in: Zeithistorische Forschungen, Online-Ausgabe, 10 (2013), Heft 3, S. 1–23, S. 7 m. w. N.

59 Thießen, Vorsorge als Ordnung des Sozialen, in: Zeithistorische Forschungen, Online-Ausgabe, 10 (2013), Heft 3, S. 1–23, S. 5 m. w. N.

60 Thießen, Vorsorge als Ordnung des Sozialen, in: Zeithistorische Forschungen, Online-Ausgabe, 10 (2013), Heft 3, S. 1–23, S. 5.

61 Thießen, Vorsorge als Ordnung des Sozialen, in: Zeithistorische Forschungen, Online-Ausgabe, 10 (2013), Heft 3, S. 1–23, S. 9 m. w. N.

veröffentlichte dabei Ranglisten der Bezirke, deren Erstplatzierte Belohnungen erhielten, während diejenigen auf den schlechteren Plätzen in der öffentlichen Kritik standen. Dies führte teils sogar dazu, dass Ärzte Falschmeldungen abgaben, nur um die vom Staat strikt vorgegebenen Impferfolge erreichen zu können.[62] Neben dem Wettbewerb innerhalb des eigenen Landes führte die DDR während des Kalten Krieges aber auch stets Vergleiche mit westlichen Staaten und insbesondere mit dem Systemgegner BRD. Die eigenen – infolge der strengen Vorgaben sehr hohen – Impfquoten galten erst durch Vergleiche mit schlechteren Zahlen der anderen Staaten als aussagekräftig. Stets brüstete sich die DDR mit ihrer „Überlegenheit" auf dem Feld der Vorsorge und Vorbeugung ansteckender Krankheiten gegenüber dem Rivalen BRD. Beispielsweise warben 1961 vergleichende Grafiken damit, dass in der DDR dank der flächendeckenden Polio-Impfungen die Krankheit Kinderlähmung beinahe ausgerottet gewesen sei, während sie in Westdeutschland noch an die 100 Tote im Jahr forderte.[63]

Wie in der BRD war auch in der DDR die „Impfmüdigkeit" in den 1960er und 70er Jahren ein regelmäßiger Diskussionsgegenstand. Weil die Krankheiten und ihre Präsenz durch die hohe Impfquote zurückgingen, hielten viele Bürger die Impfungen nicht mehr für besonders wichtig und vernachlässigten die Vornahme derselben.[64]

Mitte der 1980er Jahre machte der medizinische und wissenschaftliche Fortschritt des Westens der DDR dann zu schaffen, welche den Anschluss auf dem Gebiet verpasst hatte. Die Entwicklung neuer, viele Vorteile bringender Mehrfachimpfstoffe war in der DDR im Gegensatz zu westlichen Staaten erfolglos verlaufen. Impfstoffe mussten aus westlichen Ländern wie England und der BRD importiert werden, weil es zunehmende Probleme mit den selbst hergestellten gab. Kurz vor dem Ende der Deutschen Demokratischen Republik konnte das Impfprogramm dort bis Ende 1990 nur noch durch vergünstigte oder gar geschenkte Impfstoffe aus dem Westen aufrechterhalten werden.[65]

62 Thießen, Vorsorge als Ordnung des Sozialen, in: Zeithistorische Forschungen, Online-Ausgabe, 10 (2013), Heft 3, S. 1–23, S. 6f.

63 Thießen, Vorsorge als Ordnung des Sozialen, in: Zeithistorische Forschungen, Online-Ausgabe, 10 (2013), Heft 3, S. 1–23, S. 11, siehe hier auch die Abbildung von 1961 vom Allgemeinen Deutschen Nachrichtendienst mit entsprechender Bildlegende. Vgl. auch Mollnau, Rechtshandbuch für den Bürger, S. 447.

64 Thießen, Vorsorge als Ordnung des Sozialen, in: Zeithistorische Forschungen, Online-Ausgabe, 10 (2013), Heft 3, S. 1–23, S. 10.

65 Thießen, Vorsorge als Ordnung des Sozialen, in: Zeithistorische Forschungen, Online-Ausgabe, 10 (2013), Heft 3, S. 1–23, S. 13f.

III. Impfregelungen und -praxis in der BRD (1949 bis 2000)

Am 1. Januar 1962 trat in der Bundesrepublik das Gesetz zur Verhütung und Bekämpfung übertragbarer Krankheiten beim Menschen (Bundes-Seuchengesetz)[66] in Kraft mit dem Ziel, die Entstehung ansteckender Krankheiten zu verhindern.[67] Es sollte laut Gesetzesbegründung des Bundesinnenministeriums der Vereinheitlichung und Zusammenfassung des unübersichtlichen und damit unbefriedigenden Zustandes der Gesetze über übertragbare Krankheiten dienen und löste gemäß seinem § 85 zahlreiche Reichs- und Landesgesetze sowie Verordnungen und Bekanntmachungen auf diesem Gebiet ab, insbesondere auch das Gesetz betreffend die Bekämpfung gemeingefährlicher Krankheiten (Seuchengesetz) vom 30. Juni 1900[68].

Nach dem damaligen § 14 BSeuchG hatten die Gesundheitsämter öffentliche Termine zur unentgeltlichen Impfung abzuhalten. Dementsprechend stand den Bundesbürgern über das Durchführen von Schutzimpfungen eine freiwillige Entscheidung zu (außer bei der Pockenschutzimpfung). Die Unentgeltlichkeit rechtfertigte sich dabei durch das Allgemeininteresse an der Eindämmung gefährlicher Krankheiten.[69]

§ 15 Abs. 1 S. 1 ermächtigte den Innenminister durch Rechtsverordnung mit Zustimmung des Bundesrates Schutzimpfungen gegen Pocken, Cholera, Thypus abdominalis und Diphtherie für bedrohte Teile der Bevölkerung anzuordnen, wenn eine dieser Krankheiten in bösartiger Form auftrat und mit ihrer epidemischen Verbreitung zu rechnen war. Diese Ermächtigung zur Anordnung von Zwangsimpfungen bei erheblicher Seuchengefahr war laut Gesetzesbegründung nur für Notfälle gedacht und im Falle solcher auch unbedingt erforderlich (Notfallermächtigung).[70]

§ 16 BSeuchG bestimmte, dass jeder Impfling von der zuständigen Behörde unentgeltlich ein Impfbuch erhalten sollte.

Mitunter flammte in den 60er Jahren auch in Westdeutschland die Diskussion über die Einführung einer Impfpflicht für andere Schutzimpfungen auf, um den Erfolg der Impfprogramme zu verstärken. Beispielsweise forderte der

---

66 BSeuchG v. 18. Juli 1961, BGBl. I 1961, S. 1012.

67 Entwurf eines Gesetzes, BT-DS 3/1888 v. 27.05.1960, S. 19.

68 Reichsgesetzbl. 1900, S. 306.

69 BT-DS 3/1888 v. 27.05.1960, S. 23.

70 BT-DS 3/1888 v. 27.05.1960, S. 23.

Präsident des Robert-Koch-Instituts 1962 eine Pflicht für die neu eingeführte Polio-Schutzimpfung, konnte sich damit jedoch nicht durchsetzen.[71]

Wie gesehen lockerte die BRD ab 1964 die Durchsetzung der Pockenschutz-Impfpflicht und Impfverweigerung wurde nicht mehr so streng wie zuvor geahndet. Auch die Freiwilligkeit der Durchführung aller anderen Schutzimpfungen war ab Mitte der 1960er Jahre allseits anerkannt und die Diskussionen um weitere Impfpflichten ebbten ab. Anstatt dessen sollte die Bevölkerung durch Zurverfügungstellung vielfältigen Informationsmaterials von der Wichtigkeit der Schutzimpfungsdurchführung überzeugt werden. Merkblätter, Broschüren, Zeitungsartikel und Filme warnten vor den Risiken der einzelnen Krankheiten und riefen zum Impfen auf.[72] Insbesondere sollten diese Mittel Appelle an die Solidarität und an das soziale Verantwortungsgefühl jedes einzelnen sein.[73] Die Selbstbestimmung und die Mündigkeit eines jeden Bürgers standen ab jetzt im Vordergrund.

Das stetige Problem mit jener Freiwilligkeit von Schutzimpfungen war in den 1960er und 70er Jahren stets deutlich bemerkbar: Mit dem Rückgang der Krankheiten und damit deren Präsenz im Bewusstsein der Bürger ging auch die Anzahl der durchgeführten Schutzimpfungen zurück. Wie in der DDR war auch in der BRD eine „Impfmüdigkeit" erkennbar.[74] Dies führte dazu, dass die eingesetzten Werbemittel für das Durchführen von Impfungen drastischer wurden, mit dem Ziel, Angst und Furcht der Bürger vor den Folgen gefährlicher Krankheiten zu schüren.

Anfang der 1970er Jahre entwickelten Forscher in der BRD neben neuen Impfungen gegen Masern, Mumps und Röteln auch Mehrfachimpfstoffe, welche als revolutionär galten, weil sie die Anzahl der Impftermine für den Einzelnen verringerten und damit gleichermaßen die Angst vor Nebenwirkungen.[75]

---

71 Thießen, Vorsorge als Ordnung des Sozialen, in: Zeithistorische Forschungen, Online-Ausgabe, 10 (2013), Heft 3, S. 1–23, S. 4, m. w. N.

72 Thießen, Vorsorge als Ordnung des Sozialen, in: Zeithistorische Forschungen, Online-Ausgabe, 10 (2013), Heft 3, S. 1–23, S. 8.

73 Thießen, Vorsorge als Ordnung des Sozialen, in: Zeithistorische Forschungen, Online-Ausgabe, 10 (2013), Heft 3, S. 1–23, S. 8 m. w. N.

74 Thießen, Vorsorge als Ordnung des Sozialen, in: Zeithistorische Forschungen, Online-Ausgabe, 10 (2013), Heft 3, S. 1–23, S. 9f.

75 Thießen, Vorsorge als Ordnung des Sozialen, in: Zeithistorische Forschungen, Online-Ausgabe, 10 (2013), Heft 3, S. 1–23, S. 14 m. w. N.

Am 01.01.1980 trat das vierte Gesetz zur Änderung des Bundes-Seuchengesetzes[76] in Kraft, welches als Gesamtnovellierung zahlreiche Vorschriften abänderte und so auch die Impfvorschriften neuordnete wie ergänzte.

Die Notfallermächtigung des vorherigen § 15 fand sich ab diesem Zeitpunkt in § 14 Abs. 1 BSeuchG wieder. Nun ermächtigte das Gesetz den Bundesminister für Jugend, Familie und Gesundheit, durch Rechtsverordnung mit Zustimmung des Bundesrates Schutzimpfungen für bedrohte Teile der Bevölkerung anzuordnen, wenn eine übertragbare Krankheit in bösartiger Form auftrat oder mit ihrer epidemischen Verbreitung zu rechnen war. Die Verordnungsermächtigung war demnach von bestimmten einzelnen auf alle übertragbaren Krankheiten ausgedehnt worden, um auch andere, in der vorherigen abschließenden Aufzählung nicht bedachte übertragbare Krankheiten zu erfassen.[77]

§ 14 Abs. 3 BSeuchG ermächtigte die obersten Landesgesundheitsbehörden zum Schutz der Gesundheit Impfungen öffentlich zu empfehlen. Der vorherige § 14 BSeuchG fand sich nach der Novellierung in § 14 Abs. 4 wieder.

Im Juli 2000 wurde dann das Gesetz zur Neuordnung seuchenrechtlicher Vorschriften[78], welches das bis zum heutigen Tag geltende Infektionsschutzgesetz beinhaltete, verkündet. Dieses vereinheitlichte abermals die verschiedenen seuchenrechtlichen Vorschriften in einem Gesetz und löste unter anderem auch das BSeuchG ab.

IV. Zusammenfassung

Durch die Impfpflicht des Reichsimpfgesetzes von 1874 konnten die Pocken in Deutschland stark zurückgedrängt werden. Erst in den 1960er Jahren wurde diese Pflicht nicht mehr so strikt verfolgt und 1983 in der BRD endgültig ausgesetzt.[79]

In der DDR galten Impfungen einerseits als Ausdruck der Fürsorge des Staates für die Bevölkerung und andererseits als Bekenntnis des treuen Staatsbürgers zum Sozialismus. Mit bis zu 17 Pflichtimpfungen waren die Impfprogramme in den 1960er Jahren hier umfangreicher als die damaligen Empfehlungen der Weltgesundheitsorganisation.

In der Bundesrepublik standen die Selbstbestimmung des Einzelnen und seine Mündigkeit im Vordergrund. Der Bevölkerung wurde vielfältiges

76 BGBl. I 1979, S. 2248.

77 Amtliche Begründung zum BSeuchG, in: Schumacher/Meyn, BSeuchG, § 14, S. 59.

78 BGBl. I 2000, S. 1045.

79 In der DDR schon Mitte der 1970er Jahre, vgl. oben.

Informationsmaterial zur Verfügung gestellt. Die Gesundheitsämter boten öffentliche Termine zur unentgeltlichen Impfung an.

B. Überblick über die gesetzlichen Regelungen zu Schutzimpfungen bis zum 01.03.2020

Neben zahlreichen generellen Regelungen zur Verhütung von Infektionskrankheiten sind in Deutschland einige spezielle normative Vorschriften über Schutzimpfungen vorhanden. Viele dieser befinden sich in dem seit dem 1. Januar 2001 geltenden Infektionsschutzgesetz.[80] Dessen Zweck ist es nach seinem einer Präambel[81] ähnelnden § 1 Abs. 1, der Übertragung von Krankheiten beim Menschen vorzubeugen sowie frühzeitig die Weiterverbreitung von Infektionen zu erkennen und zu verhindern. Die Prävention ansteckender Krankheiten gilt als Leitgedanke des gesamten Gesetzes.[82]

Als wirksamste in der Medizin zur Verfügung stehende präventive Maßnahme gilt die Schutzimpfung.[83] Sie wird in § 20 IfSG behandelt. Definiert wird eine Schutzimpfung im Sinne des Infektionsschutzgesetzes in dessen § 2 Nr. 9 als „die Gabe eines Impfstoffes mit dem Ziel, vor einer übertragbaren Krankheit zu schützen".

Die Durchführung von Schutzimpfungen ist in Deutschland nicht gesetzlich vorgeschrieben, sondern erfolgt auf freiwilliger Basis.[84] Jeder Einzelne kann selbst entscheiden, ob und gegen welche Krankheit er sich oder seine Kinder impfen lassen möchte. Nach § 1 Abs. 2 Satz 2 IfSG soll die Eigenverantwortung des Einzelnen bei der Vorbeugung übertragbarer Krankheiten durch das Infektionsschutzgesetz verdeutlicht und gefördert werden.

Weitere Regelungen über Schutzimpfungen für gesetzlich Versicherte finden sich im Fünften Buch des Sozialgesetzbuches (SGB V).

Am 17. Juli 2015 beschloss der Bundestag das „Gesetz zur Stärkung der Gesundheitsförderung und der Prävention" (Präventionsgesetz)[85], welches am

80 Gesetz v. 20. Juli 2000, BGBl. I 2000, S. 1045.

81 Vgl. Bales, IfSG, § 1 Rn. 1.

82 Bales, IfSG, § 1 Rn. 2, siehe auch § 3 Rn. 1.

83 Vgl. 1. Kap. B II.; siehe auch Gesetzentwurf der Bundesregierung, BT-DS 14/2530 v. 19.01.2000, S. 71.

84 Vgl. oben A.: Bis 1983 gab es in der BRD eine Impfpflicht bezüglich der Pocken, andere Impfungen waren in der BRD schon immer freiwillig, in der DDR hingegen verpflichtend.

85 BGBl. I 2015, S. 1368.

25. Juli 2015 in Kraft trat. Über dieses Gesetz gab es zuvor jahrelange Diskussionen. Es war sogar bereits zweimal vom Bundestag verabschiedet worden, jedoch jeweils im angerufenen Vermittlungsausschuss gescheitert.[86] Das 2015 schlussendlich beschlossene Gesetz sah Änderungen in verschiedenen Gesetzen – unter anderem auch im Infektionsschutzgesetz und im SGB V – vor. Das Präventionsgesetz sollte die Gesundheitsförderung und Prävention stärken. Eines der erklärten Ziele war laut dem Gesetzesentwurf der Bundesregierung auch die „Förderung des Impfwesens".[87] Weil Schutzimpfungen zu den wichtigsten präventiven Maßnahmen zählten, sollten durch das Gesetz laut der Gesetzesbegründung der Bundesregierung die Überprüfung und Beratung bezüglich des Impfstatus als Bestandteil der Gesundheitsuntersuchungen konkretisiert und darüber hinaus eine einfachere Kostenabrechnung gefördert werden. Um insbesondere bereits bei Kindern eine höhere Beteiligung an Schutzimpfungen zu erreichen, wurde ein Nachweis einer vorherigen ärztlichen Beratung über Schutzimpfungen vor der Aufnahme in eine Kindertageseinrichtung vorgesehen.[88]

I. Jedermann betreffende Regelungen[89]

1. §§ 3, 20 Abs. 1, § 34 Abs. 10 IfSG – Information und Aufklärung

Der Staat vertraut darauf, dass der Einzelne im Rahmen der ihm überlassenen Freiheit die für ihn und die restliche Bevölkerung richtige Entscheidung trifft.

Ein ausreichender Impfschutz des Einzelnen kann auf freiwilliger Basis jedoch nur dann erreicht werden, wenn die Bevölkerung über Schutzimpfungen und deren Vor- und Nachteile hinreichend informiert und aufgeklärt wird.[90]

Dementsprechend sind „Information und Aufklärung" die Leitgedanken der Schutzimpfungsregelungen im IfSG.

---

86 Geene/Reese, Handbuch PrävG, S. 13; vgl. z. B. Gesetzentwurf der Fraktionen SPD und BÜNDNIS 90/DIE GRÜNEN, BT-DS 15/4833 v. 15.02.2005; siehe auch Gesetzentwürfe der Bundesregierung, BT-DS 15/5214 v. 07.04.2005 und BT-DS 17/13401 v. 08.05.2013.

87 Gesetzentwurf der Bundesregierung, BT-DS 18/4282 v. 11.03.2015, S. 1f.

88 Gesetzesbegründung der Bundesregierung, BT-DS 18/4282, S. 25.

89 Die nachfolgenden Ausführungen beziehen sich auf das IfSG in der Fassung bis zum 01.03.2020. Die ab diesem Zeitpunkt bezüglich einer Masernimpfpflicht geltenden Änderungen werden gesondert im 5. Kapitel behandelt.

90 Bales, IfSG, § 1 Rn. 5.

a. § 3 IfSG

Um die überragend große Bedeutung von „Information und Aufklärung“ zur Krankheitsprävention zu unterstreichen, sind diese bereits im ersten Abschnitt „Allgemeine Vorschriften“ des Infektionsschutzgesetzes Gegenstand.[91] Nach § 3 S. 1 IfSG sind Information und Aufklärung der Allgemeinheit über die Gefahren übertragbarer Krankheiten sowie Möglichkeiten zur Verhütung ebensolcher eine öffentliche Aufgabe. Laut Satz 2 müssen insbesondere die nach Landesrecht zuständigen Stellen über den Infektionsschutz und über Beratungs-, Betreuungs- und Versorgungsangebote informieren.

Verpflichtet zum Vorhalten ebensolcher Informationsangebote werden durch § 3 IfSG neben dem öffentlichen Gesundheitsdienst der Länder auch die zuständigen Stellen des Bundes, wie zum Beispiel das Bundesministerium für Gesundheit, das Robert-Koch-Institut und die Bundeszentrale für gesundheitliche Aufklärung, sowie auch Schulen, Jugendämter und weitere Stellen.[92]

Ziel einer solchen Information der Bevölkerung ist es, dass möglichst viele Bürger selbstständig und verantwortungsvoll Vorkehrungen für ihren Eigenschutz vor ansteckenden Krankheiten treffen.[93]

b. § 20 Abs. 1 IfSG

§ 20 Abs. 1 IfSG präzisiert diese allgemeine Informationsverpflichtung des § 3 IfSG im Hinblick auf Schutzimpfungen. Er ordnet an, dass die zuständige obere Bundesbehörde, die obersten Landesgesundheitsbehörden und die von ihnen beauftragten Stellen sowie die Gesundheitsämter die Bevölkerung über die Bedeutung von Schutzimpfungen zu informieren haben.

Nach Art. 87 Abs. 3 S. 1 GG kann der Bund selbstständige Bundesoberbehörden errichten. Diejenige zum Geschäftsbereich des Bundesgesundheitsministeriums gehörende und nach § 20 Abs. 1 IfSG zuständige obere Bundesbehörde ist die Bundeszentrale für gesundheitliche Aufklärung (BZgA).[94]

Welches jeweils die obersten Landesgesundheitsbehörden sind, ergibt sich aus den Zuständigkeitsverordnungen der einzelnen Länder. Für

---

91 Vgl. Gesetzentwurf der Bundesregierung, Einzelbegründung zu § 3, BT-DS 14/2530 v. 19.01.2000, S. 44.

92 Erdle, IfSG, § 3; siehe auch BT-DS 14/2530, S. 44.

93 Bales, IfSG, § 3 Rn. 1.

94 Siehe https://www.bundesgesundheitsministerium.de/service-benutzerhinweise/behoerden-im-geschaeftsbereich/bundeszentrale-fuer-gesundheitliche-aufklaerung.html (zuletzt abgerufen am 14.10.2019).

Nordrhein-Westfalen ist dies beispielsweise nach § 2 Abs. 2 ZVO-IfSG NRW[95] das für Gesundheit zuständige Ministerium.[96]

Der Gesetzgeber des Infektionsschutzgesetzes bezeichnete die Schutzimpfung in seiner Gesetzesbegründung vom 19.01.2000 neben der Bereitstellung von sauberem Trinkwasser und wirksamen Arzneimitteln als effektivste Maßnahme zum Schutz vor übertragbaren Krankheiten. Solange bestimmte Krankheiten in Teilen der Welt epidemisch seien, könnten sich Kinder und Erwachsene in Deutschland mit jenen infizieren, wenn sie über keinen Impfschutz verfügten. Zum individuellen Schutz Einzelner sowie zum Schutze der Gesamtbevölkerung vor schweren Erkrankungen seien Schutzimpfungen zur Vorbeugung alternativlos.[97]

In der Gesetzesbegründung zu § 20 Abs. 1 IfSG wies die Bundesregierung darauf hin, dass die damalige Impfbeteiligung von Kleinkindern nicht ausreichte, um bestimmte Epidemien zu verhindern. Da Impfgegner, die Impfungen als mit ihren Vorstellungen nicht vereinbar, als unwirksam oder gar schädlich betrachteten, zu diesem Zeitpunkt jedoch weniger als 5 % der Bevölkerung ausmachten, seien die vorhandenen Impflücken nicht auf diese, sondern auf „mangelnde Kenntnisse der Bedeutung von Impfungen“ oder auf das Vergessen von Auffrischungsimpfungen zurückzuführen. Daher sei eine „kontinuierliche Information und gesundheitliche Aufklärung“ erforderlich, „damit alle Bürger die Bedeutung des Impfschutzes erkennen und den erreichbaren Schutz erwerben“ könnten.[98]

c. *§ 34 Abs. 10 IfSG*

Neben obigen Regelungen schreibt § 34 Abs. 10 IfSG vor, dass die Gesundheitsämter sowie Gemeinschaftseinrichtungen zur Betreuung von Säuglingen, Kindern und Jugendlichen[99] über die Bedeutung eines vollständigen, altersgemäßen, nach den Empfehlungen der STIKO ausreichenden Impfschutzes aufzuklären haben. § 34 Abs. 10 IfSG ist damit eine Ergänzung des § 20 Abs. 1 IfSG und eine

---

95 Verordnung zur Regelung von Zuständigkeiten nach dem Infektionsschutzgesetz NRW v. 28.11.2000.

96 Vgl. für Brandenburg: IfSZV, für Hessen: HGöGD, für Rheinland-Pfalz: IfSGDV RP.

97 Gesetzentwurf der Bundesregierung, Einzelbegründung zu § 20, BT-DS 14/2530, S. 71.

98 Gesetzentwurf der Bundesregierung, Einzelbegründung zu § 20 Abs. 1, BT-DS 14/2530, S. 71.

99 Dies sind nach § 33 IfSG insbesondere Kinderkrippen, -gärten, -tagesstätten, -horte, Schulen oder sonstige Ausbildungseinrichtungen, Heime, Ferienlager und ähnliche Einrichtungen.

erstmalige Regelung dieser Art, die im vorherigen BSeuchG keine Entsprechung hatte. Nach der Gesetzesbegründung sollte § 34 Abs. 10 IfSG den Präventionsgedanken konkretisieren. Im Interesse des Einzelnen wie der Gesamtbevölkerung sollte auf einen umfassenden Impfschutz hingewirkt werden. Für die Bundesregierung stand fest, dass eine Verbesserung des Impfschutzes und die Aufklärung über einen solchen nur durch eine Zusammenarbeit von Gesundheitsämtern, Gemeinschaftseinrichtungen sowie den betroffenen Eltern erreicht werden könne.[100]

2. § 20 Abs. 2, 3 IfSG – Impfempfehlungen

a. § 20 Abs. 2 IfSG und Geschäftsordnung der Ständigen Impfkommission (GO-STIKO)

Zur informationellen Unterstützung der bürgerlichen Eigenverantwortung schreibt § 20 Abs. 2 S. 1 IfSG die Einrichtung einer Ständigen Impfkommission (STIKO) am Robert-Koch-Institut (RKI) vor, die nach Abs. 2 S. 3 1. Hs. Empfehlungen zur Durchführung von Schutzimpfungen unterbreitet. Diese Kommission gibt sich selbst eine Geschäftsordnung (Abs. 2 S. 2)[101]. Ihre Mitglieder werden nach Satz 4 vom Bundesministerium für Gesundheit in Abstimmung mit den obersten Landesgesundheitsbehörden berufen. Gemäß Satz 5 nehmen noch andere, dort näher bezeichnete behördliche Gesundheitsexperten mit beratender Stimme an den Sitzungen der STIKO teil. Weitere Vertreter von Bundesbehörden können dies nach Satz 6 auch tun. Laut Satz 7 werden die von der STIKO entwickelten Empfehlungen dann vom RKI an die obersten Landesgesundheitsbehörden übermittelt und nachfolgend veröffentlicht.

Gemäß den Vorbemerkungen der Geschäftsordnung der STIKO vom 16. Oktober 2008 (GO-STIKO) setzt sich jene aus zwölf bis achtzehn Experten aus verschiedenen Bereichen der Wissenschaft und Forschung, des öffentlichen Gesundheitsdienstes sowie der niedergelassenen Ärzteschaft zusammen. Diese Vertreter haben umfassende Kenntnisse wie auch praktisches Wissen zu

---

100 Gesetzentwurf der Bundesregierung, Einzelbegründung zu § 34 Abs. 10, BT-DS 14/2530, S. 77f.

101 Geschäftsordnung der STIKO (GO-STIKO) v. 16.10.2008 in der Fassung der Änderung v. 20. Juni 2014, https://www.rki.de/DE/Content/Kommissionen/STIKO/Rechtl_Grundlagen/Geschaeftsordnung/geschaeftsordnung_node.html (zuletzt abgerufen am 14.10.2019)

Schutzimpfungen. Sie werden regelmäßig im Drei-Jahres-Turnus vom Bundesgesundheitsministerium neu berufen.[102]

Die Empfehlungen werden nach §§ 1 Abs. 1 Satz 3, 8 Abs. 5 GO-STIKO von den Mitgliedern per einfachem Mehrheitsbeschluss festgelegt. Dabei richtet sich die Kommission danach, ob in Deutschland ein entsprechender Impfstoff für ein Krankheitsbild zugelassen ist (§ 1 Abs. 2 GO-STIKO). Sie hat ihre Empfehlungen nach dem jeweiligen Stand der Wissenschaft zu geben und wertet dazu zahlreiche verfügbare Daten gemäß § 1 Abs. 3 GO-STIKO aus. Nach § 2 Abs. 1 GO-STIKO ist die Mitgliedschaft in der Kommission ein persönliches Ehrenamt und die Mitglieder sind nur ihrem Gewissen unterworfen wie zum unparteiischen Handeln verpflichtet. Außerdem dürfen Mitglieder nach § 7 GO-STIKO nicht an der Beschlussfassung teilnehmen, wenn sie in irgendeiner Weise im Zusammenhang mit wirtschaftlichen Interessenvertretern stehen.

Die STIKO kommt gemäß § 5 Abs. 1 GO-STIKO in der Regel zweimal jährlich in nicht öffentlicher Sitzung zusammen, wobei das RKI im Nachgang zur Sitzung einen Bericht darüber der Öffentlichkeit zugänglich machen kann, § 9 Abs. 6 GO-STIKO. Die in dem Beschluss gefassten Empfehlungen werden laut § 8 Abs. 7 GO-STIKO den obersten Landesgesundheitsbehörden sowie der Geschäftsstelle des Gemeinsamen Bundesausschusses mitgeteilt und dann im Epidemiologischen Bulletin des RKI publiziert.

Auch auf seinen Internetseiten veröffentlicht das RKI einmal im Jahr die Empfehlungen der STIKO und fasst sie zusätzlich für einen schnellen Überblick in einem Impfkalender tabellarisch zusammen. Dieser Kalender ist derzeit neben Deutsch in 19 weiteren Sprachen[103] verfügbar.[104]

Seit 2004 veröffentlicht das RKI zudem die ausführlichen Begründungen der Ständigen Impfkommission und hält überdies auf seiner Internetseite eine Rubrik FAQ zum Thema Schutzimpfungen bereit, welche häufig gestellte Fragen von Bürgern und Ärzten mit den Antworten des RKI zusammenfasst.

Dementsprechend werden die Empfehlungen jährlich aktuellen Entwicklungen entsprechend angepasst. Im August 2019 empfahl die STIKO folgende Impfungen[105]:

---

102 Vorbemerkung GO-STIKO.

103 Diese sind: Albanisch, Arabisch, Bulgarisch, Dari, Englisch, Farsi, Französisch, Kroatisch, Kurdisch, Pashto, Polnisch, Rumänisch, Russisch, Serbisch, Spanisch, Tigrinya, Türkisch, Urdu und Vietnamesisch.

104 https://www.rki.de/DE/Content/Infekt/Impfen/Materialien/Impfkalender_mehrsprachig_Uebersicht_tab.html (zuletzt abgerufen am 14.10.2019)

105 Epidemiologisches Bulletin Nr. 34 des RKI v. 22. August 2019, S. 316.

Für Kinder im Alter von 6 Wochen legt sie eine Rotavirenimpfung nahe. Für solche im Alter von 2 bis 23 Monaten empfiehlt sie eine Grundimmunisierung gegen die Krankheiten Tetanus, Diphtherie, Pertussis, Hib, Poliomyelitis, Hepatitis B, Pneumokokken, Meningokokken C, Masern, Mumps, Röteln und Varizellen. Kinder ab 2 Jahren wie Erwachsene müssen diese Schutzimpfungen, falls im Kleinkindalter nicht erfolgt, laut Impfkalender nachholen oder regelmäßig auffrischen. Personen ab 18 Jahren, die nach 1970 geboren sind, bei denen der Impfstatus unklar ist, haben eine Standardimpfung gegen Masern zu erhalten. Bei Menschen im Alter von ab 60 Jahren soll eine einmalige Impfung gegen Pneumokokken sowie jährlich je eine Immunisierung gegen Influenza und eine zweimalige Impfung gegen Herpes zoster erfolgen.

Das Motiv des Gesetzgebers für § 20 Abs. 2 IfSG war es im Jahr 2000, der damals bereits seit über 20 Jahren bestehenden STIKO aufgrund der erheblichen Bedeutung ihrer Empfehlungen für „den Gesundheitsschutz der Bevölkerung in Deutschland“ eine gesetzliche Grundlage zu geben.[106]

Durch die Formulierung dass die STIKO „beim“ RKI eingerichtet wird, soll deutlich werden, dass es sich bei ihr um eine unabhängige Kommission handelt.[107] So hat das RKI zwar die STIKO-Empfehlungen zu veröffentlichen, kann aber nach der Amtlichen Gesetzesbegründung dazu auch eine eigene Stellungnahme abgeben, wenn es diese beispielsweise nicht mitträgt.[108]

Die STIKO-Empfehlungen sind nicht unmittelbar rechtsverbindlich. Der BGH hat im Jahr 2000 klargestellt, dass sie in der Regel medizinischer Standard sind und den aktuellen Stand der Wissenschaft wiedergeben.[109]

Die STIKO nimmt ihr von staatlicher Seite zugewiesene Aufgaben wahr. Daher muss sie stets Unabhängigkeit, Unvoreingenommenheit und Neutralität wahren sowie ihre Empfehlungen immer losgelöst von wettbewerblichen Interessen erstellen.[110]

---

106 Gesetzentwurf der Bundesregierung, Einzelbegründung zu § 20 Abs. 2, BT-DS 14/2530, S. 72.

107 Bales, IfSG, § 20 Rn. 8.

108 Gesetzentwurf der Bundesregierung, Einzelbegründung zu § 20 Abs. 2, BT-DS 14/2530, S. 72; Bales, IfSG, § 20 Rn. 11.

109 BGH NJW 2000, S. 1784–1788, S. 1786; Bales, IfSG, § 20 Rn. 11; vgl. auch BGH FamRZ 2017, S. 1057–1061, S. 2059.

110 Bales, IfSG, § 20 Rn. 12; Es gibt jedoch auch kritische Stimmen bezüglich der Unabhängigkeit der STIKO, siehe zum Beispiel https://www.sueddeutsche.de/wissen/staendige-impfkommission-experten-mit-den-falschen-freunden-1.271784 (zuletzt abgerufen am 14.10.2019)

Die Gesetzesbegründung des § 20 Abs. 2 weist darauf hin, dass die Grundsätze der §§ 20 und 21 VwVfG bei der Berufung und Arbeit der Kommission zu beachten sind.[111] Laut § 20 VwVfG sind bestimmte Personen von der Teilnahme an einem Verwaltungsverfahren ausgeschlossen, beispielsweise selbst Beteiligte oder deren Angehörige. Nach § 21 VwVfG gilt dies auch bei Vorliegen einer Besorgnis der Befangenheit. Es soll damit Interessenkollisionen entgegengewirkt und „schon der Anschein möglicherweise nicht unbefangener Entscheidungsfindung vermieden werden".[112]

b. § 20 Abs. 3 IfSG

Gemäß § 20 Abs. 3 IfSG sollen die obersten Landesgesundheitsbehörden den Bürgern öffentliche Empfehlungen für Schutzimpfungen geben, die auf denjenigen der STIKO basieren. Jene obersten Landesgesundheitsbehörden sind in der Regel die zuständigen Landesministerien.[113] Eine „öffentliche Empfehlung" ist dabei jede, nicht ausdrücklich auf den Einzelfall beschränkte entsprechende Äußerung einer zuständigen Stelle ohne Rücksicht auf die Form.[114]

Nach der Gesetzesbegründung wird durch solche öffentlichen Empfehlungen verdeutlicht, dass der Staat Schutzimpfungen als „effiziente Gesundheitsvorsorgemaßnahmen" besonders fördert. In jedem Land haben Schutzimpfungsempfehlungen zu existieren, wobei die zuständigen Behörden die epidemiologischen Besonderheiten in ihrem jeweiligen Land beachten und die STIKO-Empfehlungen nur die Grundlage bilden sollen.[115]

Rechtlich relevant sind die jeweiligen Empfehlungen der Landesbehörden im Unterschied zu den STIKO-Empfehlungen dahingehend, dass sie eine Voraussetzung für die Entschädigungsregelung des § 60 Abs. 1 Nr. 1 IfSG im Falle eines Impfschadens darstellen.

---

111 Gesetzentwurf der Bundesregierung, Einzelbegründung zu § 20 Abs. 2, BT-DS 14/2530, S. 72.

112 Bales, IfSG, § 20 Rn. 15.

113 Siehe oben I. 1. b.

114 Erdle, IfSG, § 20 Zif. 4).

115 Gesetzentwurf der Bundesregierung, Einzelbegründung zu § 20 Abs. 3, BT-DS 14/2530, S. 72.

Ursprünglich lag der Zweck solcher öffentlichen Empfehlungen von Schutzimpfungen ausschließlich darin, bei Impfschäden einen derartigen Entschädigungsanspruch sicher zu stellen.[116]

3. § 20 Abs. 4 S. 1, Abs. 5 IfSG – Kostenregelungen

Nach § 20 Abs. 4 S. 1 IfSG kann das Bundesgesundheitsministerium eine Rechtsverordnung erlassen, die bestimmt, dass die Kosten für bestimmte Schutzimpfungen von der gesetzlichen Krankenversicherung getragen werden. Dies sollte sich auf Schutzimpfungen beziehen, die für den Gesundheitsschutz der gesamten Bevölkerung oder bestimmter Bevölkerungsteile von Bedeutung sind.[117] Nachdem es mittlerweile im SGB V einschlägige Bestimmungen zu Leistungen für Schutzimpfungen gibt, ist der Abs. 4 des § 20 inzwischen ohne Bedeutung.[118]

Während die Übernahme der Kosten für Schutzimpfungen für gesetzlich Versicherte früher eine freiwillige Satzungsleistung der Krankenkassen war[119], gehört diese seit dem 1. April 2007 gemäß dem heutigen § 20i Abs. 1 SGB V[120] zu den Pflichtleistungen der gesetzlichen Krankenversicherungen.[121]

Laut § 20 Abs. 5 IfSG können die obersten Landesbehörden auch bestimmen, dass die Gesundheitsämter unentgeltlich Schutzimpfungen durchführen sollen. Für diese Schutzimpfungen werden die Kosten dann vom öffentlichen Gesundheitsdienst (ÖGD) übernommen.[122]

Die privaten Krankenversicherungen sind nicht wie die gesetzlichen zur Übernahme der Impfleistungen verpflichtet, übernehmen aber oftmals je nach Tarif doch die Kosten derjenigen Schutzimpfungen, die die STIKO empfiehlt.[123] Üblicherweise sind diese Schutzimpfungen auch beihilfefähig.[124]

---

116 Früher waren die öffentlichen Empfehlungen von Schutzimpfungen in § 14 Abs. 3 BSeuchG geregelt, der Entschädigungsanspruch in § 51 Abs. 1 Nr. 3 BSeuchG, vgl. Erdle, IfSG, § 20 Zif. 4).

117 Gesetzentwurf der Bundesregierung, Einzelbegründung zu § 20 Abs. 4, BT-DS 14/2530, S. 72.

118 Erdle, IfSG, § 20 Zif. 5), siehe unten.

119 § 23 Abs. 9 SGB V a. F.: Impfkosten waren hier sogenannte „Kann-Leistungen".

120 Vor Erlass des PräventionsG 2015 war dies in § 20d Abs. 1 SGB V geregelt.

121 Siehe dazu auch unten IV. 2.

122 Bales, IfSG, § 20 Rn. 23.

123 Siehe: https://www.private-krankenversicherungen.net/impfschutz-pkv-private-krankenversicherung/ (zuletzt abgerufen am 14.10.2019).

124 Siehe z. B. § 3 Abs. 1 Nr. 5 Beihilfenverordnung NRW (BVO NRW); § 44 Beihilfenverordnung Rheinland-Pfalz (BVO RP); vgl. BVerwG NVwZ-RR 2011, S. 447f.

4. *§§ 21, 22 IfSG – Impfstoffe und Impfausweis*

§ 21 IfSG enthält Regelungen über Lebendimpfstoffe, die bei Schutzimpfungen, welche aufgrund des IfSG angeordnet oder öffentlich empfohlen werden, verwendet werden dürfen. Diese Vorschrift war früher aus verfassungsrechtlichen Gründen notwendig, weil ein Impfling bei der Verwendung bestimmter Impfstoffe andere anstecken konnte und somit deren körperliche Unversehrtheit eingeschränkt wurde. Da Lebendimpfstoffe jedoch mittlerweile durch inaktivierte Impfstoffe ersetzt wurden, hat § 21 IfSG kaum noch Bedeutung.[125]

§ 22 Abs. 1 IfSG bestimmt, dass der impfende Arzt oder das Gesundheitsamt jede Schutzimpfung unverzüglich in einen Impfausweis, welcher die in § 22 Abs. 2 IfSG genannten Daten enthalten muss, einzutragen oder eine entsprechende Impfbescheinigung auszustellen hat. Durch das Präventionsgesetz neu eingefügt wurde 2016 ein Satz 2 in Absatz 3, nach welchem der Impfausweis ein Textfeld enthalten soll, in welchem Platz für einen Terminvorschlag für die nächste Auffrischungsimpfung ist.

Bei Fehlern bezüglich der Impfbescheinigung kann eine Ordnungswidrigkeit des Arztes im Sinne des § 73 Abs. 1 Nr. 8 IfSG vorliegen.

5. *Notfallermächtigung nach § 20 Abs. 6, 7 IfSG: Impfpflicht im bevorstehenden Epidemiefall*

Im Falle einer bevorstehenden Epidemie gibt es die gesetzliche Möglichkeit der Anordnung einer Impfpflicht. Dann ist das Bundesministerium für Gesundheit ermächtigt, verpflichtende Schutzimpfungen nach § 20 Abs. 6 S. 1 1. Fall IfSG durch Rechtsverordnung mit Zustimmung des Bundesrates anzuordnen. Nach § 20 Abs. 7 IfSG können auch die Landesregierungen eine Rechtsverordnung nach Abs. 6 erlassen[126] oder durch eine solche auch die Ermächtigung dazu auf die obersten Landesgesundheitsbehörden übertragen (Abs. 7 S. 2), solange das Bundesministerium keinen Gebrauch von seiner Möglichkeit zum Verordnungserlass nach Abs. 6 macht.

Für eine solche Rechtsverordnung müssen allerdings die strengen Voraussetzungen jener Ermächtigungsgrundlage erfüllt sein.

§ 20 Abs. 6 S. 1 IfSG lautet:

---

125 Erdle, IfSG, § 21.

126 Gemäß Art. 80 Abs. 4 GG können die Länder hier anstelle einer Rechtsverordnung auch ein Gesetz erlassen.

„Das Bundesministerium für Gesundheit wird ermächtigt, durch Rechtsverordnung mit Zustimmung des Bundesrates anzuordnen, dass bedrohte Teile der Bevölkerung an Schutzimpfungen oder anderen Maßnahmen der spezifischen Prophylaxe teilzunehmen haben, wenn eine übertragbare Krankheit mit klinisch schweren Verlaufsformen auftritt und mit ihrer epidemischen Verbreitung zu rechnen ist."

a. Voraussetzungen des § 20 Abs. 6 S. 1 1. Fall IfSG

Die Voraussetzungen zum Erlass einer solchen Rechtsverordnung müssen dann vorliegen.[127]

aa. Übertragbare Krankheit mit klinisch schweren Verlaufsformen

Zunächst muss eine übertragbare Krankheit mit klinisch schweren Verlaufsformen auftreten. Eine übertragbare Krankheit ist im Sinne des § 2 Nr. 3 IfSG eine durch Krankheitserreger oder deren toxische Produkte, die unmittelbar oder mittelbar auf den Menschen übertragen werden, verursachte Krankheit. Nicht legal definiert ist, wann eine solche in einer klinisch schweren Verlaufsform vorliegt. Dies ist wohl der Fall, wenn die Krankheit oft oder immer schwere bleibende Gesundheitsschäden oder sogar den Tod hervorruft, ohne dass therapeutische Maßnahmen dies entscheidend beeinflussen können.[128]

bb. Mit epidemischer Verbreitung zu rechnen

Weiterhin muss mit einer epidemischen Verbreitung jener Krankheit zu rechnen sein. Im Infektionsschutzgesetz gibt es keine Definition der epidemischen Verbreitung oder der Epidemie. Laut Duden ist letztere eine „zeitlich und örtlich in besonders starkem Maß auftretende, ansteckende Massenerkrankung".[129] Auch nach der Kommentarliteratur zum Infektionsschutzgesetz ist auf die Art und Weise der Ausbreitung der Krankheit sowie auf die Anzahl und das Verhalten der gefährdeten Personen abzustellen.[130] Im Einzelfall muss anhand dieser Kriterien entschieden werden, ob ein Epidemiefall vorliegt. Es kommt hier also gerade darauf an, ob es sich um eine besonders stark ansteckende Krankheit handelt.

---

127 Zuck (Gesetzlicher Masern-Impfzwang, ZRP 2017, S. 118–121) übersieht in seiner Prüfung bzgl. einer Masernimpfpflicht, dass zunächst die Tatbestandsvoraussetzungen des § 20 Abs. 6 S. 1 IfSG vorliegen müssen und prüft direkt die Rechtsfolge des § 20 Abs. 6 S. 1 IfSG.

128 Bales, IfSG, § 20 Rn. 26.

129 https://www.duden.de/rechtschreibung/Epidemie (zuletzt abgerufen am 14.10.2019)

130 Bales, IfSG, § 20 Rn. 26.

Es müssen dann hinreichend konkrete Anhaltspunkte vorliegen, die darauf hindeuten, dass die Ausbreitung einer Krankheit (auch Seuche) unmittelbar bevorsteht.[131] Buchstäblich bedeutet das, dass bereits zahlreiche Krankheitsfälle eingetreten sein müssen, sodass bei ungehemmtem Fortgang der Situation damit zu rechnen ist, dass die vorhandene Krankheit ein epidemisches Ausmaß annehmen wird.

cc. Wirksamer Impfstoff vorhanden

Als ungeschriebene Voraussetzung des § 20 Abs. 6 S. 1 IfSG gilt es als erforderlich, dass überhaupt ein Impfstoff vorhanden ist. Ohne das Vorliegen eines solchen wäre die Rechtsverordnung schließlich sinnlos. Ein solcher Impfstoff muss mit großer Sicherheit gegen die Weiterverbreitung der Krankheit schützen, ohne dass mit nicht vertretbaren Nebenwirkungen zu rechnen ist.[132]

b. Rechtsfolge: Rechtsverordnung gerichtet an bedrohte Teile der Bevölkerung

Liegen diese oben genannten Voraussetzungen vor, so kann das Bundesgesundheitsministerium oder nach § 20 Abs. 7 IfSG die Landesregierungen eine Rechtsverordnung erlassen. Dabei muss gemäß Art. 80 Abs. 1 S. 3 GG der § 20 Abs. 6 oder 7 IfSG zitiert werden. Jene ist dann an bedrohte Teile der Bevölkerung zu richten und verpflichtet diese zur Durchführung einer Schutzimpfung. Je nachdem, um welche Krankheit es sich handelt und in welcher Art und Weise sie sich ausbreitet, kann Adressat entweder die gesamte Bevölkerung sein oder nur Personen in bestimmten Regionen oder bestimmter Altersgruppen.[133]

Nach § 20 Abs. 6 S. 3 IfSG können Adressaten von der Pflichtimpfung freigestellt werden, wenn eine Impfung laut ärztlichem Zeugnis nicht ohne Gefahr für ihr Leben oder ihre Gesundheit durchgeführt werden kann. Diese Regelung bezieht sich mithin auf medizinisch begründete Ausnahmefälle.

---

131 Stebner/Bothe, Impfzwang der Bevölkerung wegen Pockengefahr?, MedR 2003, S. 287–288, 287.

132 Bales, IfSG, § 20 Rn. 26.

133 Bales, IfSG, § 20 Rn. 26; auch so Stebner/Bothe, Impfzwang der Bevölkerung wegen Pockengefahr?, MedR 2003, S. 287–288, S.287; Zuck (Gesetzlicher Masern-Impfzwang, ZRP 2017, S. 118–121, S. 119) bezweifelt, dass sich „Teile" der Bevölkerung abgrenzen lassen. Es erscheint hier jedoch eine regionale oder altersspezifische Einteilung der Bevölkerung möglich.

Zu überlegen ist, ob eine solche Freistellung auch für Personen, die aufgrund ihrer Weltanschauung oder Religion Schutzimpfungen grundsätzlich ablehnen, möglich sein kann.[134]

Der Wortlaut des § 20 Abs. 6 S. 3 IfSG erfordert jedoch ausdrücklich eine Gefahr für Leben oder Gesundheit, die gerade durch die Impfung hervorgerufen wird. Dementsprechend sind alle bereits im Vorfeld der Impfung bestehenden Symptome wie beispielsweise körperliches Unwohlsein aufgrund moralischer Vorstellungen beim Gedanken an die Impfung vom Wortlaut ausgeschlossen und eine Ausnahme erscheint hiernach nicht möglich.

Auch die systematische Auslegung kann zu keinem anderen Ergebnis kommen. § 20 IfSG steht im vierten Abschnitt „Verhütung übertragbarer Krankheiten" und der Zweck des Gesetzes ist nach seinem § 1 Abs. 1 neben der Vorbeugung von Krankheiten auch ausdrücklich, deren Weiterverbreitung zu verhindern. Ein solches Verhindern der Weiterverbreitung einer ansteckenden Krankheit wird im Epidemiefall offensichtlich erschwert, wenn sich zu viele Personen über den Wortlaut des Gesetzes hinaus der jene verhütenden Schutzimpfung entziehen können.

Der historische Gesetzgeber erachtete die Möglichkeit des Erlasses einer Notfallverordnung im Fall einer erheblichen Seuchengefahr zwar als unerlässlich, äußerte sich jedoch des Weiteren nicht spezifisch zu der Ausnahmeregelung.[135]

Nach der teleologischen Auslegung sind Sinn und Zweck der Notfallermächtigung des § 20 Abs. 6 IfSG die zeitlich schnelle Verhinderung der Weiterverbreitung einer Krankheit. Aus diesem Grund gibt es auch die Eilbedürftigkeitsregelung des § 20 Abs. 6 S. 4 IfSG, nach welcher die Zustimmung des Bundesrates in dringenden Fällen zum Schutze der Bevölkerung auch entfallen kann. In einem Notfall, für welchen das Gesetz gedacht ist, ist eine schnelle Handlungsfähigkeit der die Verordnung Durchführenden sehr bedeutend. Die Überlegung, dass Einzelne aufgrund ihrer Weltanschauung oder Religion von der Impfpflicht ausgenommen werden könnten, wenn durch ihre Nichtteilnahme das Gesamtziel der Maßnahme nicht gefährdet würde[136], ist zwar dem Grunde nach nachvollziehbar, erscheint allerdings vor dem Hintergrund der zeitlichen Pression in der Umsetzung fragwürdig. In diesem Fall müsste dann einerseits zunächst ermittelt

---

134 Vgl. Bales, IfSG, § 20 Rn. 27.

135 Entwurf eines Gesetzes (BSeuchG), BT-DS 3/1888 v. 27.5.1960, S. 23 (§ 20 Abs. 6 IfSG entspricht im Wesentlichen § 15 Abs. 1 BSeuchG und hat im Gesetzentwurf der Bundesregierung, BT-DS 14/2530, S. 72 keine eigene Begründung.)

136 So Bales, IfSG, § 20 Rn. 27.

werden, wie viele Personen der Anzahl nach aufgrund einer solchen Ausnahmeregelung von der Impfung ausgenommen werden könnten und andererseits in jedem Einzelfall geprüft werden, ob die betreffende Person tatsächlich einen religiös oder weltanschaulich motivierten Grund überzeugend vortragen kann. Eine solche Einzelfallprüfung erscheint im Katastrophenfall – und nur in einem solchen kommt § 20 Abs. 6 IfSG überhaupt in Betracht – abwegig.

Dementsprechend ergibt die Gesetzesauslegung, dass eine Ausnahme von der Impfpflicht nur in den in § 20 Abs. 6 S. 3 IfSG ausdrücklich genannten Fällen und nicht aufgrund weltanschaulicher, religiöser oder sonstiger Motive möglich ist. Dessen ungeachtet kann die gesetzliche Impfverpflichtung allgemein allerdings einen möglicherweise unzulässigen Eingriff in Art. 4 GG darstellen.[137]

c. *Zustimmung des Bundesrates*

Grundsätzlich ist eine Zustimmung des Bundesrates zu einer Rechtsverordnung nach den § 20 Abs. 6 oder 7 IfSG im Sinne des Art. 80 Abs. 2 GG erforderlich.

d. *Mögliche Eilbedürftigkeit*

Die Anordnung einer Impfpflicht kann möglicherweise unaufschiebbar sein.[138] Gemäß § 20 Abs. 6 S. 4 IfSG gilt daher § 15 Abs. 2 IfSG entsprechend. Das bedeutet, dass in dringenden Fällen zum Schutze der Bevölkerung eine solche Rechtsverordnung zunächst auch ohne Zustimmung des Bundesrates erlassen werden kann. Diese kann nach § 15 Abs. 2 S. 2 IfSG nachgeholt werden, ansonsten ist die Geltungsdauer der Verordnung auf ein Jahr begrenzt.

e. *Zuwiderhandlung der Adressaten*

Wenn die erlassene Rechtsverordnung auf die Bußgeldvorschrift des § 73 Abs. 1 Nr. 24 IfSG verweist, kann in dem Sich-Nicht-Impfen-Lassen eine vorsätzliche oder fahrlässige Ordnungswidrigkeit liegen. In diesem Fall ist es gemäß § 73 Abs. 2 2. Fall IfSG möglich, eine solche mit einer Geldbuße von bis zu 25.000 Euro oder unter den Voraussetzungen des § 74 IfSG sogar mit bis zu fünf Jahren Freiheitsstrafe oder Geldstrafe zu ahnden.[139]

---

137 Siehe dazu noch unten: 3. Kap. A. I. 1. a. bb.

138 Bales, IfSG, § 20 Rn. 27.

139 Siehe auch Erdle, IfSG, § 20 Zif. 7).

f. Ergebnis

Liegen die oben bezeichneten Voraussetzungen vor, so kann also eine Rechtsverordnung, die eine Impfpflicht beinhaltet, erlassen werden. Die Existenz einer solchen Notfallermächtigung ist für einen möglichen Katastrophenfall sehr wichtig.[140] Sollte es einmal zu einer Epidemie kommen, kann die Regierung schnell handeln und eine Impfpflicht per Rechtsverordnung nach § 20 Abs. 6 S. 1 IfSG anordnen, um weitere schwerer Schäden innerhalb der Bevölkerung zu verhindern. Eine allgemeine Impfpflicht ließe sich wegen der strengen Erfordernisse des § 20 Abs. 6 S. 1 IfSG aber nicht auf diesen stützen.[141]

6. §§ 2 Nr. 11, 6 Abs. 1 Nr. 3, 60 IfSG – Impfschäden

In § 2 Nr. 11 IfSG wird der Begriff des Impfschadens legal definiert. Gemäß § 6 Abs. 1 Nr. 3 IfSG ist der Verdacht einer über das übliche Ausmaß einer Impfreaktion hinausgehenden gesundheitlichen Schädigung namentlich dem zuständigen Gesundheitsamt zu melden.

§ 60 Abs. 1 IfSG regelt, dass derjenige, der eine gesundheitliche Schädigung im Sinne des § 2 Nr. 11 IfSG durch eine Schutzimpfung, die öffentlich empfohlen oder gesetzlich vorgeschrieben war, erlitten hat, Versorgung nach dem Bundesversorgungsgesetz erhält.

II. Speziell Kinder betreffende Regelungen

1. § 34 Abs. 10a IfSG – Nachweis einer Impfberatung

Im Juli 2015 wurde durch das Präventionsgesetz in § 34 IfSG der Abs. 10a neu eingefügt.[142]

§ 34 IfSG regelt generell, dass Personen, die an bestimmten Krankheiten erkrankt oder der Erkrankung verdächtig sind, Gemeinschaftseinrichtungen[143] nicht oder nur unter bestimmten Voraussetzungen besuchen dürfen.

---

140 Zum Begriff siehe: Leupold, Die Feststellung des Katastrophenfalls, S. 16.

141 Im Ergebnis auch so Zuck (Gesetzlicher Masern-Impfzwang, ZRP 2017, S. 118–121, S. 119), allerdings übersieht dieser in seiner Prüfung, dass eine Masern-Impfverordnung, welche sich auf § 20 Abs. 6 S. 1 IfSG als Ermächtigungsgrundlage stützt, bereits dann verfassungswidrig ist, wenn offensichtlich die Voraussetzungen des § 20 Abs. 6 S. 1 IfSG nicht vorliegen und in dem Fall keine verfassungsrechtliche Verhältnismäßigkeitskontrolle mehr geboten ist. Siehe dazu auch 4. Kap. A.

142 BGBl. I 2015, S. 1368f.

143 § 33 IfSG.

Satz 1 des neu eingefügten Abs. 10a besagt, dass die Personensorgeberechtigten eines Kindes bei dessen Erstaufnahme in eine Kindertageseinrichtung gegenüber dieser einen schriftlichen Nachweis über eine zeitnah vor der Aufnahme erfolgte ärztliche Beratung bezüglich eines vollständigen, altersgemäßen, nach den Empfehlungen der STIKO ausreichenden Impfschutzes des Kindes zu erbringen haben.[144] Satz 2 wurde zwei Jahre nach seiner Einführung durch das „Gesetz zur Modernisierung der epidemiologischen Überwachung übertragbarer Krankheiten" vom 17.07.2017[145] wieder geändert. Laut diesem muss die Leitung einer Kindertageseinrichtung nun die Daten eines Kindes an das zuständige Gesundheitsamt übermitteln, wenn der Impfberatungsnachweis nach Satz 1 für jenes von den Sorgeberechtigten nicht erbracht wurde.[146]

Gemäß Satz 3 können jene Personensorgeberechtigten daraufhin vom Gesundheitsamt zu einer Beratung geladen werden. Daneben kann es noch weitergehende Regelungen auf Landesebene geben (Satz 4).

Nach der Gesetzesbegründung sollte dieser neue Absatz 10a ergänzend zu Absatz 11, der die Erhebung der Impfdaten der Schulanfänger regelt[147], dazu beitragen, einen altersgemäßen Impfschutz entsprechend den STIKO-Empfehlungen bei allen Kindern, auch denjenigen im Alter vor der Aufnahme in die Grundschule, zu erreichen. Oft erfolgte die Gabe von Schutzimpfungen entgegen der STIKO-Empfehlungen nicht bis zur Vollendung des zweiten Lebensjahres und damit zu spät. Das Infektionsrisiko für bestimmte Krankheiten sei in der Gruppe der ein- bis sechsjährigen Kinder jedoch sehr hoch. Ein solch erhöhtes Erkrankungsrisiko erlange insbesondere Bedeutung, weil damit zu rechnen sei, dass der Anteil derjenigen Kinder, die ab Beginn des zweiten Lebensjahres eine Gemeinschaftseinrichtung besuchen, in der folgenden Zeit weiter steige, weil jene seit dem 1. August 2013 nach § 24 Abs. 2 SGB VIII einen Rechtsanspruch auf einen Betreuungsplatz hätten. Klarstellte die Bundesregierung in ihrem Gesetzesentwurf jedoch auch, dass die Schutzimpfungsdurchführung weiterhin auf freiwilliger Basis erfolgen solle und das Bestehen eines

---

144 Siehe auch Erdle, IfSG, § 34, Zif. 9).

145 BGBl. I 2017, S. 2615–2639, S. 2625.

146 Zuvor besagte Satz 2 lediglich, dass das Gesundheitsamt bei nicht erbrachtem Nachweis die Personenberechtigten zu einer Beratung laden könne. Die Berechtigung zur Datenübermittlung ist hier demnach neu eingefügt worden; siehe auch Erdle, IfSG, § 34, Zif. 9).

147 Siehe dazu unten: 3.

vollständigen Impfschutzes keine Aufnahmevoraussetzung für die Betreuung in Tageseinrichtungen darstelle.

Diese neue Regelung sei voraussichtlich geeignet, die bestehenden Impflücken zu schließen.[148]

Der Staat vertraut hier abermals auf die Vernunft seiner Bürger, verantwortungsvoll mit der Gesundheit ihrer Kinder umzugehen und stärkt deren Eigenverantwortlichkeit.

Im Entstehungsprozess des Präventionsgesetzes war § 34 Abs. 10a nicht unumstritten. Allerdings handelte es sich dabei weniger um den Inhalt als solchen, als um die Ergänzung genauerer Formulierungen. So regten der Bundesrat und der Ausschuss für Gesundheit in ihren Stellungnahmen zum Gesetzesentwurf an, die Worte „zeitnah“ und „schriftlich“ einzufügen sowie den schlicht genannten „Impfschutz des Kindes“, über welchen eine Beratung staatfinden sollte, noch genauer zu konkretisieren.[149]

Die Abänderung des zweiten Satzes des Absatz 10a war 2017 laut der Gesetzesbegründung aus grundrechtlicher und datenschutzrechtlicher Sicht erforderlich, um die Übermittlung personenbezogener Angaben, in diesem Fall von der Kindertagesstätten-Leitung an das Gesundheitsamt, auf eine gesetzliche Grundlage zu stellen.[150]

Erbringen die Eltern den erforderlichen Nachweis nicht oder nicht rechtzeitig, so handeln sie ordnungswidrig im Sinne des § 73 Abs. 1 Nr. 17a IfSG und können nach dessen Absatz 2 eine Geldbuße von bis zu 2.500 Euro auferlegt bekommen.

2. *Kita-Gesetze der Länder*

In den Landesgesetzen gibt es daneben noch unterschiedlich strenge Regelungen bezüglich eines Impfnachweises bei der Aufnahme eines Kindes in eine Tageseinrichtung, welche gemäß § 34 Abs. 10a S. 4 IfSG neben der Beratungsnachweisregelung gelten.

148 Gesetzentwurf der Bundesregierung, Einzelbegründung zu § 34 Abs. 10a, BT-DS 18/4282 v. 11.03.2015, S. 48f.

149 Vgl. die erste Fassung Abs. 10a, BT-DS 18/4282, S. 19; Stellungnahme des Bundesrates, BT-DS 18/4282, S. 61; Beschlussempfehlung und Bericht des Ausschusses für Gesundheit, BT-DS 18/5261 v. 17.06.2015, S. 38.

150 Gesetzentwurf der Bundesregierung, BT-DS 18/10938 v. 23.01.2017, S. 69.

So haben Bremen, Niedersachsen und Rheinland-Pfalz keinerlei anderweitige Regelungen bezüglich der Gesundheitsvorsorge und der Aufnahme in Kindertageseinrichtungen getroffen.[151]

In Baden-Württemberg, Bayern und Nordrhein-Westfalen gibt es zwar die Voraussetzung einer ärztlichen Untersuchung des Kindes vor Aufnahme in eine Einrichtung, dabei aber kein spezifisches Erfordernis des Nachweises von Schutzimpfungen oder einer Impfberatung.[152] Teils ergibt sich ein solcher Nachweis aus der Vorschrift an sich, da bei Vorlage des Kinderuntersuchungsheftes daraus hervorgeht, ob alle Schutzimpfungen altersgemäß erfolgt sind.

In Berlin, Mecklenburg-Vorpommern, dem Saarland und Schleswig-Holstein schreiben die einschlägigen Gesetze jeweils eine Überprüfung des Impfstatus vor der Aufnahme eines Kindes in eine Tageseinrichtung oder innerhalb der Einrichtung durch den öffentlichen Gesundheitsdienst vor.[153]

In Brandenburg wird bei der Aufnahmeuntersuchung der Impfstatus überprüft und den Eltern die Schließung der Impflücken angeboten.[154] Weiterhin gibt es auch Untersuchungen des öffentlichen Gesundheitsdienstes innerhalb der Einrichtung, wobei abermals der Impfstatus überprüft und das Nachholen von fehlenden Impfungen beworben werden soll.[155]

In Sachsen-Anhalt und Thüringen haben die Eltern bei der Anmeldung ihres Kindes einen schriftlichen Nachweis über eine zeitnah durchgeführte ärztliche Impfberatung vorzulegen.[156]

Hamburg, Hessen und Sachsen haben in diesem Bereich die am weitesten gehenden Regelungen. Hier müssen die Erziehungsberechtigten nach § 4 Abs. 1 S. 2 KibeG HH, § 2 KiGesSchG HE und § 7 Abs. 1 S. 2 SächsKitaG bei der Aufnahme ihres Kindes in eine Tageseinrichtung einen Nachweis über den Erhalt aller öffentlich empfohlenen Schutzimpfungen erbringen oder erklären, dass sie keine Zustimmung zu bestimmten Impfungen erteilen. In Hessen muss diese Erklärung sogar schriftlich erfolgen.

All diese Regelungen gelten für Kindertageseinrichtungen in staatlicher Trägerschaft. Solche, die einen privaten Träger haben, können eigene

151 Siehe §§ 12, 12 BremKTG; KitaG NS; KTagStG RP (Stand aller LandesG: 05.09.2019).

152 Siehe § 4 KitaG BW; Art. 9b Abs. 2 S.1 BayKiBiG; § 10 KiBiz NRW.

153 Siehe § 9 Abs. 1, 2 KitaFöG Berlin; § 9 Abs. 1, 2 KiföG MV; § 1 Gesundheitsvorsorge-VO SL i. V. m. § 9 Abs. 2 Nr. 4 SKBBG; § 1 Abs. 1 Kita-VO SH i. V. m. § 13 Abs. 2 KitaG SH.

154 § 11 Abs. 2 KitaG BB.

155 § 11 Abs. 1 KitaG BB.

156 § 18 Abs. 1 KiFöG SA; § 18 Abs. 1 S. 3 und 4 ThürKitaG.

Aufnahmebestimmungen festsetzen. Im Februar 2019 legte erstmalig ein privater Kindertagesstättenbetreiber in Essen eine Impfpflicht fest. In den Einrichtungen dieses Trägers wurden ab dem Zeitpunkt des Beschlusses nur noch Kinder aufgenommen, deren Eltern einen Impfnachweis für ihr Kind erbringen konnten.[157]

3. § 34 Abs. 11 IfSG – Impfstatuserhebung bei Grundschulanmeldung

Nach § 34 Abs. 11 IfSG hat das Gesundheitsamt den Impfstatus eines jeden Kindes, welches in die erste Klasse einer allgemein bildenden Schule aufgenommen wird, zu erheben und die anonymisierten Daten über die oberste Landesgesundheitsbehörde dem Robert-Koch-Institut zu übermitteln.

Der Gesetzgeber hat jene Regelung getroffen, um auf diesem Wege Kenntnisse über das Impfverhalten und den Impfstatus der Kinder zu erhalten. Er erachtet die Schuleingangsuntersuchung für diese Erhebung als sehr geeignet, weil dabei fast alle Kinder erreicht würden. Anhand der gewonnenen Erkenntnisse könne dann die Impfaufklärung gezielter geschehen.[158]

Nicht gesetzlich geregelt ist eine Verpflichtung der Eltern, dem Gesundheitsamt die benötigten Informationen zur Verfügung zu stellen und dementsprechend auch keine daran gebundenen Konsequenzen in Form von Straf- oder Bußgeldvorschriften, wenn Eltern den Impfausweis des Kindes nicht vorzulegen bereit sind.[159] Demzufolge ist das Gesundheitsamt beim Vollzug des § 34 Abs. 11 IfSG von der freiwilligen Mitwirkung der Beteiligten abhängig.[160]

Neben dieser Datenerhebung ist hier keine entsprechende Beratung über die durchzuführenden Impfungen wie bei der KiTa-Anmeldung nach § 34 Abs. 10a IfSG[161] vorgesehen.

III. Besondere Regelungen bezüglich Masern: § 28 Abs. 2 IfSG

Mit dem Präventionsgesetz wurde 2016 eine Regelung besonderer Art geschaffen, namentlich der neue Absatz 2 des § 28 IfSG.[162] Dieser besagt, dass bei

157 Siehe WAZ v. 14.02.2019, https://www.waz.de/region/rhein-und-ruhr/wie-eine-kita-betreiberin-die-impfpflicht-einfuehrte-id216443939.html (zuletzt abgerufen am 14.10.2019)

158 Gesetzentwurf der Bundesregierung, BT-DS 14/2530, S. 78.

159 Bales, IfSG, § 34 Rn. 24.

160 Erdle, IfSG, § 34 Zif. 10).

161 Siehe oben: 1.

162 BGBl. I 2015, S. 1368–1379, S. 1378.

Auftreten einer Masernerkrankung oder eines Verdachts auf eine solche in einer Gemeinschaftseinrichtung – dies sind insbesondere Kindertageseinrichtungen, Kinderhorte und Schulen[163] – Personen ohne Masernimpfschutz oder ärztlich bescheinigte Immunität gegen die Krankheit vom Besuch der Gemeinschaftseinrichtung nach § 34 Abs. 1 Satz 1 und 2 IfSG ausgeschlossen werden können, bis mit einer Weiterverbreitung der Krankheit nicht mehr zu rechnen ist. Dies bedeutet, dass erstmals Personen aus Gemeinschaftseinrichtungen ferngehalten werden können, die gar nicht erkrankt, sondern lediglich selber ansteckungsgefährdet, also Nichtstörer, sind.

Zuvor war eine solche Maßnahme ausschließlich gegenüber denjenigen möglich, die selbst Störer im Sinne des IfSG waren, das heißt, die an Masern erkrankt, krankheits- oder ansteckungsverdächtig waren und somit von ihnen die Gefahr ausging, die Krankheit weiterzuverbreiten.[164]

Vor der Einführung des Absatzes 2 konnte das Gesundheitsamt nur oben bezeichnete Personen selbst vom Besuch einer Gemeinschaftseinrichtung nach den §§ 28 Abs. 1 i. V. m. 34 Abs. 1 S. 1 Nr. 9, S. 2 IfSG ausschließen, um die Gefahr der Ansteckung zu minimieren und Infektionsketten zu verhindern. Allerdings war hierfür notwendig, dass, soweit eine Person nicht erkrankt oder krankheitsverdächtig war, ein Ansteckungsverdacht im Sinne des § 2 Nr. 7 IfSG gegeben war. Ein solcher liegt nur dann vor, wenn von einer Person anzunehmen ist, dass sie Krankheitserreger aufgenommen hat. Dabei müssten konkret in Bezug auf die betreffende Person Tatsachen ermittelt worden sein, nach welchen die Annahme, dass sie Krankheitserreger aufgenommen hat, wahrscheinlicher ist als das Gegenteil.[165] Ein solcher Nachweis ist schwer zu erbringen und die Regelung laut Gesetzgeber insbesondere im Fall von Masern nicht ausreichend. Denn Masern zeichneten sich durch eine früh einsetzende Infektiosität und eine hohe Ansteckungsfähigkeit aus. Es zeigten sich in der Regel erst 8 bis 14 Tage nach der Infektion die Krankheitssymptome und schon fünf Tage vor Auftreten des Masern-Exanthems könnten infizierte Personen andere anstecken.[166] In diesem Fall könne das Gesundheitsamt nicht schnell und nicht zuverlässig genug reagieren, um Erkrankte vom Besuch der

---

163 Siehe § 33 IfSG.

164 Geene/Reese, Handbuch PrävG, S. 280.

165 Beschlussempfehlung und Bericht des Ausschusses für Gesundheit, BT-DS 18/5261 v. 17.06.2015, S. 63f.; BVerwGE 142, 205–219, Rn. 31.

166 https://www.kinderaerzte-im-netz.de/krankheiten/masern/uebertragung/ (zuletzt abgerufen am 14.10.2019).

Einrichtung auszuschließen.[167] Eine Ketteninfektion – mithin, dass eine Person an Masern erkrankt, dann weitere ansteckt, welche wiederum weitere Personen anstecken und so fort – ist in einem solchen Fall sehr wahrscheinlich.

Daneben bestand nur noch die Möglichkeit, eine gesunde Person als Nichtstörer in Anspruch zu nehmen und zwar mangels ausdrücklicher Regelungen im IfSG nach den Vorschriften des allgemeinen Polizei- und Ordnungsrechts.[168] Nach den Ordnungsbehördengesetzen der Länder[169] ist dabei in der Regel das Vorliegen einer gegenwärtigen erheblichen Gefahr notwendig. Eine solche gegenwärtige Gefahr beschreibt die höchste Gefahrstufe im Polizeirecht, wobei einerseits hochrangige Rechtsgüter bedroht sein müssen und andererseits der Gefahreneintritt so nahe liegt, dass der Schadenseintritt nicht ohne außergewöhnliche Maßnahmen abgewendet werden kann.[170] Diese höchste Gefahrenstufe liegt im Falle des Auftritts von Masernerkrankungen in einer Betreuungseinrichtung jedoch erst dann vor, wenn bereits eine Epidemie aufgetreten ist und nicht bei vereinzelten Krankheitsausbrüchen, sodass die entsprechende Maßnahme zuvor erst zeitlich viel zu spät hätte greifen können.[171]

Durch die Neuregelung ist es nun nicht mehr nötig, dass betroffene Personen als „Kranke, Krankheitsverdächtige, Ansteckungsverdächtige oder Ausscheider" erkannt werden. Jeder, der für die Krankheit empfänglich ist, kann als Nichtstörer von der Maßnahme betroffen werden und darf im Fall des angeordneten Ausschlusses die bestimmte Einrichtung nicht mehr betreten.

Somit kann einerseits jede gefährdete Person selbst vor der Ansteckung mit Masern geschützt und andererseits vor allem die Entstehung von Infektionsketten im obigen Sinne verhindert werden.[172]

Diese gesetzliche Neuregelung basiert auf der Tatsache, dass es im Frühjahr 2015 vermehrt Masernausbrüche größeren Ausmaßes in Schulen und Kindertagesstätten gab. In diesem Zusammenhang war eine Impfpflicht für Kinder häufig in der öffentlichen Diskussion. Die Regelung des § 28 Abs. 2 IfSG stellt zwar keine solche

---

167 Beschlussempfehlung und Bericht des Ausschusses für Gesundheit, BT-DS 18/5261, S. 63f.

168 Vgl. Klotz, „Die Masern und das zwangsweise Schulfrei", JA 2016, S. 123–132, S. 131.

169 Siehe z. B. § 71 Abs. 1 Nr. 1 MVSOG; § 19 Abs. 1 Nr. 1 NRWOBG; siehe auch Gusy, Polizei- und Ordnungsrecht, Rn. 325 m.w.N.

170 Gusy, Polizei- und Ordnungsrecht, Rn. 130.

171 Vgl. auch Klotz, „Die Masern und das zwangsweise Schulfrei", JA 2016, S. 123–132, S. 131.

172 Beschlussempfehlung und Bericht des Ausschusses für Gesundheit, BT-DS 18/5261, S. 63f.

Impfpflicht dar, erhöht aber den Druck auf Eltern, ihre Kinder gegen Masern impfen zu lassen, massiv.[173] Es drohen sonst möglicherweise mehrfache, gegebenenfalls wochenlange Betretungsverbote für gegen Masern nicht geimpfte Kinder in Schulen und Kindertagesstätten.[174] Dies dürfte gerade die Eltern der heutigen Zeit, die mehrheitliche beide berufstätig sind sowie auch Alleinerziehende vor ein Betreuungsproblem ihrer eigentlich gesunden Kinder stellen.

Wer einer vollziehbaren Anordnung nach § 28 Abs. 2 IfSG zuwiderhandelt, kann gemäß §§ 73 Abs. 1 Nr. 11a, Abs. 2 IfSG für diese Ordnungswidrigkeit zur Zahlung einer Geldbuße von bis zu 2.500 Euro verpflichtet werden.

IV. Gesetzlich Krankenversicherte betreffende Regelungen: Regelungen im Sozialgesetzbuch Fünftes Buch – Gesetzliche Krankenversicherung (SGB V)

Das fünfte Buch des Sozialgesetzbuches beinhaltet die Vorschriften über die gesetzliche Krankenversicherung, wovon sich einige speziell mit dem Thema Schutzimpfungen für die dort Versicherten[175] befassen. Viele von diesen Schutzimpfungsregelungen wurden durch das Präventionsgesetz im Juli 2015 geändert oder gar neu geschaffen.

1. § 20d SGB V – Nationale Präventionsstrategie

Neu in das SGB V eingefügt worden ist der § 20d, der die gesetzlichen Krankenkassen und die anderen Sozialversicherungsträger verpflichtet, eine sogenannte „Nationale Präventionsstrategie" zur Gesundheitsförderung und Krankheitsvorbeugung zu entwickeln. Bei der Festlegung der Ziele für jene Präventionsstrategie sind laut dessen Abs. 3 S. 2 auch die Schutzimpfungsempfehlungen der STIKO mit einzubeziehen. Die Bekämpfung von Infektionskrankheiten sei laut Gesetzesbegründung sehr wichtig und insbesondere durch Impfungen als Präventionsmaßnahme könnte die Entstehung dieser verhindert werden.[176]

---

173 Fraglich ist, ob dadurch faktisch eine Impfpflicht erzwungen wird und ob das verfassungsrechtlich zulässig ist, s. dazu BVerwGE 142, 205–219, Rn. 28; siehe dazu auch unten: 3. Kap. A. III. und 4. Kap. C.

174 Geene/Reese, Handbuch PrävG, S. 280.

175 Zu den Versicherten siehe §§ 5 bis 10 SGB V.

176 Gesetzentwurf der Bundesregierung, BT-DS 18/4282, S. 37; siehe auch Wimmer, in: LPK-SGB V, §§ 20d-20g, Rn. 5.

2. §§ 20i, 132e SGB V – Leistungsanspruch auf Schutzimpfungen

Nach § 20i Abs. 1 S. 1 SGB V haben Versicherte explizit einen Rechtsanspruch auf Leistungen für Schutzimpfungen im Sinne des Infektionsschutzgesetzes (§ 2 Nr. 9 IfSG). Voraussetzungen, Art und Umfang dieser Leistungen bestimmt der Gemeinsame Bundesausschuss[177] in Richtlinien[178] auf Basis der STIKO-Empfehlungen, wobei Abweichungen von diesen einer besonderen Begründung gemäß § 20i Abs. 1 S. 3 SGB V bedürfen. Ferner können die Krankenkassen nach § 20i Abs. 2 SGB V auch weitere, nicht vom Gemeinsamen Bundesausschuss aufgeführte Schutzimpfungen als Satzungsleistung übernehmen. Diese Möglichkeit begründet sich durch regionale Besonderheiten, wenn beispielsweise in einem örtlich begrenzten Gebiet bestimmte Schutzimpfungen als nützlich angesehen werden.

Der Gesetzgeber sieht in der Krankheitsprävention durch Schutzimpfungen einen dreifachen Zweck: Erstens schützen Schutzimpfungen den Geimpften selbst vor Infektionskrankheiten, zweitens kann eine vorhandene Herdenimmunität[179] den Ausbruch von Epidemien verhindern und drittens gelten Impfungen als kostengünstige Präventionsmaßnahme, die für die Krankenkassen Krankheitskosten vermeidet.[180]

Gemäß § 132e SGB V schließen die Krankenkassen mit den Kassenärztlichen Vereinigungen, Ärzten oder dem öffentlichen Gesundheitsdienst Verträge über die Durchführung von Schutzimpfungen im Sinne von § 20i SGB V.

3. §§ 25 Abs. 1 S. 1, 26 Abs. 1 SGB V – Ansprüche auf Gesundheitsuntersuchungen

Auch die §§ 25 und 26 SGB V erfuhren eine Änderung durch das Präventionsgesetz.

§ 25 Abs. 1 S. 1 SGB V fasst den Anspruch aller gesetzlich versicherten Volljährigen auf ärztliche Gesundheitsuntersuchungen weiter und umfassender als zuvor und schließt nun explizit in diesem Rahmen die Überprüfung des Impfstatus durch den Arzt gemäß den Empfehlungen der STIKO mit ein.

---

177 Gemäß § 91 Abs. 1 S. 1 SGB V wird dieser gebildet aus den Kassenärztlichen Bundesvereinigungen, der Deutschen Krankenhausgesellschaft und dem Spitzenverband Bund der Krankenkassen und ist nach § 91 Abs. 1 S. 2 SGB V rechtsfähig.

178 Gemäß § 92 SGB V; siehe Schutzimpfungs-Richtlinie (SI-RL) in der Fassung v. 01.07.2007, zuletzt geändert am 07.03.2019.

179 Siehe dazu 1. Kap. B. III.

180 Gesetzentwurf der Fraktionen CDU/CSU und SPD, BT-DS 16/3100 v. 24.10.2006, S. 100; siehe auch Wiercimok, in: LPK-SGB V, § 20i, Rn. 7.

Anspruchsberechtigt sind hier alle Versicherten[181], die das 18. Lebensjahr vollendet haben.

Inhaltlich bezweckt die Regelung durch eine ausführliche ärztliche Beratung und Untersuchung insbesondere die Früherkennung von Risikofaktoren für Erkrankungen und infolgedessen deren Vorbeugung.[182] In diesem Zusammenhang erscheint es als Rundumvorsorge konsequent, den Impfstatus zu überprüfen und gegebenenfalls zur Durchführung von Impfungen aufzufordern.

§ 26 Abs. 1 S. 1 SGB V berechtigt auch gesetzlich versicherte Kinder und Jugendliche zur Teilnahme an ebensolchen Gesundheitsuntersuchungen zur Früherkennung von Krankheiten. Gemäß Abs. 1 S. 2 beinhaltet eine solche Untersuchung auch hier eine Überprüfung der Vollständigkeit des Impfstatus und eine darauf abgestimmte Beratung und Information.

Nach der Gesetzesbegründung ist das vorrangige Ziel solcher Untersuchungen die Früherkennung von Erkrankungen und Entwicklungsstörungen im Kindes- und Jugendalter.[183]

4. § 65a Abs. 1 S. 1 Nr. 2 SGB V – Boni für Schutzimpfungen

§ 65a SGB V bestimmt, dass Versicherte für „gesundheitsbewusstes Verhalten“ einen Bonus von der Krankenversicherung erhalten können. Laut dessen Abs. 1 S. 1 Nr. 2 soll die Krankenkasse in ihrer Satzung die Voraussetzungen bestimmen, unter welchen Versicherte einen solchen Bonus bekommen, wenn sie Leistungen für Schutzimpfungen in Anspruch nehmen.

Durch das Präventionsgesetz wurde die vorherige Kann-Regelung durch eine Soll-Regelung ersetzt, sodass die Krankenkassen jetzt verpflichtet sind, Boni als Anreize für die Versicherten vorzusehen.[184]

---

181 §§ 5 bis 10 SGB V.

182 Gesetzentwurf der Bundesregierung, BT-DS 18/4282, S. 40; Kuhlmann, in: LPK-SGB V, § 25, Rn. 4ff.

183 Gesetzentwurf der Bundesregierung, BT-DS 18/4282, S. 42; siehe auch Kuhlmann, in: LPK-SGB V, § 26, Rn. 1.

184 Siehe Gesetzentwurf der Bundesregierung, BT-DS 18/4282, S. 43; siehe auch Henle, in: LPK-SGB V, § 65a, Rn. 1; die Techniker Krankenkasse und die Barmer vergeben beispielsweise für das Durchführen von Schutzimpfungen Punkte, welche von den Versicherten in Prämien eingelöst werden können.

V. Asylsuchende und Sich-illegal-Aufhaltende betreffende Reglungen

Asylsuchende mit gesetzlicher Krankenversicherung haben einen Schutzimpfungsleistungsanspruch nach den Regelungen des SGB V.[185]

Asylsuchende, die nach dem AsylbLG leistungsberechtigt sind, haben ab Beginn ihres Aufenthaltes in der BRD gemäß § 4 Abs. 1 S. 2 AsylbLG i. V. m. §§ 47, 52 Abs. 1 S. 1 SBG XII auch einen Anspruch auf Leistung für Schutzimpfungskosten.

Dementsprechend gibt es bei der Kostenübernahme keine Schwierigkeiten. Problematisch erscheint eher die Beratung und Information derjenigen darüber, dass Schutzimpfungen vorgenommen werden sollten und die Kosten dafür abgedeckt sind, denn oft bestehen Sprachbarrieren.[186] Nach § 4 Abs. 3 S. 2 AsylbLG soll die zuständige Behörde sicherstellen, dass den Leistungsberechtigten frühzeitig eine Vervollständigung des Impfschutzes angeboten wird.

Auch geduldete oder vollziehbar ausreisepflichtige Ausländer haben Anspruch auf Leistungen aus dem AsylbLG nach dessen § 1 Abs. 1 Nrn. 4, 5. Soweit sie sich jedoch ohne Kenntnis der Behörden in Deutschland aufhalten oder ihre Identität verschleiern, kann die praktische Inanspruchnahme von Leistungen problematisch sein.[187]

VI. Bestimmte Berufsgruppen betreffende Regelungen

1. *Allgemein*

In manchen Berufsgruppen ist es für die Gesundheit der dort Beschäftigten unerlässlich, dass selbige über einen ausreichenden Impfschutz verfügen. Nichtsdestotrotz besteht auch hier keine Impfpflicht und die betroffenen Berufstätigen können selber entscheiden, ob sie sich impfen lassen wollen. Gesetzlich geregelt ist nur in § 6 Abs. 2 S. 3 der Verordnung zur arbeitsmedizinischen Vorsorge[188], die im Geltungsbereich des Arbeitsschutzgesetzes Anwendung findet[189], dass

---

185 Siehe dazu IV. 2.

186 Vgl. Antwort der Bundesregierung auf die kleine Anfrage der Abgeordneten [...] – Verbesserung der Gesundheitsversorgung von Asylsuchenden, BT-DS 18/4787 v. 04.05.2015, S. 4f.

187 Antwort der Bundesregierung auf die kleine Anfrage der Abgeordneten [...] – Verbesserung der Gesundheitsversorgung von Asylsuchenden, BT-DS 18/4787, S. 6.

188 ArbMedVV v. 18.12.2008.

189 Siehe § 1 Abs. 2 ArbMedVV.

der Arbeitgeber seinen Beschäftigten Impfungen als Bestandteil der arbeitsmedizinischen Vorsorge anbieten muss, soweit das Risiko einer Infektion tätigkeitsbedingt und im Vergleich zur Allgemeinbevölkerung für diese erhöht ist.[190] Ein solches erhöhtes Infektionsrisiko besteht beispielsweise bei allen Beschäftigten im Gesundheitswesen und Veterinärbereich, bei Mitarbeitern in Kinder-, Jugend- und Gemeinschaftseinrichtungen, aber auch bei Polizisten oder Müllentsorgern. Laut §§ 23a, 23 Abs. 3 IfSG darf der Arbeitgeber unter bestimmten Voraussetzungen Daten über den Impfstatus eines Beschäftigten erheben, um über die Begründung eines Beschäftigungsverhältnisses oder dessen Art und Weise zu entscheiden. Dies gilt in den in § 23 Abs. 3 IfSG aufgeführten Einrichtungen, insbesondere Krankenhäuser, Arztpraxen, Tageskliniken und weitere.

Ziel dabei ist es, Infektionen mit resistenten Erregern einzudämmen.[191] Es könnte demzufolge gegebenenfalls einer ungeimpften Person die Begründung eines Beschäftigungsverhältnisses verweigert werden.

2. *Soldaten*

Laut § 17a Abs. 2 S. 1 Nr. 1 SoldG muss ein Soldat ärztliche Eingriffe gegen seinen Willen nur dann dulden, wenn die Maßnahme der Verhütung oder Bekämpfung übertragbarer Krankheiten[192] dient. Dadurch kann ausdrücklich gemäß Abs. 2 S. 2 das Grundrecht auf körperliche Unversehrtheit aus Art. 2 Abs. 2 S. 1 GG eingeschränkt werden.

Dass unter solcherlei Eingriffe auch Impfungen fallen, ergibt sich im Umkehrschluss aus § 21 IfSG[193], der Regelung über zu verwendende Impfstoffe, welcher § 17a Abs. 2 SoldG explizit als Eingriffsgrundlage für eine Impfung erwähnt.

Daneben gibt es noch in den §§ 77 Abs. 4 Nr. 6 SoldG, 24 Abs. 6 S. 1 Nr. 6 WehrpflG die Verpflichtung des Dienstleistungs- oder Wehrpflichtigen, sich zur Verhütung übertragbarer Krankheiten impfen zu lassen.

VII. Zusammenfassung

Die Leitgedanken der Schutzimpfungsgesetzgebung sind „Information und Aufklärung". Der Staat möchte zwar, dass seine Bürger sich impfen lassen, stellt

190 Vgl. Erdle, IfSG, Allgemeines zu §§ 20 bis 22, Zif. 5.2.

191 Erdle, IfSG, § 23, vor Zif. 1).

192 Siehe § 2 Nr. 3 IfSG, vgl. auch § 6 Abs. 1 IfSG (Meldepflichtige Krankheiten), siehe auch Eichen, in: Walz/Eichen/Sohm, SoldG, § 17, Rn. 71.

193 Siehe dazu I. 4.

die Durchführung von Impfungen aber dennoch auf eine freiwillige Basis. Er überlässt es jedem Bürger, selbige vornehmen zu lassen oder nicht. Eltern dürfen diese wichtige Entscheidung für ihre Kinder treffen.

Um die Vornahme von Impfungen zu fördern, werden entsprechende Impfempfehlungen herausgegeben und die Kosten der Impfungen in der Regel für alle übernommen.

Im Falle des Auftretens einer Epidemie besteht die Möglichkeit, eine Impfpflicht für Betroffene anzuordnen.

Bezüglich Kindern wird von den Eltern bei der Anmeldung in einer Kindertageseinrichtung der Nachweis einer Impfberatung verlangt, in manchen Ländern gibt es hierzu noch weitergehende Regelungen. Beim Auftreten eines Masernfalls in einer Gemeinschaftseinrichtung kann Personen ohne Impfschutz ein Betretungsverbot auferlegt werden.

Auch die gesetzlichen Krankenkassen bestärken ihre Versicherten in der Vornahme von Schutzimpfungen.

C. Stellungnahmen zum Thema Schutzimpfungen und zur Gesetzeslage in Deutschland bis zum 01.03.2020

Anhand der Stellungnahmen Sachkundiger zum Thema Schutzimpfungen wie teils zur Gesetzeslage und deren darauf bezogene Forderungen soll die Problematik erläutert werden. Es schließt sich eine eigene Bewertung der zuvor dargestellten Regelungen an.

I. Vereinte Nationen

Art. 12 des Internationalen Paktes über wirtschaftliche, soziale und kulturelle Rechte (UN-Sozialpakt)[194] gewährleistet das Recht auf Gesundheit, wobei sein Abs. 2 c) die Vorbeugung und Bekämpfung epidemischer Krankheiten von den Vertragsstaaten verlangt.

Art. 24 der UN-Kinderrechtskonvention bekräftigt dieses Recht auf das erreichbare Höchstmaß an Gesundheit auch für Kinder.

Auf einer „Sondertagung über Kinder" der Generalversammlung der Vereinten Nationen vom 8. bis 10. Mai 2002 in New York stellten die Vertreter der UN-Mitgliedsstaaten klar, dass jedes Kind ein Recht auf Impfung gegen verhütbare Krankheiten habe. Nur dadurch werde das Recht der Kinder auf Gesundheit gewährleistet. Die Versammlung rief die Regierungsvertreter aller Länder

194 In Deutschland in Kraft seit dem 03.01.1976, siehe BGBl. II 1976, S. 428.

zum Handeln auf, damit jedes Kind „von einer der größten Erfindungen der medizinischen Wissenschaft profitieren“ könne und Zugang zu Schutzimpfungen bekäme.[195]

Auch in der Folge appellierte insbesondere das Kinderhilfswerk der UN UNICEF immer wieder an die Mitgliedstaaten, dass Impfungen für alle Menschen und alle Kinder erreichbar gemacht werden müssten.[196]

II. Weltgesundheitsorganisation

Die Weltgesundheitsorganisation (WHO) ist als Sonderorganisation der Vereinten Nationen zuständig für das internationale öffentliche Gesundheitswesen.[197] Zu der WHO gehören 194 Staaten.

Die WHO sieht Schutzimpfungen als eine der kostengünstigsten Gesundheitsschutzmaßnahmen an, die Millionen Menschen vor Krankheiten, Behinderungen und dem Tod schützen können.[198]

Ihre Ziele bezüglich Schutzimpfungen in Europa hat sie 2014 in ihrem sogenannten „European Vaccine Action Plan (2015-2020)“ (EVAP) in Ergänzung zu dem auf die ganze Welt bezogenen „Global Vaccine Action Plan (2011-2020)“ festgelegt. Darin sind sechs Ziele gesetzt, die bis 2020 erreicht werden sollen. Die „große Vision“ der WHO ist es, dass die Europäische Region zeitnah frei von durch Impfung vermeidbaren Krankheiten wird[199]. Von jener sind die Ziele geleitet. In dem Plan werden die Mitgliedstaaten angehalten, Maßnahmen zu ergreifen, um folgende Punkte bis 2020 zu erreichen:

---

195 Pressemappe: „Impfungen und Impfstoffe“ der UN-Sondertagung über Kinder vom 08.-10.05.2002 in New York, https://www.unric.org/html/german/kinder/presse/7.htm. (zuletzt abgerufen am 14.10.2019).

196 UN-Organisationen betonen: Gesundheitsleistungen, insbesondere Impfungen müssen alle erreichen, Artikel v. 18.07.2017, https://www.unric.org/de/uno-schlagzeilen/28083-un-organisationen-betonen-gesundheitsleistungen-insbesondere-impfungen-muessen-alle-erreichen (zuletzt abgerufen am 14.10.2019).

197 Normiert durch Art. 57 Abs. 1 UN-Charta; siehe hierzu Herdegen, Völkerrecht, § 10 Rn. 16, § 42 Rn. 1.

198 www.euro.who.int/en/health-topics/disease-prevention/vaccines-and-immunization (zuletzt abgerufen am 14.10.2019).

199 European Vaccine Action Plan (EVAP), http://www.euro.who.int/__data/assets/pdf_file/0007/255679/WHO_EVAP_UK_v30_WEBx.pdf?ua=1 (zuletzt abgerufen am 14.10.2019), S. 16.

Erstens soll die Polio-Freiheit in Europa erhalten werden.[200] Zweites Ziel ist die Ausrottung sowohl von Masern als auch von Röteln.[201] Hepatitis-B-Infektionen sollen drittens besser beherrscht werden[202], viertens diese Impfziele in Europa auf allen Ebenen der Verwaltung erreicht werden.[203] Fünftes Ziel ist das Treffen evidenzbasierter Entscheidungen bei der Einführung neuer Impfstoffe.[204] Zuletzt sollen an sechster Stelle die nationalen Impfprogramme finanziell nachhaltig sein.[205]

Die Ausrottung der Masern hatte die Weltgesundheitsorganisation in Europa bereits früher zunächst bis 2007, dann bis 2015 angestrebt. Diese Ziele wurden allerdings jeweils verfehlt.[206]

Anfang 2019 erklärte die WHO Impfgegner zur globalen Bedrohung, die für die Weltgesundheit ähnlich gefährlich ist wie Umweltverschmutzung, Ebola oder die zunehmende Resistenz von Keimen gegen Antibiotika.[207]

III. Bundesärztekammer und Deutscher Ärztetag

Die Bundesärztekammer ist die Spitzenorganisation der ärztlichen Selbstverwaltung und die Arbeitsgemeinschaft der 17 deutschen Ärztekammern.

Auf deren jährlich stattfindender Hauptversammlung, dem Deutschen Ärztetag, erarbeiten die Mitglieder berufsrechtliche oder gesundheitspolitische Forderungen und Stellungnahmen.[208] Der Deutsche Ärztetag spricht sich in den letzten Jahren fortlaufend für Maßnahmen aus, die die Impfquote erhöhen und den ausreichenden Impfschutz der Bevölkerung sicherstellen.[209]

---

200 EVAP, S. 20.

201 EVAP, S. 23.

202 EVAP, S. 24.

203 EVAP, S. 27.

204 EVAP, S. 28.

205 EVAP, S. 31.

206 https://www.rki.de/DE/Content/Infekt/Impfen/Praevention/elimination_04.html (zuletzt abgerufen am 29.10.2019).

207 Welt v. 20.01.2019, https://www.welt.de/wissenschaft/article187358734/Zunehmende-Infektionen-WHO-erklaert-Impfgegner-zur-globalen-Bedrohung.html (zuletzt abgerufen am 29.10.2019).

208 www.bundesaerztekammer.de/aerztetag (zuletzt abgerufen am 14.10.2019).

209 Die Tatsache, dass Ärzte durch das Durchführen von Impfungen auch Geld verdienen, kann hier nicht dazu führen, dass ihre Argumente weniger wiegen.

2006 forderte er die Bundesregierung auf, die Schutzimpfung gegen Masern umgehend zur Pflicht nach § 20 Abs. 6 IfSG zu machen.[210] Die Ärzteversammlung begründete diesen Appell damit, dass Deutschland sich gegenüber der WHO verpflichtet hatte, die Masern bis 2007 zu eliminieren, von diesem Ziel jedoch im Jahr 2006 noch weit entfernt gewesen sei. Deutschland zählte wegen einer sehr hohen Anzahl von Masernerkrankungen zu einem der Länder mit der höchsten Masernsterblichkeit innerhalb der Europäischen Union und damit als Ursprungsland für Einschleppungen in andere Länder. Dieses widerspreche dem Ethos der deutschen Ärzteschaft und der staatlichen Vorsorgepflicht bezüglich Kindern und Jugendlichen.[211]

Darüber hinaus verlangte der 109. Deutsche Ärztetag im Jahr 2006 von den zuständigen Landesministerien, Rechtsbestimmungen bezüglich der Aufnahme von Kindern in Gemeinschaftseinrichtungen zu erlassen, sodass nur Kindern der Zugang gewährt würde, die einen vollständigen Impfstatus nachweisen könnten, soweit bei bestimmten Kindern Schutzimpfungen nicht medizinisch kontraindiziert seien. Zur Begründung führte die Ärzteschaft an, dass mit der Aufnahme in einen Kindergarten oder in eine Schule auch Pflichten einhergingen, hier die Vorbeugung von Infektionskrankheiten durch Schutzimpfungen. Selbst Impfgegner ließen ihre jugendlichen Kinder impfen, sobald diese einen Highschool-Aufenthalt in einem anderen Land absolvieren sollten, wo ein solcher Impfnachweis Aufnahmevoraussetzung sei. Dementsprechend wollte die Ärzteschaft nach dem Vorbild der USA in den deutschen Ländergesetzen ebendies geregelt wissen und verwies auf den aus den Vereinigten Staaten stammenden Leitsatz: „No vaccination, no school“. Weiterhin forderten die Ärzte die gesetzlichen Krankenkassen dazu auf, neben bestehenden Bonusregelungen auch so bezeichnete Malussysteme einzuführen, sodass beispielsweise die Kosten für durch Impfung vermeidbare Krankheiten nicht von oben genannten Kassen übernommen würden.[212]

2007 appellierte der Deutsche Ärztetag an die Landesärztekammern, die Kassenärztlichen Vereinigungen und die Krankenkassen, sich für die Erhöhung der Impfquote bei Kindern und Jugendlichen zu engagieren und schlug dafür als

---

210 Zu der Frage, ob eine solche Pflicht auf § 20 Abs. 6 IfSG zurückführbar wäre, siehe B. I. 5. und 4. Kap. A.

211 Beschlussprotokoll des 109. Deutschen Ärztetages vom 23.-26.05.2006 in Magdeburg, S. 61.

212 Beschlussprotokoll des 109. Deutschen Ärztetages vom 23.-26.05.2006 in Magdeburg, S. 62.

Beispiel ein Einladungssystem vor, um Patienten ohne vollständigen Impfschutz an die Schutzimpfung zu erinnern.[213] Ferner diskutierten die Ärzte hier über die Einführung eines Melderegisters für durchgeführte Impfungen, um diejenigen, die impfsäumig seien, ausfindig machen und individuell freundlich zur Impfung auffordern zu können.[214]

2013 forderten die Ärzte eine Aufhebung der Übermittlungspflicht an die Ausländerbehörde, wenn Menschen mit illegalem Status medizinische Leistungen in Anspruch nehmen. Dies sei insbesondere für Kinder, die die gesetzlich empfohlenen Impfungen empfangen müssten, entscheidend. Es entspräche dem Kindeswohl, wenn für diese die Möglichkeit des Zugangs zur Gesundheitsversorgung geschaffen würde.[215]

2014 verlangte der 117. Deutsche Ärztetag von Bund und Ländern, Kinder flächendeckend entsprechend der STIKO-Empfehlungen zu impfen.[216] Außerdem verweist das Protokoll auf die bereits 2006 ausgesprochene Forderung und forderte den Bundesgesetzgeber wiederholt auf, eine gesetzliche Regelung für einen Masernimpfnachweis für alle Kinder zu schaffen, die in eine Gemeinschaftseinrichtung aufgenommen werden sollten. Die Ärzteversammlung begründete diese Forderung damit, dass im Jahr 2015 nach einer weiteren Zielvorgabe der WHO die Masern in der Region Europa ausgerottet sein sollten, Deutschland als Mitgliedsstaat mit den größten finanziellen, wissenschaftlichen und industriellen Mitteln davon aber weit entfernt sei und Masernausbrüche trotz vorhandener Impfmöglichkeiten dauernd zunähmen.[217]

Auch im Jahr 2015 schlug die Ärztevertretung zum wiederholten Mal vor, nur Kinder mit einem vollständigen Impfstatus in öffentlichen Einrichtungen aufzunehmen und appellierte an die Länder, die entsprechenden Gesetze dahingehend zu ändern.[218]

---

213 Beschlussprotokoll des 110. Deutschen Ärztetages vom 15.-18.05.2007 in Münster, S. 19.

214 Beschlussprotokoll des 110. Deutschen Ärztetages vom 15.-18.05.2007 in Münster, S. 21f.

215 Beschlussprotokoll des 116. Deutschen Ärztetages vom 25.-31.05.2013 in Hannover, S. 228f.

216 Beschlussprotokoll des 117. Deutschen Ärztetages vom 27.-30.05.2014 in Düsseldorf, S. 122.

217 Beschlussprotokoll des 117. Deutschen Ärztetages vom 27.-30.05.2014 in Düsseldorf, S. 123.

218 Beschlussprotokoll des 118. Deutschen Ärztetages vom 12.-15.05.2015 in Frankfurt am Main, S. 32, siehe auch S. 241; bereits zuvor Beschlussprot. des 109. DÄT 2006, S. 62.

2019 forderte die Ärzteversammlung nicht nur den derzeit im Fokus stehenden Masernschutz von Kindern, sondern auch den gesamten Impfschutz von Kindern und Erwachsenen zu verbessern.[219] Impfhindernisse müssten beseitigt werden, damit die Durchimpfung der Bevölkerung optimiert werden könne.[220] Außerdem erachtet der Ärztetag eine Masernimpfpflicht für sinnvoll und unterstützt die Einführung einer solchen, um endlich die Ausrottung dieser Krankheit zu erreichen.[221]

IV. Berufsverband der Kinder- und Jugendärzte e. V.

Der Berufsverband der Kinder- und Jugendärzte e. V. (BVKJ) ist die Interessenvertretung der Kinder- und Jugendärzte in Deutschland und hat über 12.000 Mitglieder, die größtenteils in Krankenhäusern, als niedergelassene Ärzte oder im öffentlichen Gesundheitsdienst tätig sind.[222]

Der BVKJ beruft sich auf die Ausführungen der Vereinten Nationen zu Impfungen[223] und sieht einen vollständigen Impfschutz als ein „Grundrecht eines jeden Kindes" an. Eltern dürften ihren Kindern dieses Recht nicht verwehren und sie damit bewusst einem Infektionsrisiko aussetzen. Die Kinder- und Jugendärzte empfinden ein solches Verhalten als unterlassene Hilfeleistung, Vernachlässigung elterlicher Fürsorgepflicht und grob fahrlässig.

Es müsse sichergestellt werden, dass alle Kinder, die überwiegend staatlich finanzierte Gemeinschaftseinrichtungen besuchen, vollständigen Impfschutz vorweisen könnten, solange keine Kontraindikationen vorlägen. Denn diejenigen Kinder, die aus medizinischen Gründen nicht geimpft werden könnten, das seien zum Beispiel Säuglinge in den ersten neun Lebensmonaten oder Kinder mit Immundefekten, hätten auch ein Recht auf Besuch obengenannter Einrichtungen und müssten durch das Erreichen einer sogenannten Herdenimmunität[224] geschützt werden.[225]

---

219 Beschlussprotokoll des 122. Deutschen Ärztetages vom 28.-31.05.2019 in Münster, S. 116.

220 Beschlussprotokoll des 122. Deutschen Ärztetages vom 28.-31.05.2019 in Münster, S. 120f.

221 Beschlussprotokoll des 122. Deutschen Ärztetages vom 28.-31.05.2019 in Münster, S. 123.

222 https://www.bvkj.de/der-bvkj/ (zuletzt abgerufen am 14.10.2019).

223 Siehe I.

224 Siehe dazu 1. Kap. B. III.

225 Pressemitteilung des Präsidenten des BVKJ v. 06.03.2015, https://www.bvkj.de/bvkj-news/pressemitteilungen/news/article/pressemitteilung-zum-

Bezüglich der Einführung des Abs. 10a des § 34 IfSG durch das Präventionsgesetz von 2015, welcher eine verpflichtende Impfberatung der Eltern, die ihr Kind in einer Kindertageseinrichtung anmelden, vorschreibt[226], merkt der Berufsverband an, dass Impfberatungen „seit eh und je zur Grundtätigkeit im Rahmen aller Kinderfrüherkennungsuntersuchungen in den kinder- und jugendmedizinischen Praxen" gehörten. Daher sei es nicht verständlich, wie durch die nun gesetzlich vorgeschriebene Beratung bezüglich Schutzimpfungen die Impfquote steigen solle. Die Kinder- und Jugendärzte fordern daher den Nachweis aller Schutzimpfungen, die die STIKO empfiehlt – und nicht nur die Beratung darüber – als „einzige wirksame Maßnahme zum Schutz aller Kinder".[227]

Weiterhin merken die Ärzte einen großen Nachholbedarf bei der Impfung des Personals von Kindertageseinrichtungen, Hebammen sowie anderen Berufsgruppen, die mit Kinder zu tun haben, an und bemängeln, dass das Präventionsgesetz keinerlei Regelungen diesbezüglich enthalte.[228]

Daneben fordert der BVKJ die Impfaufklärung der Bevölkerung zu verbessern und zu intensivieren, elektronische Impfpässe verbunden mit einem Impf-Informations-System sowie ein härteres Vorgehen gegen Impfgegner und „Faktenverdreher", die vor allem im Internet präsent seien. Der BVKJ begrüßt ausdrücklich die Einführung einer Masernimpfpflicht.[229]

Insgesamt ist der BVKJ dafür, dass der Staat endlich ein überzeugendes Impfkonzept vorlegt und sicherstellt, dass Erkrankungen, die durch Impfung vermieden werden können, bald in Deutschland ausgerottet werden.[230]

21-kongress-jugendmedizin/ (zuletzt abgerufen am 14.10.2019); siehe auch Lindlbauer-Eisenach, Warum ist eine Impfpflicht in Deutschland sinnvoll?, KrV 2009, S. 224-227, S. 224.

226 Siehe dazu B. II. 1.

227 Stellungnahme des Berufsverbandes der Kinder- und Jugendärzte (BVKJ e. V.) zum Entwurf eines Gesetzes zur Stärkung der Gesundheitsförderung und der Prävention, https://www.bvkj.de/fileadmin/pdf/presse/150412_Stellungnahme_BVKJ_PraevG.pdf (zuletzt abgerufen am 14.10.2019), S. 4f.

228 Stellungnahme des Berufsverbandes der Kinder- und Jugendärzte (BVKJ e. V.) zum Entwurf eines Gesetzes zur Stärkung der Gesundheitsförderung und der Prävention, S. 5.

229 https://www.bvkj.de/fileadmin/pdf/BVKJ/Impfinitiative_BVKJ_NAV_final_240919_2.pdf (zuletzt abgerufen am 30.10.2019).

230 https://www.bvkj.de/fileadmin/pdf/Umsetzung_von_Kinderrechten_aus_Sicht_des_BVKJ.pdf (zuletzt abgerufen am 30.10.2019), S. 12.

V. Ärzte für individuelle Impfentscheidung e. V. und Gesellschaft Anthroposophischer Ärzte Deutschland

Es gibt verschiedene impfkritische und Impfungen strikt ablehnende Gruppierungen, die vor allem im Internet weit verbreitet sind. Diese zweifeln den Nutzen und die Sicherheit von Impfungen an, haben dafür aber meist keine wissenschaftlich belegten Erklärungen, sondern argumentieren eher mit Gefühlen oder mit Geschichten vom Hörensagen. Vorliegend werden nur die Argumente von zwei kritischen Impforganisationen der Ärzteschaft genannt: Zum einen des Vereins Ärzte für individuelle Impfentscheidung e.V., zum anderen der Gesellschaft Anthroposophischer Ärzte Deutschland (GAÄD).

Der Verein Ärzte für individuelle Impfentscheidung ist eine Organisation von Ärztinnen und Ärzten, die sich dafür einsetzen, dass jeder Einzelne nach umfassender ärztlicher Beratung eine freie Entscheidung für oder gegen das Impfen nach eigener Urteilsbildung treffen können soll. Er kritisiert, dass Eltern die Entscheidungsfreiheit über das Durchführen von Schutzimpfungen durch die öffentlichen Impfprogramme zunehmend genommen würde und spricht sich deutlich gegen eine Impfpflicht aus. Der Verein fordert eine freie, öffentliche und vorurteilsfreie Diskussion über Impfungen sowie unabhängige Untersuchungen über selbige und bezweifelt die Unabhängigkeit der STIKO von der Pharmaindustrie.[231]

Die Gesellschaft Anthroposophischer Ärzte in Deutschland ist eine ärztlich-wissenschaftliche Fachgesellschaft für die Therapierichtung der Anthroposophischen Medizin, die Schutzimpfungen nicht generell ablehnt, ihnen jedoch kritisch gegenüber steht. Auch sie befürwortet eine freie, selbst verantwortete Impfentscheidung jedes Einzelnen. Bezüglich der Krankheit Masern informierte die GAÄD noch bis zum Jahr 2018 auf ihrer Homepage über das Krankheitsbild und die vorhandene Impfmöglichkeit, sowie darüber, dass es für Kinder auch sinnvoll sein könne, nicht geimpft zu werden, sondern die Krankheit zu durchleben. Die Ärztegesellschaft verwies auf eine nicht näher bezeichnete „Praxisstudie", in der festgestellt worden sei, dass Kinder nach dem Überwinden der Masernerkrankung erfreuliche Entwicklungsfortschritte gemacht hätten. Kinder könnten durch Fieber ihren Organismus individualisieren und nach der Abheilung einer Krankheit könne ein Kind „stabilere Leibesgrenzen" ausbilden.[232]

---

231 https://individuelle-impfentscheidung.de/impfberatung/alternative-impfstrategien.html (zuletzt abgerufen am 15.10.2019).

232 Der Link zu dieser Version der Homepage ist 2019 nicht mehr verfügbar, vgl. zu den Positionen aber das Interview mit dem anthroposophischen Kinderarzt

Ab Mai 2019 änderte die DAÄD ihre Empfehlungen bezüglich der Masernimpfung. So stellt sie nunmehr auf ihrer Homepage klar, dass das Durchleben einer Masernerkrankung heute als zu riskant eingestuft werden müsse und dass auch der Masernimpfstoff in gewissem Maße für die Ausreifung des Organismus sinnvoll sei.[233]

Die DAÄD grenzt sich 2019 klar von Impfgegnern und Anti-Impf-Bewegungen ab und würdigt den Beitrag von Impfungen zur weltweiten Gesundheit, stellt jedoch klar, dass sie weiterhin eine individuelle Impfentscheidung eines jeden befürwortet.[234]

VI. Eigene Stellungnahme zu den gesetzlichen Regelungen

1. Freiwilligkeit

Der Gesetzgeber überlässt die Impffrage der Entscheidung des Einzelnen, versucht jedoch durch gesetzliche Anreize[235], den Bürger von der Richtigkeit der Entscheidung für das Impfen zu überzeugen. Der Einzelne soll sich und seine Kinder impfen lassen, er muss es aber nicht. Diese Art von Regelungen befinden sich oberhalb einer Kann-, jedoch unterhalb einer Muss-Gesetzgebung. Dementsprechend handelt es sich bei den Impfregelungen um ein „Soll-Modell", mithin um ein Konzept der influenzierten Freiwilligkeit.

Grundsätzlich ist das Nichtvorliegen von staatlichem Zwang positiv zu bewerten. Dies gibt dem Bürger die Freiheit, eigenständig Entscheidungen über sich selbst und seine Kinder zu treffen. Diese Freiwilligkeit in Bezug auf persönliche Entscheidungen unterstreicht die Mündigkeit des einzelnen Bürgers und sein Recht auf Selbstbestimmung.

Hinsichtlich der Impffrage ergibt sich jedoch aus der an sich positiven Freiwilligkeit eine Sonderproblematik. Denn wenn der freie Wille des Bürgers dazu führt, dass dieser das Impfen bei sich oder seinen Kindern trotz der Empfehlungen des Gesetzgebers unterlässt, werden durch diese Entscheidung nicht nur jene betroffenen Personen selbst gefährdet, sondern auch vollkommen unbeteiligte Dritte. Daher unterscheidet sich dieses Problemfeld von anderen Situationen,

---

Schmidt-Troschke vom Okt. 2010, https://www.erziehungskunst.de/artikel/fruehe-kindheit/ist-impfen-sinnvoll/ (zuletzt abgerufen am 30.10.2019).

233 https://www.gaed.de/informationen/merkblaetter/masern.html (zuletzt abgerufen am 30.10.2019).

234 https://www.gaed.de/arzneimittel/impfungen.html (zuletzt abgerufen am 30.10.2019).

235 Impfempfehlungen, Regelung der Kostenübernahme, Impfberatungspflicht bei der Kita-Anmeldung usw.

in denen Entscheidungen freiwillig getroffen werden: Wer seine Freiheit dahingehend ausnutzt, dass er im Straßenverkehr beim Fahrradfahren keinen Helm trägt, der gefährdet sich selbst und trägt das damit einhergehende Risiko einer körperlichen Verletzung im Falle eines Unfalles allein. Wer sich im Falle einer Krebserkrankung gegen die Schulmedizin und für alternative Heilverfahren entscheidet, gefährdet dadurch möglicherweise seine eigene Genesung, während Dritte nicht von der Entscheidung betroffen werden.

Auf dem Gebiet der Schutzimpfungsdurchführung gefährdet die Nichtvornahme der selbigen aber mittelbar auch Dritte. Das macht das Zugestehen einer freiwilligen Entscheidung in diesem Bereich besonders heikel, denn dadurch wird der Herdenschutz gefährdet.

Solange die Aufklärung, Beratung und Information durch staatliche Stellen dazu führt, dass sich genügend Personen für eine freiwillige Schutzimpfung entscheiden, kann das Modell der Freiwilligkeit trotz der dargestellten Problematik akzeptabel sein. Sollten Bürger aber die ihnen zugestandene Mündigkeit dahingehend ausnutzen, dass sie sich gegen die Empfehlungen des Staates wenden, dann kann das Freiwilligkeitsmodell gefährlich werden. Dies ist das in der Arbeit zu untersuchende Kernproblem.

2. Information über Impfungen gemäß § 20 Abs. 1 IfSG

Im Jahr 2000 stellte der Gesetzgeber in seiner Gesetzesbegründung für das Infektionsschutzgesetz fest, dass die damalige Impfquote von Kleinkindern nicht ausreichte, um Epidemien wirksam zu verhindern[236] und brachte daher § 20 Abs. 1 IfSG auf den Weg. Vierzehneinhalb Jahre später führte die Bundesregierung in ihrem Gesetzentwurf für das Präventionsgesetz aus, dass Impfungen von Kindern in vielen Fällen noch zu spät erfolgten und der Anteil der ein- bis sechsjährigen Kinder, die gegen eine Maserninfektion keine ausreichende Immunisierung vorweisen könnten, immer noch sehr hoch sei.[237] Daraus lässt sich schlussfolgern, dass die Gesetzesmaßnahme des § 20 Abs. 1 IfSG aus dem Jahr 2000 ihren oben genannten Zweck bezüglich der Schließung der Impflücken bei Kleinkindern nach vierzehneinhalb Jahren nicht erreicht und damit ihr Ziel verfehlt hatte.

236 Siehe dazu B. I. b.

237 Siehe dazu B. II. 1.; Gesetzentwurf der Bundesregierung, BT-DS 18/4282, S. 48.

3. *Impfberatung nach § 34 Abs. 10a IfSG*

Der Vorstoß von 2015, Impfungen von Kindern in Gemeinschaftseinrichtungen in den gesetzlichen Fokus zu rücken, ist dem Grunde für die Erreichung einer höheren Impfquote positiv zu bewerten.

Fraglich ist jedoch, inwiefern eine gesetzlich vorgeschriebene Impfberatung an der Impfbereitschaft der Eltern etwas ändern kann. Eine solche Beratung von Eltern im Rahmen der Kinderfrüherkennungsuntersuchungen gehört schließlich „seit eh und je" zu den Aufgaben der Kinderärzte.[238] Dies wirft die Frage auf, was sich dadurch ändert, dass eine solche Beratung nun schriftlich nachgewiesen werden muss. Hartleibige Impfgegner unter den Eltern werden sich auch von einer Beratung nicht umstimmen lassen. Impfsäumige hingegen, die auch gleichzeitig die Kinderfrüherkennungsuntersuchungen nicht wahrnehmen, könnten allerdings besser erreicht werden.

Daran schließt sich der Gedanke an, ob es sinnvoll ist, solche „säumigen" Eltern dann lediglich über den Impfschutz ihres Kindes zu beraten. Der Gesetzgeber hätte hier auch in Erwägung ziehen können, anstelle des bürokratisch aufwendigen Impfberatungsnachweises direkt die Kinderfrüherkennungsuntersuchungen aus § 26 SGB V verpflichtend zu machen.[239] Dadurch wären gleich mehrere Vorteile durch eine einzige gesetzliche Neuregelung erreicht worden: Einerseits würde die Impfberatung immer mit der Vorsorgeuntersuchung einhergehen und damit eine Sonderregelung über die Beratung entbehrlich werden, andererseits könnte die Gesundheit vieler Kinder insgesamt davon profitieren, wenn sie regelmäßig in Begleitung ihrer Eltern beim Kinderarzt vorstellig werden müssten. Schließlich könnten Kinder, deren Eltern mit ihnen nicht zur Früherkennungsuntersuchung gehen, neben fehlenden Schutzimpfungen noch

---

238 Stellungnahme des Berufsverbandes der Kinder- und Jugendärzte (BVKJ e. V.) zum Entwurf eines Gesetzes zur Stärkung der Gesundheitsförderung und der Prävention, S. 4.

239 Vgl. hierzu Lindner, Verpflichtende Gesundheitsvorsorge für Kinder?, ZRP 2006, S. 115–118, der diese nicht nur als verfassungskonform, sondern auch als grundrechtspolitisch geboten ansieht. Aus § 26 SGB V ergibt sich ein Anspruch auf die Durchführung der in zeitlichen Intervallen vorgeschlagenen Kinderfrüherkennungsuntersuchungen. Die Teilnahme ist jedoch in den meisten Ländern freiwillig, das heißt, die Eltern entscheiden darüber. In einigen Bundesländern gibt es mittlerweile eine Meldepflicht der Ärzte, sodass versäumte Untersuchungstermine bei den Eltern angemahnt werden können. In Hessen sind seit dem 01.01.2008 nach § 1 KiGesSchG die U1–U9 verpflichtend, dasselbe gilt für Baden-Württemberg seit 2009 gemäß § 1 KiSchG und für Bayern seit 2010 nach Art. 14 GDVG.

andere gesundheitliche Auffälligkeiten haben, die der Kinderarzt in diesem Zusammenhang feststellen könnte.

Ferner würden über diesen Weg ausnahmslos alle Kinder einer bestimmten Altersgruppe erreicht und nicht nur diejenigen, die in einer Kindertagesstätte angemeldet werden.

Ein weiterer psychologischer Vorteil dieser Variante ist, dass die Bezeichnung „Impfberatung" bei Eltern, die dem Impfen bereits skeptisch gegenüberstehen, weil sie beispielsweise auf einschlägigen Internetseiten darüber gelesen haben, direkt eine Art Gegenwehr auslösen kann. Währenddessen ist bei der harmloseren Version der „Vorsorgeuntersuchung" die Impfberatung und im Anschluss möglicherweise auch die Impfung direkt mit eingegliedert und fällt daher einzeln nicht so stark ins Gewicht, denn der Schwerpunkt liegt hier auf der Untersuchung des Kindes.

Weiter ist § 34 Abs. 10a IfSG sehr unpräzise formuliert, obwohl die Wortwahl im Gesetzgebungsverfahren noch verfeinert wurde. Unklar bleibt, wie ausführlich die Beratung durch den Arzt stattfinden muss, damit er sie schlussendlich bescheinigen darf. Es ist ungewiss, ob die Vor- und Nachteile jeder einzelnen von der STIKO empfohlenen Impfung durch den Arzt ausführlich dargelegt werden sollen oder ob eine knappe, sehr allgemein gehaltene Beratung für die Ausstellung des Nachweises ausreichend ist.

Dass der Gesetzgeber argumentiert, Art. 10a sei eine gute Ergänzung zu Abs. 11, ist auch nicht nachvollziehbar, denn nach Abs. 11 werden die Daten der Schulanfänger erhoben, während Abs. 10a auf die Impfberatung abzielt, sodass zwischen den beiden inhaltlich gar kein Zusammenhang besteht.

Weiterhin weist der Gesetzgeber auf den seit 2013 vorhandenen Rechtsanspruch auf einen Betreuungsplatz hin und erachtet in diesem Zusammenhang eine Impfberatung als wichtig. Fraglich erscheint jedoch, ob es dem – auch von der Verfassung vorgegebenen – Schutz eines jeden Kindes[240] gerecht wird, seinen Eltern einerseits den Anspruch auf einen Platz in einer Einrichtung zuzugestehen, in welcher das Infektionsrisiko aufgrund vieler Kinder auf engstem Raum deutlich erhöht ist, und andererseits bei diesem dort betreuten Kind der Anspruchsberechtigten nicht einen vorhandenen Impfschutz zu verlangen.

Man hätte das eine mit dem anderen als notwendige Bedingung mit guten Argumenten verknüpfen können. Im Falle einer Gefahrenlage können Rechte immer auch mit Pflichten verbunden sein, um einen ebensolchen Gefahreneintritt abzuwenden.

240 Siehe dazu 3. Kap. B. III. und V.

Demnach hätte der Gesetzgeber hier anführen können, dass mit dem eingeräumten Recht auf einen Betreuungsplatz immer auch eine Pflicht zum Nachweis vorhandenen Schutzes einhergehe und daher nur diejenigen Kinder in eine Einrichtung aufgenommen werden können, bei denen bestimmte Impfungen nachweisbar sind.

Zusammengefasst wird sich erst mit der Zeit zeigen, ob die Impfquote der Kinder im KiTa-Alter durch die 2015 getroffene Regelung gesteigert werden kann. Die Erwartungen, dass dem so ist, sind jedoch gering. Bessere Regelungsvarianten wären gewesen, bei der KiTa-Anmeldung einen Impfnachweis statt nur einer -beratung zu verlangen oder die Vorsorgeuntersuchungen für alle Kinder verpflichtend zu stellen.

4. Impfstatuserhebung bei der Grundschulanmeldung nach § 34 Abs. 11 IfSG

Sehr wünschenswert zur Erhöhung der Impfquote wäre es gewesen, im Zuge der Einführung des Impfberatungsnachweises bei der Anmeldung in der Kindertagesstätte jenen auch auf die Anmeldung in der Grundschule auszuweiten. Schließlich besteht die Möglichkeit, dass Eltern, die sich bei der Anmeldung ihres Kindes in einer Kindertagesstätte noch gegen Impfungen ausgesprochen haben, einige Jahre später ihre Meinung zu ändern bereit sind und sich durch eine abermalige Beratung durch einen Kinderarzt umstimmen lassen könnten. Zudem gibt es in Bezug auf Schulkinder im Vergleich zu Kleinkindern neue Argumente, die Eltern für die Impfung überzeugen könnten.[241] Außerdem fallen alle Kinder, die keine Kindertagesstätte besucht haben, durch das Raster, sodass deren Eltern überhaupt keine gesetzlich vorgeschriebene Impfberatung zu Teil wird.

In Abs. 11 geht es jedoch allein um die Erhebung der Impfdaten der Schulkinder, um daraus Rückschlüsse auf das Impfverhalten bei Schulkindern ziehen zu können. Dabei sind die Gesundheitsämter auf die freiwillige Mitwirkung der Erziehungsberechtigten angewiesen und es gibt keinerlei geregelte Konsequenz, wenn diese nicht bereit sind, den Impfstatus des Kindes offen zu legen.

Es ist nicht nachvollziehbar, warum bei der Grundschulanmeldung der Impfstatus eines jeden Kindes lediglich erhoben wird, während bei der

241 Je älter eine Person ist, desto schwerwiegender ist oft der Verlauf einer Krankheit (vgl. z. B. Windpocken). Bei längeren Fehlzeiten im Schulunterricht aufgrund einer Erkrankung des Kindes kann es hier, anders als zuvor in der Kita, Unterrichtsstoff verpassen.

KiTa-Anmeldung der Beratungsnachweis erforderlich ist. Das Gesetz ist in sich nicht stimmig.

5. *Ausschluss Nichtgeimpfter nach § 28 Abs. 2 IfSG*

Der Ausschluss Nichtgeimpfter im Falle des Auftretens einer Masernerkrankung ist im Hinblick auf die Vermeidung von Krankheitsverbreitungen prinzipiell eine gute Regelung, die – wenn sie konsequent befolgt wird – dazu beitragen kann, dass großflächige Masernausbrüche nicht mehr so leicht stattfinden können.

Jedoch ist fraglich, ob die Regelung in der praktischen Umsetzung funktioniert. Zwar wird von der Regelung Gebrauch gemacht, wie beispielsweise im März 2019, als 107 Schüler wegen nicht ausreichenden Impfschutzes an einer Hildesheimer Gesamtschule vom Unterreicht ausgeschlossen wurden.[242] Allerdings ist die Umsetzung mit einem hohen bürokratischen Aufwand verbunden und in den betroffenen Schulen kann der Unterricht zum Teil nur eingeschränkt stattfinden, wenn zu viele Schüler aus einer Klasse fehlen.

Außerdem gilt die Regelung nur im Falle von Masernerkrankungen. Kommt es in einer Einrichtung zu einer anderen, sich rasant verbreitenden ansteckenden Krankheit[243], greift § 28 Abs. 2 IfSG nicht. Es wäre denkbar, diesen auch auf andere Krankheiten zu erweitern.

6. *Fehlende gesetzliche Grundlage für statistische Erhebungen*

Bei der Untersuchung der Regelungen des Infektionsschutzgesetzes fällt auf, dass es neben der Impfstatuserhebung bei der Grundschulanmeldung ansonsten keine Regelungen hinsichtlich der Erfassung durchgeführter Schutzimpfungen gibt.

Hingegen besteht bezüglich zahlreicher Infektionskrankheiten, gegen welche die STIKO eine Schutzimpfung empfiehlt, bei deren Auftreten eine Meldepflicht des Arztes oder einer anderen diese feststellenden Person gegenüber dem Gesundheitsamt. Diese Pflicht ist in den §§ 6 bis 15 IfSG ausführlich geregelt. Zweck der Vorschriften ist es, zuverlässige Kenntnisse über das Vorkommen und die Verbreitung übertragbarer Krankheiten zu erhalten, da der Gesetzgeber solche als wichtigste Voraussetzung für deren Verhütung und Bekämpfung ansieht.[244] Hierbei handelt es sich demzufolge um die Erhebung der Daten vorhandener Krankheiten.

---

242 https://www.aerzteblatt.de/nachrichten/101610/Schueler-wegen-fehlender-Masernimpfung-von-Schule-ausgeschlossen (zuletzt abgerufen am 29.10.2019).

243 Z. B. Windpocken.

244 Gesetzentwurf der Bundesregierung, BT-DS 14/2530 v. 19.01.2000, S. 47.

Daneben erscheint eine Erfassung der Zahlen der durchgeführten Schutzimpfungen sinnvoll, um den jeweils genauen Impfstatus der Bevölkerung in einzelnen Regionen oder innerhalb des Bundesgebietes zu erheben. Bei Kindern im Einschulungsalter überprüft das Gesundheitsamt den Impfstatus bei der Anmeldung zur Grundschule gemäß § 34 Abs. 11 IfSG und übermittelt die Daten anonym an das Robert-Koch-Institut, sodass daraus Rückschlüsse auf die Impfakzeptanz bei Kindern im Grundschulalter gezogen werden können.

Seit 2004 gibt es am Robert-Koch-Institut ein Forschungsprojekt namens KV-Surveillance, in dessen Rahmen die Kassenärztlichen Vereinigungen (KV) Abrechnungsdaten niedergelassener Ärzte an das Institut übermitteln, sodass die Impfquoten der Geburtsjahrgänge ab 2004 abgeschätzt werden können. Durch diese Analyse werden fehlende epidemiologische Informationen erhoben und Datenlücken geschlossen.[245]

Für die Geburtsjahrgänge vor 2004 und für Erwachsene fehlt jedoch eine gesetzliche Basis zur Erhebung durchgeführter Impfungen und damit ein einheitliches umfassendes System zur Erhebung von Impfdaten.[246]

Ein solches müsste eingeführt werden und die Auswertung der Abrechnungsdaten sollte genau wie die gesetzlich vorgegebene Datenerhebung bei den Schuleingangsuntersuchungen auf eine gesetzliche Grundlage gestellt werden.

7. Zusammenfassung

Der Gesetzgeber hat sich bezüglich der Impfgesetze für ein Konzept der influenzierten Freiwilligkeit entschieden. Die Freiwilligkeit bezüglich der Impfentscheidung ist dabei solange akzeptabel, wie sich genügend Menschen freiwillig impfen lassen und dadurch ein Herdenschutz besteht.

Das Modell der gesetzlich verankerten Information des Bürgers über das Impfen aus § 20 Abs. 1 IfSG hat vierzehneinhalb Jahre nach seinem Erlass sein Ziel verfehlt.

Besser als eine verpflichtende Impfberatung bei der Anmeldung für die Kindertagesstätte wäre die verpflichtende Führung eines Impfnachweises oder die gesetzliche Verankerung einer verpflichtenden Kindervorsorgeuntersuchung, in dessen Rahmen die Impfberatung stattfindet, gewesen.

---

245 https://www.rki.de/DE/Content/Infekt/Impfen/Impfstatus/kv-impfsurveillance/kvis_node.html (zuletzt abgerufen am 28.10.2019).

246 https://www.rki.de/DE/Content/Infekt/Impfen/Impfstatus/impfstatus_node.html;jsessionid=A38F132624EF4459464B9D9667E3A99B.2_cid298 (zuletzt abgerufen am 15.10.2019).

Die Chance, dass die Eltern den Impfstatus ihres Kindes bei der Anmeldung zur Grundschule angeben, müsste dafür genutzt werden, jene über die Vornahme von Impfungen abermals zu beraten.

Ein Betretungsverbot nach § 28 Abs. 2 IfSG könnte möglicherweise noch auf andere Krankheiten als Masern erweitert werden.

Die vom Robert-Koch-Institut durchgeführte KV-Surveillance sollte gesetzlich verankert werden, um gesicherte Erkenntnisse über das Impfverhalten in der Bevölkerung zu gewinnen.

Zusammengenommen erscheint es angebracht, die Regelungen der Impfgesetzgebung verfassungsrechtlich zu überprüfen. Es ist fraglich, ob ein Schutz der Bevölkerung, insbesondere von Kindern, durch die bestehenden Regeln ausreichend gewährleistet ist.

VIII. Ergebnis

Von Seiten medizinischer Fachleute gibt es viel Kritik an der geltenden Impfgesetzgebung. Nur kleinere Gruppierungen sprechen sich für eine kritische Auseinandersetzung mit Impfungen aus. Die Mehrheit der Fachleute betont die Wichtigkeit von Schutzimpfungen und spricht sich für Änderungen der derzeit bestehenden Gesetze aus.

3. Kapitel – Verfassungsrechtliche Untersuchung der Gesetzeslage bis zum 01.03.2020

Wie aufgezeigt, wird die Gesetzeslage vielfach kritisiert. Es soll nun untersucht werden, inwiefern die vorgestellten Impfregelungen mit der Verfassung in Einklang stehen.

A. Einzelne Impfgesetze mit Eingriffscharakter

Einige Normen der Impfgesetzgebung berühren den einzelnen Bürger unmittelbar in seinen grundrechtlich geschützten Rechtsgütern.

I. § 20 Abs. 6, 7 IfSG – Anordnung einer Impfpflicht im Notfall

Nach § 20 Abs. 6 und 7 IfSG können das Bundesministerium für Gesundheit oder die Landesregierungen im Notfall eine Impfpflicht durch Rechtsverordnung anordnen.[247] Fraglich ist, ob dies verfassungskonform ist oder gegen Grundrechte verstößt. Zu differenzieren sind dabei die Grundrechtspositionen von erwachsenen und minderjährigen Impfpflichtigen sowie diejenigen der Eltern letzterer.

1. Grundrechte des erwachsenen Impfpflichtigen

Erwachsene können durch eine Pflicht zur Durchführung einer Schutzimpfung bei sich selbst in ihrem Recht auf körperliche Unversehrtheit, in ihrer Glaubens- und Gewissensfreiheit sowie in ihrer allgemeinen Handlungsfreiheit beeinträchtigt sein.

a. Schutzbereiche und Grundrechtseingriffe

aa. Art. 2 Abs. 2 S. 1 GG – Körperliche Unversehrtheit

Ein Eingriff durch eine verpflichtende Schutzimpfung in das Grundrecht auf körperliche Unversehrtheit aus Art. 2 Abs. 2 S. 1 GG kommt als erstes in Betracht.

---

247 Zu den Voraussetzungen siehe 2. Kap. B. I. 5. A.

(1) Schutzbereich

Art. 2 Abs. 2 S. 1 GG schützt neben dem Leben die körperliche Unversehrtheit. In der Literatur wird diese in drei Ebenen gegliedert[248]: Erstens die Gesundheit im engeren, das heißt im biologisch-physiologischen Sinne[249]; zweitens jene im weiteren, also im psychisch-seelischen Sinne; sowie drittens die körperliche Integrität als solche. Außerdem ist auch die auf diese bezogene „Selbstbestimmung" geschützt.[250]

Die erste Ebene kann durch Verletzungen des Körpers oder auch durch die Zuführung von Stoffen beeinträchtigt werden, wie es bei einer Schutzimpfung der Fall ist. Die zweite bezieht sich auf mit körperlichen Eingriffen gleichzustellende nichtkörperliche Einwirkungen; diese kommt bezüglich einer Schutzimpfung nicht in Betracht. Die letzte Ebene soll die Integrität des Körpers vor gezielten staatlichen Eingriffen bewahren.[251] Jegliches Eingreifen in den menschlichen Körper eröffnet hier den Schutzbereich, wobei unerheblich ist, ob durch ein solches Schmerzen empfunden werden oder dadurch die Gesundheit wieder hergestellt werden soll (Heileingriff). Eine verpflichtende Schutzimpfung als Eingriff in den Körper fällt demnach auch unter die letzte Ebene des Schutzbereiches des Art. 2 Abs. 2 S. 1 GG.

(2) Eingriff

Zu untersuchen ist die Eingriffsqualität einer verpflichtenden Impfung.

Ein Grundrechtseingriff im klassischen Sinn ist jeder zielbestimmte, unmittelbar wirkende rechtliche Befehl, der Norm, Einzel- oder Realakt sein kann.[252] Jedoch machen rechtliche Pflichten den Eingriff nicht allein aus, wenn bei Grundrechten der Schutzbereich so ausgestaltet ist, dass er nicht durch Ge- oder Verbote, sondern gerade durch faktische Handlungen berührt wird. Dies gilt auch für das Grundrecht auf körperliche Unversehrtheit, welches insbesondere durch den Realakt der Verletzung beeinträchtigt wird.[253]

Die aufgrund einer Rechtsverordnung durchgeführte Impfung stellt wegen der dadurch stattfindenden Zuführung von Stoffen in den Körper eine

---

248 Schulze-Fielitz, in: Dreier, GG, Art. 2 Abs. 2, Rn. 33ff; vgl. auch Lorenz, Recht auf Leben und körperliche Unversehrtheit, in: HStR VI, § 128, Rn. 16.

249 Siehe hierzu BVerfGE 56, 54, 73.

250 BVerfGE 128, 282, 302.

251 BVerfGE 79, 174, 201.

252 Starck, in: von Mangoldt/Klein/Starck, GG, Art. 1 Abs. 3 Rn. 265.

253 Battis/Gusy, Einführung in das Staatsrecht, Rn. 476.

Zwangsmaßnahme dar, die den Betroffenen in seiner körperlichen Unversehrtheit beeinträchtigt. Dies gilt sowohl für Injektionen als auch für Schluckimpfungen.[254]

Hierdurch wird zunächst die erste Schutzbereichsebene, das heißt die Gesundheit im engeren Sinne, betroffen. Es kommt dabei weder auf das Ziel des Eingriffs, wie beispielsweise die Heilung[255] oder die Vorbeugung von Krankheiten, noch darauf an, ob die betroffene Person durch denselben Schmerzen erleidet.[256]

In der Regel ist eine Impfung aus medizinischer Sicht gut verträglich und heute sicherer als jemals zuvor.[257] Häufig treten nach einer durchgeführten Impfung lokale Hautreaktionen wie Rötung, Erwärmung, Schwellung oder Schmerz auf. In den meisten Fällen verlaufen diese Reaktionen mild. Verschiedene medizinische Studien lassen darauf schließen, dass bei der richtigen Injektionstechnik und -nadel sogar jegliche Lokalreaktionen ausbleiben können.[258] Daneben kann es auch zum Auftreten von Allgemeinreaktionen wie Fieber, Kopf- und Gliederschmerzen, Mattigkeit, Unwohlsein, Übelkeit, Unruhe oder einer Schwellung der regionären Lymphknoten kommen. All diese Nebenwirkungen verschwinden regelmäßig nach kurzer Zeit von selbst.[259]

Darüber hinaus können Impfstoffe jedoch, wie auch alle anderen wirksamen Arzneimittel, vereinzelt weitere Reaktionen nach sich ziehen. In äußerst seltenen Fällen führen sie zu längerfristigen Gesundheitsstörungen und Erkrankungen.[260] Problematisch erscheint hier aus medizinscher Sicht oft der Kausalitätsnachweis

---

254 Lorenz, Recht auf Leben und körperliche Unversehrtheit, in: HStR VI, § 128, Rn. 17; ebenso Starck, in: von Mangoldt/Klein/Starck, GG, Art. 2, Abs. 2, Rn. 194 und Murswiek/Rixen, in: Sachs, GG, Art. 2, Rn. 154. Für die Blutentnahme als Eingriff: Schulze-Fielitz, in: Dreier, GG, Art. 2 Abs. 2, Rn. 38; Lorenz, Recht auf Leben und körperliche Unversehrtheit, in: HStR VI, § 128, Rn. 17. Das BVerfG hingegen lässt die Eingriffsqualität einer Blutentnahme offen: BVerfGE 5, 13, 15.

255 Lorenz, Recht auf Leben und körperliche Unversehrtheit, in: HStR VI, § 128, Rn. 64.

256 Lorenz, Recht auf Leben und körperliche Unversehrtheit, in: HStR VI, § 128, Rn. 17.

257 Weißner/Barth/Keller-Stanislawski, Sicherheit von Impfstoffen, Bundesgesundheitsbl. 2009, S. 1–12, S. 11.

258 Siehe Nachweise bei Weißner/Barth/Keller-Stanislawski, Sicherheit von Impfstoffen, Bundesgesundheitsbl. 2009, S. 1–12, S. 2

259 Weißner/Barth/Keller-Stanislawski, Sicherheit von Impfstoffen, Bundesgesundheitsbl. 2009, S. 1–12, S. 1, 2.

260 Weißner/Barth/Keller-Stanislawski, Sicherheit von Impfstoffen, Bundesgesundheitsbl. 2009, S. 1–12, S. 3, 11.

zwischen durchgeführter Impfung und aufgetretener Erkrankung. Nichtsdestotrotz muss davon ausgegangen werden, dass es grundsätzlich möglich ist, durch eine Impfung einen gesundheitlichen Schaden zu erleiden. Durch dieses zwar entfernt liegende, aber dennoch vorhandene Risiko erhöht sich die Schwere des Grundrechtseingriffs durch die Impfung.

Das Bundesverwaltungsgericht hat im Jahr 1959 eine aufgrund des damals bestehenden Impfzwangs durchgeführte Impfung bereits als Eingriff in das Grundrecht der körperlichen Unversehrtheit eingestuft.[261]

Eine besonders schwerwiegende Form des Grundrechtseingriffs in das Recht auf körperliche Unversehrtheit liegt nach dem Bundesverfassungsgericht außerdem dann vor, wenn auch das Recht auf Selbstbestimmung über die körperliche Integrität betroffen wird. Es handelt sich dann um die dritte Ebene des Schutzbereiches. Dies ist beispielsweise bei einer Zwangsmedikation der Fall.[262] Durch eine derartige Maßnahme wird bei fehlender Einwilligung des Betroffenen schließlich auch der Straftatbestand der Körperverletzung nach § 223 Abs. 1 StGB erfüllt. Ein solcher von einer anderen Person vorgenommener Eingriff in den Körper wird dem Gericht zufolge durch den Patienten umso bedrohlicher wahrgenommen, je mehr er sich einem Geschehen schutzlos ausgeliefert sieht.[263] Diese schutzlose Auslieferung ist bei einem Bürger, der aufgrund einer Rechtsverordnung geimpft wird, eher nicht gegeben. Jedoch stellt das verpflichtende Impfen eine Zwangssituation für den Grundrechtsberechtigten dahingehend dar, dass er bei Verweigerung der Durchführung der Schutzimpfung Konsequenzen zu befürchten hat.[264] Sein Recht auf Selbstbestimmung über die körperliche Integrität wird dadurch eingeschränkt.

Dass das Ziel der Impfung gerade die Erhaltung der körperlichen Unversehrtheit ist, ändert nichts an deren Eingriffsqualität.

Demzufolge ist jede vorgeschriebene Schutzimpfung ein unmittelbarer Eingriff in die menschliche Körpersphäre[265] und damit ein schwerwiegender staatlicher Eingriff in das Grundrecht auf körperliche Unversehrtheit im Sinne von Art. 2 Abs. 2 S. 1 GG.

---

261 BVerwGE 9, 78, 79, bzgl. des Impfgesetzes von 1874, siehe dazu 2. Kap. A. I., III.

262 BVerfGE 128, 282: Hier bei Untergebrachten im Maßregelvollzug.

263 BVerfGE 128, 282, 302f.

264 Gemäß der erlassenen Rechtsverordnung und §§ 73 Abs. 1 Nr. 24, Abs. 2, 74 IfSG, siehe dazu 2. Kap. B. I. 5. e.

265 Vgl. dazu auch Jarass, in: Jarass/Pieroth, GG, Art. 2, Rn. 87; Lorenz, Recht auf Leben und körperliche Unversehrtheit, in: HStR VI, § 128, Rn. 17.

bb. Art. 4 Abs. 1, 2 GG – Glaubens- und Gewissenfreiheit

Es bedarf der Untersuchung, ob eine Impfpflicht nach § 20 Abs. 6, 7 IfSG auch in die Glaubens- oder Gewissensfreiheit aus Art. 4 Abs. 1 und 2 GG eingreifen kann.

(1) Schutzbereich

Art. 4 GG schützt nach seinem Wortlaut fünf Freiheitsverbürgungen. Die Glaubensfreiheit, die religiöse und weltanschauliche Bekenntnisfreiheit (alle Abs. 1) und die Religionsausübungsfreiheit (Abs. 2) lassen sich zu einem einheitlichen Grundrecht, der „Glaubensfreiheit", zusammenfassen.[266] Weiterhin werden die Gewissensfreiheit (Abs. 1) und das Kriegsdienstverweigerungsrecht (Abs. 3) geschützt. Alle diese Freiheiten wirken als Abwehrrechte gegen staatliche Eingriffe.

(a) Glaubensfreiheit

Die von der Glaubensfreiheit aus Abs. 1 und 2 umfassten Begriffe des Glaubens, der Religion und der Weltanschauung führen zu großen Definitionsproblemen. Durch eine zu enge Auslegung kann es zu Schutzlücken innerhalb des Grundrechts kommen. Durch eine weite, auf dem Selbstverständnis des Einzelnen basierende Definition, ergibt sich die Gefahr, dass die Glaubensfreiheit alle denkbaren menschlichen Handlungen umfassen und damit zu einem Generalgrundrecht werden könnte.[267] Allgemein wird daher vom Bundesverfassungsgericht angenommen, dass die Glaubensfreiheit die innere Freiheit, religiöse oder weltanschauliche Überzeugungen zu haben oder nicht zu haben und weiterhin die äußere Freiheit, sich zu diesen zu bekennen und sie zu verbreiten, beinhaltet.[268] Außerdem schützt sie das Recht jedes Einzelnen, „sein gesamtes Verhalten an den Lehren seines Glaubens auszurichten und seiner inneren Glaubensüberzeugung gemäß zu handeln".[269] Somit kann sich die Glaubensfreiheit in sämtlichen Verhaltensweisen ausdrücken.[270] Dabei ist jedermann in allen Lebenslagen frei

---

266 BVerfGE 24, 236, 245f.; Jarass, in: Jarass/Pieroth, GG, Art. 4, Rn. 1 m. w. N.; Starck, in: von Mangoldt/Klein/Starck, GG, Art. 4 Abs. 1, 2, Rn. 57.

267 Kokott, in: Sachs, GG, Art. 4, Rn. 18 mit Vergleich zur Ablehnung des sog. subjektiven Kunstbegriffes bzgl. des Art. 5 Abs. 3 S. 1 GG; Starck, in: von Mangoldt/Klein/Starck, GG, Art. 4 Abs. 1, 2, Rn. 10.

268 BVerfGE 12, 1, 3f.; 24, 236, 245; 32, 98, 106; 69, 1, 33f.; Jarass, in: Jarass/Pieroth, GG, Art. 4, Rn. 10.

269 BVerfGE 32, 98, 106; 33, 23, 28.

270 Kokott, in: Sachs, GG, Art. 4, Rn. 60.

in der Entscheidung, selbige mit einer religiös- oder weltanschaulich motivierten Reaktion zu bewerkstelligen. Nach dem Bundesverfassungsgericht könnte sich sonst die Glaubensfreiheit nicht voll entfalten.[271] Religion und Weltanschauung können neben einer Handlung auch ebenso ein Unterlassen anordnen, ein solches ist grundsätzlich vom Schutzbereich des Art. 4 Abs. 1 und 2 GG umfasst.[272]

Im Hinblick auf eine gesetzlich verpflichtende Impfung bedeutet dies, dass es jedem aufgrund der Glaubensfreiheit zusteht, es aus seiner religiösen oder weltanschaulichen Überzeugung zu unterlassen, sich impfen zu lassen.[273] Es fällt dementsprechend in den Schutzbereich des Art. 4 Abs. 1 und 2 GG, einer Impfaufforderung des Staates aus religiösen Motiven nicht nachzukommen.

(b) Gewissensfreiheit

Die Gewissensfreiheit erlaubt es, in bestimmten Situationen eine Gewissensentscheidung zu fällen. Als eine solche ist laut Bundesverfassungsgericht „jede ernste, sittliche, d. h. an den Kategorien von ‚Gut' und ‚Böse' orientierte Entscheidung anzusehen, die der Einzelne in einer bestimmten Lage als für sich bindend und unbedingt verpflichtend innerlich erfährt, so daß er gegen sie nicht ohne ernste Gewissensnot handeln könnte."[274] Woher diese Entscheidung wurzelt, ist aus rechtlicher Sicht irrelevant und diese daher zu respektieren.[275] Bezüglich einer solchen ist zunächst das forum internum, also das Bilden und Haben eines Gewissens, geschützt. Überdies erstreckt sich der Schutzbereich – nach herrschender Meinung – auch auf das forum externum, die Freiheit, auch nach diesem Gewissen zu handeln.[276] Zu beachten ist dabei der höchstpersönliche

---

271 BVerfGE 32, 98, 106f.; vgl. a. Starck, in: von Mangoldt/Klein/Starck, GG, Art. 4 Abs. 1, 2, Rn. 37.

272 Siehe dazu im Detail: Starck, in: von Mangoldt/Klein/Starck, GG, Art. 4 Abs. 1, 2, Rn. 42.

273 Beispielsweise lehnen viele strenggläubige Protestanten Impfungen aus Glaubensüberzeugung ab (hier insb. in den Niederlanden), siehe WWU Münster, Masern: Streng gläubige Protestanten gegen Impfung, 05. Juli 2013, in: NiederlandeNet. Zeugen Jehovas hingegen wenden sich nicht gegen Impfungen im Allgemeinen, möglicherweise aber gegen solche, die Blutfraktionen enthalten, vgl. https://www.jehovaszeugen.de/Wie-wir-ueber-medizinische-Behandlu.76.0.html (zuletzt abgerufen am 21.09.2019).

274 BVerfGE 12, 45, 55.

275 Starck, in: von Mangoldt/Klein/Starck, GG, Art. 4 Abs. 1, 2, Rn. 63.

276 BVerfGE 78, 391, 395; 48, 127, 163; Bethge, Gewissensfreiheit, in: HStR VII, § 158, Rn. 24, 25; Starck, in: von Mangoldt/Klein/Starck, GG, Art. 4 Abs. 1, 2, Rn. 68; dagegen: Nachweise bei Kokott, in: Sachs, GG, Art. 4, Rn. 101.

Charakter des Gewissens. Jeder kann Entscheidungen nur für seine eigene Person treffen; die Gewissensfreiheit erlaubt es nicht, aktiv in die Rechtsgüter anderer einzugreifen, denn ihr Schutzbereich ist „auf den Verantwortungsbereich des Grundrechtsträgers bezogen wie beschränkt.“[277]

Die Ablehnung einer Schutzimpfung nach gesetzlicher Vorgabe aus Gewissensgründen erscheint im Vergleich zur Glaubensfreiheit problematischer. Man könnte annehmen, dass, soweit eine Impfung bei dem Grundrechtsberechtigten insbesondere auch zum Schutze Dritter und der Allgemeinheit durchgeführt werden soll, der Grundrechtsträger durch eine Ablehnung in die Rechtsgüter dieser anderen Personen eingriffe, was von der Gewissensfreiheit nicht umfasst ist. Allerdings steht bei dieser Eingrenzung des Schutzbereiches die Aktivität des Grundrechtsberechtigten im Vordergrund. Beispiele für nicht geschützte Tätigkeiten sind das Attackieren von Pelzträgern und -geschäften durch Tierschützer sowie das Beschädigen von Anbauflächen durch Umweltaktivisten aus Gewissensgründen.[278] Lässt sich eine Person aus Gewissensgründen nicht impfen, so gefährdet sie die Rechtsgüter Leben und körperliche Unversehrtheit anderer nur in passiver Weise. Dieses Verhalten muss vom Schutzbereich der Gewissensfreiheit umfasst sein, sodass auch jener im Falle einer verpflichtenden Impfung eröffnet ist.

(2) Eingriff

Grundrechtsverpflichtete aus Art. 4 GG sind alle Träger öffentlicher Gewalt.[279] Immer wenn ein solcher die geschützten Tätigkeiten und Verhaltensweisen regelt oder wesentlich behindert, liegt ein Eingriff in die Glaubensfreiheit vor.

Eine durch Rechtsverordnung von staatlicher Seite vorgeschriebene Impfung greift in die Glaubens- und Gewissensfreiheit all derjenigen ein, die sich aus Glaubens- oder Gewissensgründen nicht impfen lassen möchten.

cc. Art. 2 Abs. 1 GG – Allgemeine Handlungsfreiheit

Des Weiteren ist ein Eingriff in die allgemeine Handlungsfreiheit aus Art. 2 Abs. 1 GG durch eine Rechtsverordnung nach § 20 Abs. 6, 7 IfSG denkbar.

---

277 Mückl, in: BK-GG, Art. 4, Rn. 113.

278 Mückl, in: BK-GG, Art. 4, Rn. 113.

279 Starck, in: von Mangoldt/Klein/Starck, GG, Art. 4 Abs. 1, 2, Rn. 128; Jarass, in: Jarass/Pieroth, GG, Art. 4, Rn. 5a.

(1) Schutzbereich

Art. 2 Abs. 1 GG schützt nach ganz herrschender Auffassung die allgemeine Handlungsfreiheit im umfassenden Sinne.[280] Das bedeutet, jedermann hat das Recht, zu tun und zu lassen, was er möchte. Demnach ist jedes menschliche Verhalten erfasst.[281]

Auch selbstgefährdende Tätigkeiten sind von Art. 2 Abs. 1 GG geschützt. Jedem Einzelnen steht das Recht zu, darüber zu befinden, welchen Gefahren er sich selbst aussetzen möchte.[282] Eingeschlossen ist daher ebenso die freie Entscheidung darüber, ob und gegebenenfalls wie man sich im Krankheitsfall behandeln lassen möchte. Demzufolge kann auch jedermann im Rahmen der allgemeinen Handlungsfreiheit bestimmen, ob er zur Vorbeugung eines solchen eine Schutzimpfung empfangen möchte oder nicht.

Grundrechtsträger der allgemeinen Handlungsfreiheit als Menschenrecht ist jede natürliche Person. Nach überwiegender Ansicht werden auch Ausländer von Art. 2 Abs. 1 GG geschützt, insbesondere im Schutzbereich derjenigen Freiheitsrechte, die sonst nur Deutschen gewährt werden.[283]

(2) Subsidiarität

Allerdings ist Art. 2 Abs. 1 GG, wenn er die allgemeine Handlungsfreiheit schützt, subsidiär gegenüber anderen Freiheitsrechten.[284] Als „Auffanggrundrecht" oder Generalklausel[285] schützt er nur dasjenige menschliche Verhalten, welches nicht vom Schutzbereich eines solchen erfasst ist. Art. 2 Abs. 1 GG greift überall dort ein, wo ein spezielles Freiheitsgrundrecht nicht einschlägig ist.[286] Insbesondere die Glaubensfreiheit aus Art. 4 GG gilt als lex specialis zu Art. 2 Abs. 1 GG.[287]

---

280 St. Rspr. des BVerfG seit BVerfGE 6, 32, 36; siehe z. B. BVerfGE 113, 88, 103; 114, 371, 383; siehe ansonsten statt aller: Dreier, in: Dreier, GG, Art. 2 Abs. 1, Rn. 26, m. w. N.

281 BVerfGE 80, 137, 152; 113, 29, 45. Anderen Ansichten zufolge ist nur der Kernbereich der Persönlichkeit geschützt, siehe zum Streitstand BVerfGE 6, 32, 36f.

282 BVerwGE 82, 45, 48.

283 Siehe Dreier, in: Dreier, GG, Art. 2 Abs. 1, Rn. 45. m. w. N.; Di Fabio, in: Maunz/Dürig, GG, Art. 2 Abs. 1, Rn. 10, 28.

284 St. Rspr. des BVerfG, s. BVerfGE 6, 32, 37; 67, 157, 171; 89, 1, 13; 116, 202, 221.

285 Dreier, in: Dreier, GG, Art. 2 Abs. 1, Rn. 28; Jarass, in: Jarass/Pieroth, GG, Art. 2, Rn. 2; Di Fabio, in: Maunz/Dürig, GG, Art. 2 Abs. 1, Rn. 21.

286 BVerfGE 6, 32, 37.

287 BVerfGE 17, 302, 306; 32, 98, 107; Starck, in: von Mangoldt/Klein/Starck, GG, Art. 2 Abs. 1, Rn. 62.

Auch gegenüber Art. 2 Abs. 2 S. 1 GG steht Art. 2 Abs. 1 GG im Verhältnis der Spezialität.[288] Es kommt dann auf die Art des Schutzgutes an. Art. 2 Abs. 2 S. 1 GG schützt den Körper und seine Integrität vor der ungewollten Impfung. Art. 2 Abs. 1 GG schützt hingegen den Willen desjenigen, der geimpft werden soll.

Demzufolge ist der Schutzbereich der allgemeinen Handlungsfreiheit im Falle einer verpflichtenden Impfung immer dann eröffnet, wenn sich jemand gegen die Durchführung einer Schutzimpfung entscheidet, ohne dafür religiöse, weltanschauliche oder auf das Gewissen zurückzuführende Motive zu haben. In jenen Fällen sind allein Art. 4 Abs. 1 und 2 GG einschlägig und es bleibt für eine Prüfung des Art. 2 Abs.1 GG daneben kein Raum.[289]

(3) Eingriff

Regelnde Maßnahmen unmittelbar gegenüber einem Grundrechtsträger sind klassische Eingriffe. Dies trifft zu auf alle staatlichen Ge- und Verbote, die das geschützte Verhalten regeln. Sie greifen in Art. 2 Abs. 1 GG ein, insbesondere gilt dies für staatlichen Zwang[290] und damit für jede gesetzlich verpflichtende Schutzimpfung.

b. Verfassungsrechtliche Rechtfertigung

aa. Grundrechtsschranken

(1) Schranken des Art. 2 Abs. 2 S. 1 GG

Art. 2 Abs. 2 S. 1 GG wird durch den einfachen Gesetzesvorbehalt des Art. 2 Abs. 2 S. 3 GG begrenzt. Dieser besagt, dass in die körperliche Unversehrtheit nur „auf Grund eines Gesetzes" eingegriffen werden darf. Ein Gesetz muss in diesem Zusammenhang immer ein förmliches Parlamentsgesetz sein.[291] Dementsprechend kann sich die Beschränkung entweder durch ein solches unmittelbar oder auf Grund dessen durch untergesetzliche Norm oder Verwaltungsakt ergeben.[292]

---

288 Starck, in: von Mangoldt/Klein/Starck, GG, Art. 2 Abs. 1, Rn. 58.

289 Siehe auch BVerfGE 17, 302, 303f.: Wenn Art. 4 Abs. 1 und 2 GG einschlägig sind, bleibt für die Prüfung von Art. 2 Abs. 1 GG kein Raum.

290 Dreier, in: Dreier, GG, Art. 2 Abs. 1, Rn. 48; Jarass, in: Jarass/Pieroth, GG, Art. 2, Rn. 9; Di Fabio, in: Maunz/Dürig, GG, Art. 2 Abs. 1, Rn. 48.

291 BVerfGE 22, 180, 219.

292 Vgl. Jarass, in: Jarass/Pieroth, GG, Art. 2, Rn. 95; Schulze-Fielitz, in: Dreier, GG, Art. 2 Abs. 2, Rn. 52f.

§ 20 Abs. 6, 7 IfSG ist ein förmliches Parlamentsgesetz, auf dessen Grundlage Rechtsverordnungen erlassen werden können.

(2) Schranken des Art. 4 Abs. 1 und 2 GG

Art. 4 GG selbst nennt keine Grundrechtsschranken. Nichtsdestotrotz kann er nicht unbegrenzt gelten. Weitgehende Einigkeit besteht darin, dass die geschriebenen Grundrechtsbeschränkungen aus Art. 2 Abs. 1 und 5 Abs. 2 GG nicht „ausgeliehen" werden dürfen. Im Grundgesetz besteht das Prinzip der Schrankenspezialität.[293]

(a) Schranken der Glaubensfreiheit

Umstritten ist, ob aus Art. 136 Abs. 1 WRV i. V. m. Art. 140 GG bezüglich der Glaubensfreiheit ein Gesetzesvorbehalt für Art. 4 Abs. 1 und 2 GG abgeleitet werden kann.

Nach dem Bundesverfassungsgericht sind die Bestimmungen der Weimarer Reichsverfassung vollgültiges Verfassungsrecht, sodass Art. 4 GG mit diesen im Zusammenhang gesehen werden muss.[294] Art. 136 Abs. 1 WRV besagt, dass durch die Religionsfreiheit die bürgerlichen und staatsbürgerlichen Rechte und Pflichten weder beschränkt noch bedingt werden. Die in der Literatur herrschende Meinung[295], der sich das Bundesverwaltungsgericht[296] angeschlossen hat, deutet daraus, dass jene Pflichten durch die Ausübung der Religionsfreiheit nicht bedingt werden und somit als Schranken für selbige wirken. Als allererste staatsbürgerliche Pflicht gilt dabei die Gesetzesbefolgungspflicht.[297] Folgt man dieser Ansicht, so könnte jede Impfverordnung Art. 4 Abs. 1 und 2 GG beschränken, denn die Befolgung einer solchen wäre die Pflicht eines jeden Bürgers und damit eine Schranke im Sinne von Art. 136 Abs. 1 WRV. Dafür wird ins Feld geführt, dass Art. 136 Abs. 1 WRV eindeutig eine Schrankenregelung enthalte, welche als geltendes Verfassungsrecht ernst zu nehmen sei. Nur durch diesen Artikel sei das Fehlen einer solchen bei Art. 4 Abs. 1 und 2 GG zu erklären.[298]

---

293 BVerfGE 32, 98, 107; 52, 223, 246; siehe für alle: Starck, in: von Mangoldt/Klein/Starck, GG, Art. 4 Abs. 1, 2, Rn. 84f.

294 BVerfGE 19, 206, 219; s. a. Kokott, in: Sachs, GG, Art. 4, Rn. 131ff.

295 S. Jarass, in: Jarass/Pieroth, GG, Art. 4, Rn. 32 m. w. N.

296 BVerwGE 112, 227, 231.

297 BVerwGE 112, 227, 231.

298 BVerwGE 112, 227, 231; siehe aus dem Schrifttum exemplarisch: Starck, in: von Mangoldt/Klein/Starck, GG, Art. 4 Abs. 1, 2, Fn. 87.

Dagegen sieht das Bundesverfassungsgericht die Glaubensfreiheit als ein solch hohes verfassungsrechtliches Schutzgut an, dass sie Art. 136 Abs. 1 WRV überlagere und jener sie somit nicht begrenzen könne.[299] Denn die Bedeutung und das Gewicht der einzelnen Normen müssten laut Verfassungsgericht innerhalb des Grundgesetzes berücksichtigt werden.[300]

Diese Frage kann hier jedoch dahinstehen, denn unstreitig ist eine Beschränkung der Glaubensfreiheit durch kollidierendes Verfassungsrecht möglich.

Nach dem Bundesverfassungsgericht kann die vom Grundgesetz anerkannte Gemeinschaftsbindung des Einzelnen das Grundrecht der Religionsausübungsfreiheit aus Art. 4 Abs. 2 GG einschränken.[301] Auch Grundrechte, die vorbehaltlos gewährleistet sind, erfahren danach gewisse äußerste Grenzen. Demnach kann sich der Mensch als eigenverantwortliche Persönlichkeit innerhalb der sozialen Gemeinschaft frei entfalten.[302] Der Religionsausübung sind dann an denjenigen Stellen Grenzen gezogen, wo Grundrechte Dritter und der Gemeinschaft betroffen sind.

Wie das Bundesverwaltungsgericht bezüglich des Verbots des Anbaus und Konsums von Cannabis trotz religiöser Motive sowie des Motorradfahrens ohne Schutzhelm aufgrund eines aus religiösen Gründen getragenen Turbans klargestellt hat, ist ferner eine Einschränkung der Glaubensfreiheit zum Schutze der Gesundheit des Einzelnen sowie derjenigen der Allgemeinheit – der sogenannten Volksgesundheit – vor Gefahren möglich. Beide stehen unter hohem verfassungsrechtlichem Schutz und können Eingriffe in die Glaubensfreiheit rechtfertigen.[303]

---

299 BVerfGE 33, 23, 30; 93, 1, 21.

300 BVerfGE 19, 206, 219; ausführlich zu diesem Streit siehe Mückl, in: BK-GG, Art. 4, Rn. 160ff.

301 BVerfGE 32, 98, 107f.

302 BVerfGE 32, 98, 107f.; BVerfG Nichtannahmebeschl. v. 02.08.2001 – 1 BvR 618/93, Rn. 28.

303 BVerwGE 112, 314, 318 u. BVerwG Urteil v. 04.07.2019 3 C 24/17, Rn. 19: Zur Einschränkung des Grundrechts auf Religionsausübungsfreiheit der Beschwerdeführers aus oben genannten Gründen. Zum Schutze der Gesundheit des Glaubensfreiheitsgrundrechtsträgers selbst oder derjenigen seines Lebenspartners kann Art. 4 GG allerdings nicht eingeschränkt werden. Hier überwiegt grundsätzlich die Freiheit aus Art. 4 GG gegenüber dem Schutz aus Art. 2 Abs. 2 S. 1 GG (BVerfGE 32, 98 – „Gesundbeter"). Dies gilt hingegen nicht, wenn Zweifel an dem geäußerten Willen des Grundrechtsträgers bestehen und darüber hinaus das Interesse dessen Kindes an der Erhaltung des Lebens oder der Gesundheit des Elternteils ins Gewicht fällt. Hier

(b) Schranken der Gewissenfreiheit

Für die Gewissensfreiheit gibt es im Grundgesetz keine Beschränkung. Sie kann nur durch verfassungsimmanente Schranken begrenzt werden, beispielsweise durch den Schutz der öffentlichen Gesundheit.[304]

Jede Gewissensentscheidung hat einen starken subjektiven Einschlag und braucht nicht von vernünftigen Erwägungen getragen zu sein. Daher besteht hier ein noch viel stärkeres Konfliktpotential mit Blick auf die zu beachtende Rechtsordnung als bei der Glaubensfreiheit. Wenn jemand Rechtspflichten aus Gewissensgründen nicht erfüllen kann, so ist nach möglichen Alternativen Ausschau zu halten, welche das Gewissen der Person berücksichtigen, wobei ihr dahingehend auch Nachteile zugemutet werden können.[305]

Mithin kann auch hier eine Rechtsverordnung, die eine verpflichtende Impfung zum Schutze der öffentlichen Gesundheit anordnet, grundsätzlich eine geeignete Schranke sein.

(3) Schranken des Art. 2 Abs. 1 GG

Eingeschränkt werden kann die allgemeine Handlungsfreiheit durch die „Schrankentrias“ in Art. 2 Abs. 1 2. Hs. GG: Die Rechte anderer, die verfassungsmäßige Ordnung und das Sittengesetz. Einhelligkeit besteht dahingehend, dass Erstere und das Letztgenannte vollständig in der verfassungsmäßigen Ordnung enthalten sind und daher keine eigenständige Funktion besitzen.[306] Unter jener Ordnung versteht das Bundesverfassungsgericht die verfassungsmäßige Rechtsordnung und damit jede Norm, die formell und materiell mit der Verfassung im Einklang steht.[307]

Des Weiteren hat das Bundesverfassungsgericht in ständiger Rechtsprechung klargestellt, dass das Menschenbild des Grundgesetzes nicht das eines isolierten, souveränen Individuums ist, sondern dass die Gemeinschaftsbezogen- und -gebundenheit der einzelnen Person eine zentrale Rolle spielt, ohne dass dabei deren Eigenwert angetastet werden darf. Das Verfassungsgericht folgert dies aus einer Gesamtschau der Art. 1, 2, 12, 14, 15, 19 und 20 GG. Dementsprechend

---

fällt zusätzlich Art. 6 Abs. 1 und 2 GG, der Schutz der Familie und des Kindeswohls, ins Gewicht (BVerfG, s. o. Nichtannahmebeschl., Rn. 28).

304 Vgl. Mückl, in: BK-GG, Art. 4, Rn. 168.

305 Kokott, in: Sachs, GG, Art. 4, Rn. 107.

306 Dreier, in: Dreier, GG, Art. 2 Abs. 1, Rn. 52 m. w. N.

307 Seit der „Elfes-Entscheidung“ (BVerfGE 6, 32) st. Rspr des BVerfG. Siehe zum Beispiel BVerfGE 55, 159, 165; 63, 88, 108f.; 80, 137, 153; 90, 145, 172.

muss jeder Einzelne solche Schranken seiner allgemeinen Handlungsfreiheit akzeptieren, die der Gesetzgeber „zur Pflege und Förderung des sozialen Zusammenlebens in den Grenzen des bei dem gegebenen Sachverhalt allgemein Zumutbaren zieht, vorausgesetzt, dass dabei die Eigenständigkeit der Person gewahrt bleibt".[308]

Grundsätzlich sind selbstgefährdende Handlungen auch vom Schutz des Art. 2 Abs. 1 GG umfasst. Der mündige Bürger darf sich unter dem Schutz der Verfassung innerhalb gewisser Grenzen auch unvernünftig verhalten.[309] Allerdings können aus gefährlichen, riskanten Tätigkeiten möglicherweise Lasten für das Gemeinwesen entstehen. In solchen Fällen sind staatliche Einschränkungen nach Maßgabe gesetzlicher Eingriffsgrundlagen möglicherweise zulässig, auch wenn Dritte nicht unmittelbar gefährdet werden.[310]

bb. Formelle Verfassungsmäßigkeit des § 20 Abs. 6, 7 IfSG

Grundsätzlich haben die Länder das Recht der Gesetzgebung gemäß Art. 30, 70 Abs. 1 GG, soweit der Bund durch das Grundgesetz keine Gesetzgebungskompetenz verliehen bekommen hat.

Nach Art. 74 Abs. 1 Nr. 19 GG liegt auf dem Gebiet der Maßnahmen gegen gemeingefährliche oder übertragbare Krankheiten bei Menschen und Tieren eine konkurrierende Gesetzgebungskompetenz vor. Der Bund hat im Sinne des Art. 72 Abs. 1 GG in diesem Bereich das Infektionsschutzgesetz erlassen und damit von seiner Gesetzgebungsbefugnis Gebrauch gemacht.[311]

cc. Materielle Verfassungsmäßigkeit des § 20 Abs. 6, 7 IfSG

Grundrechtseingriffe aufgrund der Notfallermächtigung könnten zur Verhinderung impfpräventabler ansteckender Krankheiten aus Gründen des Schutzes der Volksgesundheit und damit zugleich zum Schutz der Gesundheit des Individuums gerechtfertigt sein.

---

308 BVerfGE 4, 7, 15f.

309 Di Fabio, in: Maunz/Dürig, GG, Art. 2 Abs. 1, Rn. 50.

310 Di Fabio, in: Maunz/Dürig, GG, Art. 2 Abs. 1, Rn. 50; Dreier, in: Dreier, GG, Art. 2 Abs. 1, Rn. 29; Schwabe, Der Schutz des Menschen vor sich selbst, JZ 1998, S. 66–75, S. 70f.

311 Vgl. von Steinau-Steinrück, Die staatliche Verhütung und Bekämpfung von Infektionskrankheiten, S. 58ff.

(1) Verhältnismäßigkeit

Ein solcher Grundrechtseingriff müsste in erster Linie dem Grundsatz der Verhältnismäßigkeit entsprechen.[312]

Es ist ein **legitimer Zweck**, betroffene Teile der Bevölkerung in einem Epidemiefall vor der Ansteckung mit einer übertragbaren Krankheit zu schützen und die weitere Ausbreitung derselben zu verhindern. Das Durchführen von Schutzimpfungen bei bestimmten Teilen der Bevölkerung ist als Mittel objektiv **geeignet**, diesen Zweck zu erreichen.

Das Mittel der verpflichtenden Impfung muss **erforderlich** sein, um den erstrebten Zweck zu erreichen. Dies ist nur dann der Fall, wenn keine anderen Maßnahmen verfügbar sind, die bei geringerer Belastung des Bürgers gleich effektiv wären, mithin, wenn kein milderes Mittel vorhanden ist.[313]

Es bestehen verschiedene Möglichkeiten, die Ausbreitung von Krankheiten im Epidemiefall einzudämmen. Hier ist beispielsweise an gesteigerte Hygienemaßnahmen zu denken oder an die Schließung von Gemeinschaftseinrichtungen oder öffentlichen Gebäuden. Da die Impfung einen schwerwiegenden Eingriff in die körperliche Unversehrtheit darstellt, sind alle anderen Möglichkeiten wohl in der Regel mit einer geringeren Belastung für den Bürger verbunden. Fraglich ist aber, ob sie auch gleich effektiv sein können.

Gesteigerte Hygienemaßnahmen sind im Kampf gegen übertragbare Krankheiten sinnvoll und daher grundsätzlich vor der Anordnung einer Impfpflicht in Erwägung zu ziehen. Sie hängen aber von der strengen Einhaltung der Beteiligten ab. Verbreitet sich die Krankheit im konkreten Einzelfall trotz der Hygienemaßnahmen weiter, so sind sie nicht gleichermaßen effektiv wie eine Impfung.

Die Schließung von Gemeinschaftseinrichtungen oder Gebäuden muss im Katastrophenfall als milderes Mittel zuerst in Betracht gezogen werden. Erst, wenn sich trotz dieser Maßnahme die Krankheitserreger weiter verbreiten, kommt eine Pflichtimpfung als effektivere Maßnahme in Frage.

Der Impfzwang als Maßnahme ist **verhältnismäßig**, wenn bei einer Gesamtabwägung zwischen der Schwere des Grundrechtseingriffs und dem Gewicht der ihn rechtfertigenden Gründe die Grenze der Zumutbarkeit gewahrt bleibt. Das Verhältnis von Eingriffsziel und -mittel darf nicht unangemessen sein.[314]

---

312 Siehe dazu: Merten, Verhältnismäßigkeitsgrundsatz, in: HGR III, § 68, Rn. 50ff.

313 Merten, Verhältnismäßigkeitsgrundsatz, in: HGR III, § 68, Rn. 66f; Battis/Gusy, Einführung in das Staatsrecht, Rn. 555; Detterbeck, Öffentliches Recht, Rn. 305.

314 Vgl. auch BVerfGE 102, 1, 19f.; 83, 1, 19; 75, 284, 298; siehe auch Merten, Verhältnismäßigkeitsgrundsatz, in: HGR III, § 68, Rn. 71; Battis/Gusy, Einführung in das Staatsrecht, Rn. 556.

Bei jeder Art von ärztlichem Eingriff ist grundsätzlich der Wille des Patienten zu beachten. Stimmt dieser nach eingehender Aufklärung einer Behandlung zu, so ist der Grundrechtseingriff dadurch verfassungsrechtlich gerechtfertigt.[315] Spricht sich der zu Behandelnde – hier der zu Impfende – jedoch gegen den medizinischen Eingriff aus, so muss dessen Wille grundsätzlich gefolgt werden.[316] Das Bundesverfassungsgericht hat im Zusammenhang mit der medikamentösen Behandlung eines Gefangenen klargestellt, dass sich aus den Freiheitsgrundrechten auch die Freiheit ergibt zu entscheiden, eine Behandlung, die der „Besserung" dienen soll, durchzuführen oder eben nicht vornehmen zu lassen. Grundrechtlich geschützt ist auch die „Freiheit zur Krankheit"[317] und das Recht, Eingriffe, die auf Heilung zielen, abzulehnen, auch wenn medizinische Erkenntnisse entgegenstehen.[318]

Dies kann unter dem Schutz des Grundgesetzes allerdings nur solange gelten, wie Rechtsgüter anderer Bürger oder der Allgemeinheit davon nicht betroffen werden.[319] Stehen öffentliche Interessen zur Abwehr erheblicher Gefahren für andere entgegen, so können diese überwiegen und damit einen Eingriff rechtfertigen.[320]

Bei Eingriffen in das Grundrecht der körperlichen Unversehrtheit muss zunächst das Zweck-Mittel-Verhältnis beleuchtet werden. Dieses ist gar nicht vorhanden, wenn der Zweck des Eingriffs in der Körperverletzung als solcher liegt, wie beispielsweise bei körperlichen Bestrafungen oder Folter. Andererseits kann der zielgerichtete Eingriff in die körperliche Unversehrtheit auch nur eine „unumgängliche Begleiterscheinung" zum Erreichen eines Zwecks sein, so bei einer Heilbehandlung oder bei der Immunisierung des Körpers gegen eine Krankheit. Dann muss geprüft werden, ob diese Beeinträchtigung zur Erreichung des Zwecks von dem Rechtsträger in Kauf zu nehmen ist.[321] Zu beachten ist dabei der hohe Verfassungsrang der körperlichen Unversehrtheit, der durch deren enge Verbindung zum Lebensrecht und zur Menschenwürde begründet wird. Daher ist laut Bundesverfassungsgericht bei Eingriffen in dieselbe immer

---

315 BVerfGE 128, 282, 302; Schulze-Fielitz, in: Dreier, GG, Art. 2 Abs. 2, Rn. 73, m. w. N.; Lorenz, Recht auf Leben und körperliche Unversehrtheit, in: HStR VI, § 128, Rn. 64.

316 BVerfGE 128, 282, 304; siehe auch Jarass, in: Jarass/Pieroth, GG, Art. 2, Rn. 101.

317 Siehe dazu auch BVerfGE 58, 208, 226.

318 BVerfGE 128, 282, 304.

319 BVerfGE 58, 208, 225.

320 Schulze-Fielitz, in: Dreier, GG, Art. 2 Abs. 2, Rn. 73.

321 Lorenz, Recht auf Leben und körperliche Unversehrtheit, in: HStR VI, § 128, Rn. 29.

eine Einzelfallabwägung notwendig, wobei Art, Schwere und Ausführung des Eingriffs in Betracht gezogen werden müssen.[322]

Vorliegend soll der Grundrechtseingriff aus Gründen der Allgemein- wie Individualgesundheit gerechtfertigt werden. Im Falle einer sich epidemisch verbreitenden Krankheit ist damit zu rechnen, dass sich viele Menschen anstecken und dadurch in der Gesundheit verletzt würden. Dies kann durch den Eingriff der Impfung verhindert werden.

Im Sinne der „praktischen Konkordanz"[323] müssen entgegenstehende Grundrechte in einen schonenden Ausgleich gebracht und sorgfältig miteinander abgewogen werden.[324] Es prallen bei dieser Abwägung folglich zwei Grundrechtspositionen aufeinander: Zum einen die Abwehrrechte desjenigen, der nicht geimpft werden möchte und zum anderen das Recht auf körperliche Unversehrtheit derjenigen, denen eine Ansteckung droht. Den Abwehrrechten des einen können die aus einer staatlichen Schutzpflicht folgenden Rechte der anderen gegenüberstehen.[325] Auf diese Schutzpflicht des Staates wird dezidiert in Teil B. eingegangen.

Wie erörtert ist gerade der Eingriff in die körperliche Unversehrtheit durch eine verpflichtende Impfung ein besonders schwerwiegender. Durch ihn wird die Selbstbestimmung über die körperliche Integrität verletzt und daneben besteht die Möglichkeit des Auftretens eines Impfschadens. In der Regel ist eine Impfung für den Einzelnen medizinisch gut zu vertragen.[326] Es können dadurch jedoch auch kurzfristige oder gar dauerhafte Folgen am Körper eintreten. Die Wahrscheinlichkeit des Eintritts eines dauerhaften Impfschadens ist heutzutage wie oben dargestellt aufgrund der im Allgemeinen guten medizinischen Verträglichkeit von Impfungen sehr gering, sodass sie nicht besonders stark ins Gewicht fallen kann. Nichtsdestotrotz muss dieses entfernt liegende Risiko in die Abwägung mit einbezogen werden.

Dagegen steht die körperliche Unversehrtheit desjenigen Einzelnen, dem eine Ansteckung droht sowie diejenige der Allgemeinheit. Anders als im theoretischen Fall einer ganz allgemeinen Impfpflicht ohne genau bestimmten Anlass,

---

322 BVerfGE 17, 108, 119; Lorenz, Recht auf Leben und körperliche Unversehrtheit, in: HStR VI, § 128, Rn. 39.

323 Siehe dazu Konrad Hesse, Grundzüge des Verfassungsrechts der Bundesrepublik Deutschland, Rn. 317ff.

324 Vgl. Schulze-Fielitz, in: Dreier, GG, Art. 2 Abs. 2, Rn. 54.

325 Siehe dazu Calliess, Schutzpflichten, in: HGR II, § 44.

326 Vgl. 1. Kap. B. V.

wird im Epidemiefall die Ansteckung mit einer hohen Wahrscheinlichkeit stattfinden. Eine Rechtsverordnung kann schließlich erst dann erlassen werden, wenn die strengen Voraussetzungen des § 20 Abs. 6, 7 IfSG eingetreten sind.[327]

Aufgrund der dann sehr starken Verbreitung einer übertragbaren Krankheit ist die Gefahr hoch, dass jemand durch Ansteckung in seinem Grundrecht betroffen wird, sie grenzt wohl an Sicherheit. Die staatliche Schutzpflicht aus Art. 2 Abs. 2 S. 1 GG tritt im konkreten Fall auf den Plan. Hier kann der Staat nicht mehr auf Freiwilligkeit bezüglich des Impfens hoffen und dabei vieler Menschen Leben oder zumindest deren Gesundheit riskieren. Er muss dem Auftrag der Verfassung folgen und einschreiten, um jene Verfassungsgüter zu schützen. Die mit an Sicherheit grenzender Wahrscheinlichkeit vorliegende Gesundheitsverletzung derjenigen, denen die Ansteckung mit einer übertragbaren Krankheit mit klinisch schweren Verlaufsformen mit möglicherweise schwerwiegenden Folgen für den Betroffenen droht, muss hier stärker ins Gewicht fallen. Die Injektion als solche ist im Vergleich dazu in der Regel für den Betroffenen folgenlos oder nur mit kurzfristigen Einschränkungen verbunden. Diese und auch das entfernt liegende Risiko einer stärkeren Reaktion auf die Impfung muss der Betroffene zugunsten des Gesundheitsschutzes in Kauf nehmen.

Trotz Klassifizierung der Impfung als besonders schwerwiegendem staatlichem Eingriff ist die Ansteckung aus medizinischer Sicht für die körperliche Unversehrtheit gravierender.

Der Eingriff in die körperliche Unversehrtheit durch das Impfen ist demnach kleiner als die Einschränkung derselben, die ein Angesteckter durch eine Erkrankung erfährt.

Das Interesse, eine gesunde Gruppe zu schützen und damit den sogenannten Herdenschutz herbeizuführen, steht hinter dem Interesse des Individuums zurück.

Bezüglich der Religions- und Gewissensfreiheit kann sich keine andere Bewertung ergeben.

Beruft sich jemand auf die Glaubensfreiheit, um einer Pflichtimpfung zu entkommen, so steht ebenso gegen dieses Grundrecht in jedem Falle das Recht auf Leben und körperliche Unversehrtheit anderer aus Art. 2 Abs. 2 S. 1 GG. Auch hier sind zwei kollidierende Grundrechte in einen schonenden Ausgleich zu bringen.

Wie oben festgestellt, ist die Einschränkung der Religionsfreiheit zum Schutze der Volksgesundheit verfassungsrechtlich gerechtfertigt.

327 Vgl. 2. Kap. B. I. 5.

Für die Gewissensfreiheit muss dasselbe gelten. Glaubens- und Gewissensüberzeugungen, die dazu führen, dass eine Impfung abgelehnt wird, können in einem Notfall keine Berücksichtigung finden. Sie gefährden das Ziel des effektiven Gesundheits- und Lebensschutzes der Bevölkerung und treten zu dessen Gunsten regelmäßig hinter diesem zurück.

Besteht der Sinn und Zweck einer verpflichtenden Impfung folglich im Schutz der sozialen Gemeinschaft und der Gesundheit anderer Menschen, wie es bei einer Rechtsverordnung nach § 20 Abs. 6, 7 IfSG wohl immer der Fall ist, so kann dadurch die Glaubens- und Gewissensfreiheit einzelner eingeschränkt werden.

Das Sich-Nicht-Impfen-Lassen ist als selbstgefährdende Handlung von Art. 2 Abs. 1 GG geschützt. Wenn dadurch jedoch Lasten für das Gemeinwesen in Form einer erhöhten Ansteckungsgefahr für andere, von Kosten für die Krankenkassen bei Auftreten einer durch Impfung vermeidbaren Infektionskrankheit oder daraus resultierenden Folgeerkrankungen entstehen können, so sind Einschränkungen des Art. 2 Abs. 1 GG zur Förderung des sozialen Zusammenlebens möglich.

Mithin ist auch ein Eingriff in Art. 2 Abs. 1 GG aus genannten Gründen gerechtfertigt.

Nach alldem ist der Eingriff durch § 20 Abs. 6, 7 IfSG im Notfall verhältnismäßig und ein Impfzwang lässt sich zur Verhinderung ansteckender Krankheiten, die Leben und Gesundheit der Menschen schwer bedrohen, rechtfertigen.[328]

(2) Sonstige Anforderungen

Dem Bestimmtheitsgrundsatz, nach welchem ein Gesetz nicht unklar oder vage formuliert sein darf, wird durch § 20 Abs. 6, 7 IfSG Rechnung getragen.[329]

Das Zitiergebot aus Art. 19 Abs. 1 S. 2 GG[330] hat der Gesetzgeber mit § 20 Abs. 6 S. 2 IfSG insoweit beachtet, welcher besagt, dass durch die zu erlassende Rechtsverordnung die körperliche Unversehrtheit des Art. 2 Abs. 2 S. 1 GG eingeschränkt werden kann. Dieses gilt nicht bei Grundrechten ohne Gesetzesvorbehalt wie Art. 4 GG, die nur durch verfassungsimmanente Schranken begrenzt werden können.[331]

---

328 Vgl. auch Starck, in: von Mangoldt/Klein/Starck, GG, Art. 2 Abs. 2 Rn. 222: Ein Impfzwang gegen Schnupfen und „dergleichen" sei nicht verfassungsmäßig (Hervorhebung durch Verf.).

329 Sachs, Verfassungsrecht II, Kap. 10, Rn. 53.

330 Siehe dazu BVerfGE 132, 1, Rn. 20; Jarass, in: Jarass/Pieroth, GG, Art. 2, Rn. 95.

331 Hufen, Staatsrecht II, § 9 Rn. 28.

Nach Art. 19 Abs. 2 GG dürfen die betroffenen Grundrechte nicht in ihrem Wesensgehalt angetastet werden. Diese Wesensgehaltsgarantie ist seit jeher umstritten.[332] Vorliegend büßen die bezeichneten Grundrechte ihre Funktion nicht vollständig ein und laufen nicht ganz ins Leere. Auf die körperliche Unversehrtheit bezogen ist die Zielsetzung der Impfung gerade deren Erhalt, sodass der Wesensgehalt dadurch nicht berührt wird.[333]

c. Zwischenergebnis

Durch eine im Notfall gesetzlich verpflichtende Impfung wird in verschiedene Grundrechte eingegriffen. Der Eingriff kann jedoch aus Gründen des Gesundheitsschutzes der Allgemeinheit gerechtfertigt sein.[334]

2. Grundrechte des minderjährigen Impfpflichtigen

Zu untersuchen ist, inwiefern sich bezüglich der Grundrechte eines Minderjährigen, welchen eine Impfpflicht betrifft, jeweils die obigen Ausführungen zu den erwachsenen Impfpflichtigen zu Grunde legen lassen. Dies hängt davon ab, ob auch ein Minderjähriger Grundrechtsberechtigter der Art. 2 Abs. 2 S. 1, Art. 4 Abs. 1 und 2 und Art. 2 Abs. 1 GG sein kann.

a. Grundrechtsträgerschaft des Kindes

Die Grundrechte sind subjektive Rechte und berechtigen Menschen.[335] Wie das Bundesverfassungsgericht klargestellt hat, ist auch das Kind selbst Grundrechtsträger und ein Wesen mit eigener Menschenwürde.[336] Auch, wenn Minderjährige teilweise zu den geschützten Handlungen noch nicht fähig sind, sind sie trotzdem Grundrechtsträger.[337]

---

332 Siehe zum Streit Ipsen, Staatsrecht II, Rn. 209ff.; Huber, in: von Mangoldt/Klein/Starck, GG, Art. 19 Abs. 2, Rn. 102ff..

333 BVerwGE 9, 78, 79.

334 Im Ergebnis ebenso: Mers, Infektionsschutz im liberalen Rechtsstaat, S. 141ff.; anders: Grüner, Biologische Katastrophen, S. 232ff., die eine Impfpflicht nach § 20 Abs. 6 IfSG aufgrund des möglicherweise eintretenden Todes des Impflings durch die Impfung als Impfschaden als verfassungsrechtlich nicht gerechtfertigt ansieht.

335 Ipsen, Staatsrecht II, Rn. 61.

336 BVerfGE 24, 119, 144; 37, 217, 252; 72, 155, 172.

337 Ipsen, Staatsrecht II, Rn. 80.

b. Art. 2 Abs. 2 S. 1 GG

Berechtigter des Grundrechts auf körperliche Unversehrtheit ist jede natürliche Person, also alle lebenden Menschen, wobei der Geisteszustand unbeachtlich ist.[338] Damit sind von Art. 2 Abs. 2 S. 1 GG unproblematisch auch alle Minderjährigen als Grundrechtsberechtigte erfasst. Bei jenen liegt folglich wie bei erwachsenen Impfpflichtigen ein Grundrechtseingriff in die körperliche Unversehrtheit durch eine Pflichtimpfung vor, der aber ebenso gerechtfertigt werden kann.[339]

c. Art. 4 Abs. 1 und 2 GG

Art. 4 Abs. 1 und 2 GG ist ein sogenanntes Jedermann-Grundrecht, welches die einzelne natürliche Person schützt.[340] Kinder sind somit selbst Grundrechtsträger. Laut Bundesverfassungsgericht kann ein Kind jenes Grundrecht allerdings noch nicht eigenständig ausüben, weil es sich mithilfe der Eltern erst noch zu einer eigenverantwortlichen Persönlichkeit innerhalb der sozialen Gemeinschaft entwickeln muss. Daher üben die Eltern kraft ihrer Elternverantwortung die Glaubens- und Bekenntnisfreiheit für ihre Kinder bis zum Eintritt der Religionsmündigkeit letzterer aus.[341] Somit überlagert das elterliche Erziehungsrecht aus Art. 6 Abs. 2 GG in der Regel das Grundrecht der Kinder aus Art. 4 GG.[342]

Bezüglich der Gewissensfreiheit ist fraglich, inwiefern ein Kind eine Gewissensentscheidung treffen kann. Es bietet sich hier eine Orientierung an den

---

338 Jarass, in: Jarass/Pieroth, GG, Art. 2, Rn. 84; Schulze-Fielitz, in: Dreier, GG, Art. 2 Abs. 2, Rn. 39.

339 Vgl. 1. b. cc.

340 Morlok, in: Dreier, GG, Art. 4 , Rn. 104; Starck, in: von Mangoldt/Klein/Starck, GG, Art. 4 Abs. 1, 2, Rn. 71.

341 BVerfGE 30, 415, 424. § 5 S. 1 des Gesetzes über die religiöse Kindererziehung (RelKErzG v. 15.7.1921, RGBl. S. 939) regelt die Religionsmündigkeit. Danach steht einem Kind ab dem 14. Lebensjahr die Entscheidung darüber zu, an welches religiöse Bekenntnis es sich halten will. Ab dem 12. Lebensjahr kann ein Kind nicht gegen seinen Willen in einem anderen Bekenntnis als zuvor erzogen werden. Siehe dazu auch Starck, in: von Mangoldt/Klein/Starck, GG, Art. 4 Abs. 1, 2, Rn. 72; Kokott, in: Sachs, GG, Art. 4, Rn. 8 m. w. N.

342 Jarass, in: Jarass/Pieroth, GG, Art. 4, Rn. 18 m. w. N. Allerdings überwiegt wohl bei Kindern, deren Eltern für diese medizinisch notwendige Maßnahmen aus Glaubensgründen verweigern, im Rahmen der Abwägung der kollidierenden Rechtsgüter der Schutz des Lebens und der Gesundheit ersterer gegenüber der Glaubensfreiheit letzterer. Inwieweit eine Schutzimpfung eine medizinisch notwendige Maßnahme ist, ist dann im Einzelfall zu prüfen; vgl. auch Kokott, in: Sachs, GG, Art. 4, Rn. 73.

Altersgrenzen der Religionsmündigkeit an, wobei eine solche Frage immer im Einzelfall zu prüfen ist.

Demzufolge kann sich auch ein Kind bezüglich einer es betreffenden Impfpflicht auf einen Eingriff in seine Religionsfreiheit aus Art. 4 Abs. 1 und 2 GG berufen, wobei es mindestens bis zu seinem 14. Lebensjahr durch seine Eltern vertreten wird. Generell müssen im Falle von Uneinigkeiten zwischen dem Kind und seinen Eltern über religiöse Fragen immer die Grundrechtspositionen der einzelnen Seiten miteinander in einen schonenden Ausgleich gebracht werden.

d. Art. 2 Abs. 1 GG

Die allgemeine Handlungsfreiheit ist ein Menschenrecht, das jeder natürlichen Person, also auch Kindern und Minderjährigen zusteht.[343] Beschränkt wird sie bei jenen insbesondere durch das Erziehungsrecht der Eltern aus Art. 6 Abs. 2 GG. Sollte eine Interessenkollision zwischen den Rechten der Eltern und des Kindes vorliegen, gilt als Maßstab immer das Kindeswohl.[344]

Die Entscheidung für oder gegen die Durchführung einer Schutzimpfung setzt denklogisch eine gewisse geistige Reife voraus. Hat ein Minderjähriger diese individuell erreicht und entschließt sich gegen die Vornahme einer Schutzimpfung, so liegt in einer ihn betreffenden Impfpflicht ein Eingriff in dessen Grundrecht aus Art. 2 Abs. 1 GG.

e. Zwischenergebnis

Demzufolge können Minderjährige und Kinder durch eine sie betreffende Impfverpflichtung in ihren Grundrechten aus Art. 2 Abs. 2 S. 1, 4 Abs. 1 und 2 sowie 2 Abs. 1 GG betroffen sein.

3. Grundrechte der Eltern bezüglich einer verpflichtenden Impfung ihres minderjährigen Kindes

Eine Verordnung, welche auch minderjährigen Kindern das Durchführen von Schutzimpfungen vorschreibt, kann in das elterliche Pflege- und Erziehungsrecht aus Art. 6 Abs. 2 S. 1 GG oder in das Recht der Eltern zur religiösen Erziehung ihrer Kinder aus Art. 4 Abs. 1 i. V. m. Art. 6 Abs. 1, 2 GG eingreifen.

---

343 BVerfGE 53, 185, 203; 59, 360, 382; Dreier, in: Dreier, GG, Art. 2 Abs. 1, Rn. 44; Di Fabio, in: Maunz/Dürig, GG, Art. 2 Abs. 1, Rn. 10.

344 BVerfGE 99, 145, 156.

a. Art. 6 Abs. 2 S. 1 GG – Elterliches Pflege- und Erziehungsrecht

aa. Schutzbereich

Der sachliche Schutzbereich des Art. 6 Abs. 2 S. 1 GG umfasst das Recht der Eltern, über die Pflege und die Erziehung ihres Kindes zu bestimmen. Der Abwehrcharakter gegenüber staatlichen Eingriffen steht auch hier im Vordergrund, sodass den Eltern eine selbstverantwortliche Pflege und Erziehung ihres Kindes ohne staatliches Einmischen garantiert wird.[345] Sie können – innerhalb eines gewissen Rahmens – frei von staatlichen Einflüssen nach ihren eigenen Vorstellungen darüber entscheiden, wie sie ihrer elterlichen Verantwortung nachkommen wollen.[346] Jenen Rahmen geben die Belange des Kindeswohls vor. Der Schutzbereich ist tatbestandsimmanent durch selbiges begrenzt. Das bedeutet, dass jener überhaupt nur eröffnet ist, soweit eine Pflege- und Erziehungsentscheidung der Eltern dem Kindeswohl dient.[347]

Nicht vom Elterngrundrecht erfasst sind dagegen Maßnahmen, die die körperliche Unversehrtheit des Kindes gefährden oder verletzen. Dies gilt beispielsweise für harte Schläge, sexuellen Missbrauch oder Hungernlassen des Kindes.[348]

Das Bundesverfassungsgericht stellt daneben aber klar, dass nicht jedes Versagen und jede Vernachlässigung der Eltern den Schutzbereich ausschließen.[349] Vielmehr muss es sich um grobe Verfehlungen der Eltern im Hinblick auf das Kindeswohl handeln. Auch ein von verschiedenen Motiven getragenes Untätigbleiben der Eltern kann innerhalb des Schutzbereichs des Art. 6 Abs. 2 S. 1 GG liegen.[350]

Zu überlegen ist, ob eine Entscheidung der Eltern gegen die Vornahme einer Schutzimpfung bei ihrem Kind als „Pflege“ zu werten ist, denn die Nichtvornahme einer solchen könnte die körperliche Unversehrtheit des Kindes verletzen, was nicht in den Schutzbereich fiele. Pflege bedeutet die Sorge für das körperliche Wohl.

---

345 Burgi/Hölbling, Die Struktur des elterlichen Erziehungsrechts nach Art. 6 II und III GG, Jura 2008, S. 901–906, S. 901.

346 Ständige Rspr. des BVerfG, siehe zum Beispiel BVerfGE 24, 119, 143; 59, 360, 376; 107, 104, 117.

347 BVerfGE 24, 119, 143f.; Burgi/Hölbling, Die Struktur des elterlichen Erziehungsrechts nach Art. 6 II und III GG, Jura 2008, S. 901–906, S. 903.

348 Brosius-Gersdorf, in: Dreier, GG, Art. 6, Rn. 163; vgl. auch Jestaedt/Reimer, in: BK-GG, Art. 6, Abs. 2 u. 3, Rn. 269ff.

349 BVerfGE 24, 119, 143; 107, 104, 117f.

350 Burgi, in: Friauf/Höfling, Berl. Komm. GG, Art. 6, Rn. 112.

Dagegen spricht, dass ein Kind, welches nicht geimpft ist, aus medizinischer Sicht einem erhöhten Ansteckungsrisiko ausgesetzt ist, wodurch seine körperliche Unversehrtheit gefährdet wird und verletzt werden könnte. Allerdings reicht – wie oben aufgezeigt – nicht jede Gefährdung aus, damit das Verhalten der Eltern nicht als Pflege eingestuft werden kann. Es muss sich hingegen um eine grobe Verfehlung der Eltern handeln, damit der Schutzbereich überhaupt nicht eröffnet ist. Wenn sich Eltern bewusst gegen die Vornahme einer Schutzimpfung bei ihrem Kind entscheiden, so kann diese Entscheidung nicht als grobe Verfehlung gewertet werden, selbst wenn eine Schutzimpfung empfohlen und aus objektiver medizinischer Sicht bei einem gesunden Kind als sinnvoll gilt. In jedem Fall stellt dies eine Entscheidung im Rahmen der Pflege- und Erziehungsverantwortung gegenüber dem Kind dar und ist damit vom Schutzbereich des Art. 6 Abs. 2 S. 1 GG erfasst.

Allerdings gibt es keine negative Freiheit, das Elternrecht nicht auszuüben.[351] Die „vollkommen motivlose, schlichte Nicht-Pflege" eines Kindes liegt außerhalb des Schutzbereichs des Art. 6 Abs. 2 S. 1 GG.[352] Wenn Eltern sich also gar nicht um ihr Kind kümmern und aus diesem Grunde auch Schutzimpfungen nicht vornehmen lassen, so ist dieses Verhalten nicht vom Schutzbereich des Art. 6 Abs. 2 S. 1 GG gedeckt. In einem solchen Fall wäre eine Berufung auf das Elterngrundrecht nicht möglich.

In personeller Hinsicht ist Art. 6 Abs. 2 S. 1 GG ein Menschenrecht, sodass jede natürliche Person und damit alle Eltern durch ihn geschützt sind.[353] Eltern im Sinne des Art. 6 Abs. 2 S. 1 GG sind dabei zunächst die leiblichen Eltern, von denen das Kind abstammt, wenn sie die Pflege und Erziehung für das Kind wahrnehmen.[354] Darüber hinaus sind alle einem Kind rechtlich zugeordneten Eltern durch Art. 6 Abs. 2 S. 1 GG geschützt.[355] Dies sind nach jeweils überwiegenden Auffassungen die Adoptiveltern[356], der Ehemann der Mutter, der nicht

---

351 Hellermann, Die sogenannte negative Seite der Freiheitsrechte, S. 35; Merten, Negative Grundrechte, in: HGR II, § 42 Rn. 159; Jarass, in: Jarass/Pieroth, GG, Art. 6, Rn. 43.

352 BVerfGE 24, 119, 143; Burgi, in: Friauf/Höfling, Berl. Komm. GG, Art. 6, Rn. 112.

353 Brosius-Gersdorf, in: Dreier, GG, Art. 6, Rn. 146; Robbers, in: von Mangoldt/Klein/Starck, GG, Art. 6 Abs. 2, Rn. 163f.

354 BVerfGE 24, 119, 143; Brosius-Gersdorf, in: Dreier, GG, Art. 6, Rn. 147.

355 Coester-Waltjen, in: von Münch/Kunig, GG, Art. 6, Rn. 70.

356 BVerfGE 24, 119, 150; BVerfGE 133, 59, 77; Robbers, in: von Mangoldt/Klein/Starck, GG, Art. 6 Abs. 2, Rn. 176.

Erzeuger des Kindes ist[357], nicht jedoch die Pflegeeltern[358], die Großeltern[359], der Vormund[360] oder andere Erziehungsberechtigte[361].[362]

Die Elterneigenschaft und damit die -verantwortung beginnen mit der Zeugung des Kindes, ihr Ende kann nicht an starren Altersgrenzen festgemacht werden und bedarf jeweils einer Einzelfallentscheidung.[363] Es ist diesbezüglich zu beachten, dass mit wachsender Handlungs- und Entscheidungsfähigkeit eines Kindes Verantwortlichkeit und Sorgerecht der Eltern zurücktreten.[364] Je älter ein Kind wird, desto größer werden seine Selbstständigkeit sowie seine eigenen Wahrnehmungsrechte unabhängig von der elterlichen Zustimmung und sogar gegen die Eltern.[365]

Das Recht zur Entscheidung über die Durchführung einer Schutzimpfung bei einem Kind steht dessen Eltern nach Art. 6 Abs. 2 S. 1 GG zweifelsfrei bei Klein- und jüngeren Kindern zu. Ob der Schutzbereich auch bei älteren Kindern eröffnet ist, muss im Einzelfall entschieden werden.

Bezüglich einer Rechtsverordnung im Sinne des § 20 Abs. 6, 7 IfSG ist der Schutzbereich des Elternrechts zusammengefasst eröffnet, wenn Personen, die unter den Begriff der Eltern fallen, sich bei ihrem Kind, welches altersgemäß der Pflege- und Erziehung durch diese bedarf, bewusst gegen das Durchführen einer Schutzimpfung wenden.

---

357 Coester-Waltjen, in: von Münch/Kunig, GG, Art. 6, Rn. 71; Robbers, in: von Mangoldt/Klein/Starck, GG, Art. 6 Abs. 2, Rn. 172.

358 BVerfGE 79, 51, 60; siehe auch Robbers, in: von Mangoldt/Klein/Starck, GG, Art. 6 Abs. 2, Rn. 177.

359 BVerfGE 19, 323, 329.

360 Robbers, in: von Mangoldt/Klein/Starck, GG, Art. 6 Abs. 2, Rn. 178.

361 Zu schließen aus dem Wortlaut des Art. 6 Abs. 3 GG; vgl. Robbers, in: von Mangoldt/Klein/Starck, GG, Art. 6 Abs. 2, Rn. 180.

362 Es ergeben sich noch zahlreiche weitere Konstellationen der möglichen Elternschaft, insbesondere durch gesellschaftliche Veränderungen und den Fortschritt der Fortpflanzungsmedizin. Siehe zur Elterneigenschaft ausführlich: Robbers, in: von Mangoldt/Klein/Starck, GG, Art. 6 Abs. 2, Rn. 163ff.; Coester-Waltjen, in: von Münch/Kunig, GG, Art. 6, Rn. 69ff.

363 Robbers, in: von Mangoldt/Klein/Starck, GG, Art. 6 Abs. 2, Rn. 155ff.

364 BVerfGE 80, 81, 90; Robbers, in: von Mangoldt/Klein/Starck, GG, Art. 6 Abs. 2, Rn. 159 m. w. N.

365 Robbers, in: von Mangoldt/Klein/Starck, GG, Art. 6 Abs. 2, Rn. 159; Brosius-Gersdorf, in: Dreier, GG, Art. 6, Rn. 164f.

bb. Eingriff durch eine Impfpflicht

Ein Eingriff liegt vor, wenn das Elternrecht durch staatliche Maßnahmen beschränkt wird. Gibt der Staat eine Schutzimpfung verpflichtend für ein Kind vor, so übernimmt er damit eine Entscheidung über die „Pflege" des Kindes und lässt das Primat der Elternverantwortung aus Art. 6 Abs. 2 S. 1 GG außer Acht. Dieses Verhalten greift in das Elternrecht ein.

cc. Verfassungsrechtliche Rechtfertigung

(1) Schranken des Art. 6 Abs. 2 S. 1 GG

Einer Ansicht nach können Eingriffe des Staates in das Elterngrundrecht durch das Wächteramt der staatlichen Gemeinschaft aus Art. 6 Abs. 2 S. 2 GG gerechtfertigt werden.[366]

Dagegen spricht, dass das staatliche Wächteramt immer in solchen Fällen gefordert ist, in denen ein elterliches Verhalten gerade nicht dem Kindeswohl dient. Für solche Handlungen können sich die Eltern gerade nicht auf ihr elterliches Pflege- und Erziehungsrecht berufen.[367] In diesem Fall ist der sachliche Schutzbereich des Art. 6 Abs. 2 S. 1 GG gar nicht erst eröffnet und damit eine Prüfung der Rechtfertigung obsolet.

Demzufolge unterliegt Art. 6 Abs. 2 S. 1 GG nur verfassungsimmanenten Schranken. Hier kommen in erster Linie kollidierende Grundrechte Dritter in Betracht. Daneben kann das Elternrecht auch durch Art. 7 Abs. 1 GG Begrenzung finden, der dem Staat im Bereich des Schulwesens ein eigenes Bildungs- und Erziehungsrecht gewährt.[368]

(2) Materielle Verfassungsmäßigkeit[369]

Zu prüfen ist, ob die Einschränkung des Elternrechts aus Art. 6 Abs. 2 S. 1 GG durch eine Impfrechtsverordnung verhältnismäßig ist.

Bei Interessenkollisionen zwischen den Eltern und ihrem Kind haben die Interessen des Kindes nach dem Bundesverfassungsgericht grundsätzlich Vorrang.[370]

---

366 Burgi, in: Friauf/Höfling, Berl. Komm. GG, Art. 6, Rn. 132; Jarass, in: Jarass/Pieroth, GG, Art. 6, Rn. 55; Burgi/Hölbling, Die Struktur des elterlichen Erziehungsrechts nach Art. 6 II und III GG, Jura 2008, S. 901–906, S. 904.

367 So auch Brosius-Gersdorf, in: Dreier, GG, Art. 6, Rn. 172.

368 Jarass, in: Jarass/Pieroth, GG, Art. 6, Rn. 59; Brosius-Gersdorf, in: Dreier, GG, Art. 6, Rn. 171; vgl. auch BVerfGE 107, 104, 118.

369 Zur formellen Verfassungsmäßigkeit siehe schon oben: 1. b. bb.

370 BVerfGE 37, 217, 252; 75, 201, 218; 79, 203, 210f.; 99, 145, 156.

Vorliegend soll die Pflicht zur Durchführung einer Schutzimpfung zum einen die körperliche Unversehrtheit der Allgemeinheit, zum anderen aber auch diejenige des bestimmten Kindes, dessen Eltern sich dagegen wehren, schützen. In einem Notfall, in welchem die Voraussetzungen des § 20 Abs. 6, 7 IfSG vorliegen, ist jedes Kind, welches unter den Anwendungsbereich einer solchen Verordnung fällt, konkret individuell von einer unmittelbar bevorstehenden Ansteckung mit einer impfpräventablen Krankheit mit klinisch schweren Verlaufsformen betroffen. Berufen sich Eltern bezüglich der Entscheidung gegen eine Schutzimpfung auf ihr Elternrecht aus Art. 6 Abs. 2 S. 1 GG, so kollidiert dieses mit dem Grundrecht ihres eigenen Kindes aus Art. 2 Abs. 2 S. 1 GG. In einem solchen Fall kommt dem Recht des Kindes grundsätzlich Vorrang zu, sodass das elterliche Pflege- und Erziehungsrecht hinter dem Recht des Kindes auf Leben und körperliche Unversehrtheit zurücktreten muss.[371]

Überdies lässt sich der Eingriff auch aus Gründen des Gesundheitsschutzes der Allgemeinheit rechtfertigen.

b. Art. 4 Abs. 1 i. V. m. Art. 6 Abs. 1 und 2 GG – Elterliches Recht auf religiöse Erziehung ihrer Kinder

Art. 4 GG umfasst auch das elterliche Recht auf religiöse Erziehung ihrer Kinder. Aus Art. 4 Abs. 1 i. V. m. Art. 6 Abs. 1 und 2 GG ergibt sich ein selbstständiges Abwehrrecht der Eltern.[372] Durch eine ein Kind betreffende Pflichtimpfung, welche den religiösen Vorstellungen dessen Eltern widerspricht, kann auch ein Eingriff in das oben genannte Grundrecht der Eltern liegen.

Dieser ist jedoch gleichermaßen aus denselben Gründen gerechtfertigt.

II. § 17a Abs. 2 S. 1 Nr. 1 SoldG – Impfpflicht nach dem Soldatengesetz

Ebenso stellt eine Impfpflicht nach dem Soldatengesetz einen Eingriff in die Grundrechte des Soldaten aus Art. 2 Abs. 2 S. 1, Art. 4 Abs. 1 und 2 und Art. 2 Abs. 1 S. 1 GG dar, denn gemäß § 17a Abs. 2 S. 1 Nr. 1 SoldG[373] sind Impfungen auch gegen

371 Vgl. OLG Celle, Beschluss v. 21. Feb. 1994, 17 W 8/94, Rn. 9: Auch gegen den Willen der Eltern kann eine lebensrettende Bluttransfusion für das Kind gerichtlich angeordnet werden.

372 BVerfGE 41, 29, 47; siehe auch Starck, in: von Mangoldt/Klein/Starck, GG, Art. 4 Abs. 1, 2, Rn. 71; Kokott, in: Sachs, GG, Art. 4, Rn. 8.

373 Bis 09.08.2019 § 17 Abs. 4 S. 3 SoldG. Änderung in BGBl. I 2019, S. 1147, S. 1151.

den ausdrücklichen Willen eines Soldaten grundsätzlich zulässig.[374] Die obigen Ausführungen bezüglich der erwachsenen Impfpflichtigen gelten hier entsprechend.[375]

Eine Begründung findet diese gesetzlich geregelte Impfpflicht darin, dass der Soldat im Vergleich zu anderen Staatsbürgern verpflichtet ist, seine Gesundheit zu erhalten und die Infektionsgefahr im militärischen Bereich erfahrungsgemäß besonders hoch sei.[376] Soldaten unterliegen Risikofaktoren, die sich von denen der übrigen Bevölkerung unterscheiden. Solche ergeben sich aus dem engen Zusammenleben in Gemeinschaftsunterkünften, aus Einsätzen unter hygienisch ungünstigen Bedingungen und aus der körperlichen Belastung.[377]

Allerdings muss auch hier der Grundsatz der Verhältnismäßigkeit Beachtung finden. Bei jeder einzelnen nach § 17a Abs. 2 S. 1 Nr. 1 SoldG ausgeführten Impfung ist abzuwägen, ob der Soldat bei seinem Einsatz mit speziellen Krankheiten, die teils nur in bestimmten Regionen der Welt vorkommen, überhaupt in Berührung kommen kann. Es kann sich daraus jeweils ein sehr individuelles Impfprogramm ergeben. Das Bundesverwaltungsgericht hat demgemäß entschieden, dass Impfungen gegen Tetanus nach § 17 Abs. 4 S. 3 SoldG a. F. zulässig[378], solche gegen Pocken hingegen zustimmungsbedürftig sind.[379]

Das Zitiergebot aus Art. 19 Abs. 1 S. 2 GG ist durch § 17a Abs. 2 S. 1 Nr. 1 SoldG gewahrt.[380]

III. § 28 Abs. 2 IfSG – Betretungsverbot im Masernfall

Ein Betretungsverbot für Gemeinschaftseinrichtungen im Sinne des § 33 IfSG im Falle eines Masernverdachts nach § 28 Abs. 2 i. V. m. § 34 Abs. 1, 2 IfSG könnte in verschiedene Grundrechte des davon Betroffenen eingreifen.

---

374 Vgl. Poretschkin, in: Scherer/Alff/Poretschkin/Lucks, SoldG, § 17, Rn. 53.
375 Siehe I. 1.
376 BVerwGE 33, 339, 343.
377 Vgl. BVerwGE 83, 191, Rn. 4.
378 BVerwGE 33, 339, 343.
379 Eichen, in: Walz/Eichen/Sohm, SoldG, § 17 Rn. 71 m. w. N:; vgl. auch Poretschkin, in: Scherer/Alff/Poretschkin/Lucks, SoldG, § 17, Rn. 53b.
380 Poretschkin, in: Scherer/Alff/Poretschkin/Lucks, SoldG, § 17, Rn. 43.

1. Art. 2 Abs. 2 S. 1 GG

Fraglich ist, ob das Betretungsverbot für Gemeinschaftseinrichtungen für Ungeimpfte einem faktischen Impfzwang gleichkommt und daher einen Eingriff in die körperliche Unversehrtheit des davon Betroffenen darstellt.[381]

Dafür spricht, dass für Ungeimpfte der Zugang zur Einrichtung im Falle einer Krankheit unmöglich ist, sodass sie nur durch die Durchführung einer Impfung Abhilfe schaffen können. Ein staatlicher Zwang liegt aber lediglich dann vor, wenn es für den Betroffenen keine andere Möglichkeit und keine Auswahl bezüglich seines Handelns mehr gibt. Vorliegend wird durch § 28 Abs. 2 IfSG aber gerade keine Impfung zwingend vorgeschrieben, sondern nur der Zutritt zur Einrichtung verweigert. Der Betroffene hat hier die Entscheidungsfreiheit, die Einrichtung für die Dauer des Masernverdachtsfalls zu meiden und verbleibt ungeimpft. Nach wie vor bleibt die Teilnahme an einer Impfung freiwillig. Demnach ist in der Regelung kein faktischer Impfzwang zu sehen und die körperliche Unversehrtheit bleibt unberührt.[382]

2. Art. 11 Abs. 1 oder Art. 2 Abs. 1 GG

Art. 11 GG schützt das Recht auf Freizügigkeit. Diese umfasst das Recht, an jedem Ort innerhalb des Bundesgebietes Aufenthalt und Wohnsitz zu nehmen.[383] Aufenthalt bedeutet dabei das Verweilen an einem Ort von gewisser Dauer und Bedeutung, wobei die genauen Kriterien dazu umstritten sind.[384] Fraglich ist, ob das Recht auf Aufenthalt in einer Gemeinschaftseinrichtung von Art. 11 GG umfasst ist. Der Gemeingebrauch öffentlicher Einrichtungen unterliegt eher dem Anwendungsbereich des Art. 2 Abs. 1 GG[385], während Betretungsverbote gemäß §§ 28 ff. IfSG unter Art. 11 Abs. 1 GG fallen können.[386]

Selbst wenn aber der jeweilige Schutzbereich eröffnet sein sollte, so lässt sich der vorübergehende Eingriff in das Grundrecht wohl immer aus Gründen des Individual- wie Allgemeingesundheitsschutzes rechtfertigen.[387]

---

381 BVerwGE 142, 205, Rn. 28.

382 Vgl. auch BVerwGE 142, 205, Rn. 28.

383 BVerfGE 2, 266, 273.

384 Siehe dazu Gusy, in: von Mangoldt/Klein/Starck, GG, Art. 11 , Rn. 27.

385 Gusy, in: von Mangoldt/Klein/Starck, GG, Art. 11, Rn. 49.

386 Gusy, in: von Mangoldt/Klein/Starck, GG, Art. 11, Rn. 59.

387 Siehe auch Mers, Infektionsschutz im liberalen Rechtsstaat, S. 213f.

3. *Art. 3 GG*

Ein Verstoß gegen den allgemeinen Gleichheitssatz des Art. 3 GG setzt eine nicht gerechtfertigte Ungleichbehandlung von im Wesentlichen gleichen Personengruppen voraus.[388]

Eine Ungleichbehandlung von Personengruppen liegt hier darin, dass einzelne gesunde Personen, die dieselbe Einrichtung besuchen oder dort arbeiten wie andere gesunde, diese Einrichtung im Gegensatz zu Letztgenannten nicht mehr besuchen dürfen.

Zu prüfen ist, ob auch taugliche Vergleichsgruppen vorliegen.[389] Dafür müssten die beiden Personengruppen in Bezug auf die fragliche gesetzliche Regelung im Wesentlichen gleich sein. Zwar besuchen beide Vergleichsgruppen die Einrichtung und sind körperlich gesund. Die Differenzierung liegt aber darin, dass die eine Personengruppe weder über einen Impfschutz noch über eine Immunität gegen Masern verfügt. Dies ist der entscheidende Unterschied, sodass es sich nicht um zwei taugliche Vergleichsgruppen handelt und daher kein Verstoß gegen Art. 3 GG gegeben ist.

4. *Art. 7 GG*

Art. 7 GG enthält ein verfassungsrechtlich garantiertes Recht auf Teilhabe am Schulunterricht. Der Staat muss ein funktionierendes Schulsystem gewährleisten.[390] Sollte aufgrund der absehbaren Zeitspanne eines Betretungsverbotes überhaupt der Schutzbereich eröffnet sein, so erscheint ein Eingriff wegen der kurzen Dauer verhältnismäßig aus Gründen des Gesundheitsschutzes.

IV. § 34 Abs. 10a S. 1 IfSG und KiTa-Ländergesetze – Beratungsnachweise

Auch die Verpflichtung zur Vorlage eines Beratungsnachweises des § 34 Abs. 10a S. 1 IfSG sowie die verschiedenen Regelungen in den KiTa-Ländergesetzen über die Auskunft bezüglich des Impfstatus des Kindes könnten in verschiedene Grundrechte der Betroffenen eingreifen.

---

388 Wollenschläger, in: von Mangoldt/Klein/Starck, GG, Art. 3 Abs. 1, Rn. 77.

389 Wollenschläger, in: von Mangoldt/Klein/Starck, GG, Art. 3 Abs. 1, Rn. 79.

390 BVerfGE 138, 1, Rn. 80.

Es könnte das Recht auf Integrität persönlicher Daten[391], welches aus dem Allgemeinen Persönlichkeitsrecht aus Art. 2 Abs. 1 GG abgeleitet wird, betroffen sein.[392]

Personenbezogene Daten sind Einzelangaben über persönliche und sachliche Verhältnisse einer bestimmten oder bestimmbaren natürlichen Person.[393]

Von Art. 2 Abs. 1 GG geschützt ist das Feststellen, Verwenden, Speichern, Weitergeben oder Veröffentlichen.[394]

Der Beratungsnachweis nach § 34 Abs. 10a S. 1 IfSG an sich gebietet keine Erhebung von Angaben über persönliche und sachliche Verhältnisse, also Daten. Abs. 10a S. 1 erfordert lediglich den Nachweis darüber, dass eine Beratung staatgefunden hat. Der Inhalt der Beratung und deren Ergebnis sind nicht offen zu legen. Demnach greift § 34 Abs. 10a S. 1 IfSG nicht in das Grundrecht auf Integrität persönlicher Daten ein.

Anders verhält es sich in einigen Kita-Gesetzen der Länder, die erfordern, dass die Eltern vor Aufnahme ihres Kindes in eine Kindertagesstätte über den Impfstatus ihres Kindes Auskunft erteilen.[395] Der Impfstatus einer bestimmten Person ist eine Angabe über persönliche Verhältnisse und damit ein Datum.

Ein Eingriff liegt vor, wenn der Staat oben bezeichnete Tätigkeiten ausübt. Vorliegend stellt der Staat die Daten über den Impfstatus des Kindes fest und speichert diese, sodass es sich um einen Eingriff handelt.

Eingriffe in Art. 2 Abs. 1 GG können gerechtfertigt sein, wenn sie dem Schutz und der Förderung von Gemeinschaftsgütern dienen. Sie müssen immer verhältnismäßig sein.[396]

Der Zweck der Datenerhebung ist zum einen, allgemein die Impfquote innerhalb einer bestimmten Kindertageseinrichtung feststellen zu können. Daraus lassen sich Rückschlüsse über die Gefahrenlage im Falle eines Krankheitsausbruchs ziehen.[397] Zum anderen möchte der Staat Kenntnis über jedes einzelne

---

391 Auch bezeichnet als „Recht auf informationelle Selbstbestimmung“, vgl. BVerfGE 65, 1, 43; 84, 192, 194; 120, 274, 311f.

392 Starck, in: von Mangoldt/Klein/Starck, GG, Art. 2 Abs. 1, Rn. 114.

393 So Starck, in: von Mangoldt/Klein/Starck, GG, Art. 2 Abs. 1, Rn. 114; vgl. auch § 27 Abs. 3 S. 2 BDSG.

394 Starck, in: von Mangoldt/Klein/Starck, GG, Art. 2 Abs. 1, Rn. 114.

395 Siehe 2. Kap. B. II. 2.

396 Starck, in: von Mangoldt/Klein/Starck, GG, Art. 2 Abs. 1, Rn. 115.

397 Ist die Impfquote sehr hoch, ist die Gefahr der Verbreitung von Krankheitserregern klein, sinkt sie hingegen, wird die Verbreitungsgefahr damit größer.

nicht geimpfte Kind gewinnen, damit er dieses speziell im Falle eines Krankheitsausbruchs schützen kann.[398]

Es ist kein anderes, gleich effektives Mittel als die Datenerhebung denkbar, um die bezeichneten Zwecke zu erreichen. Aus Gründen des allgemeinen und des individuellen Gesundheitsschutzes erscheint die Erhebung der Impfdaten hier verhältnismäßig und kann damit gerechtfertigt werden.

V. § 34 Abs. 10a S. 2 IfSG – Ladung der Sorgeberechtigten

Auch die Ladung zur Beratung der Personensorgeberechtigten bei Nichterbringung des Beratungsnachweises gemäß § 34 Abs. 10a S. 2 IfSG kann in die allgemeine Handlungsfreiheit der Eltern eingreifen, ist aber aus oben genannten Gründen ebenso gerechtfertigt.

VI. § 34 Abs. 11 IfSG – Impfdaten bei Schulanmeldung

Die Erhebung der Impfdaten aller Kinder, die in die Schule aufgenommen werden, stellt ebenso einen Eingriff in das Recht auf die Integrität persönlicher Daten aus Art. 2 Abs. 1 GG dar. Allerdings ist die Analyse hier anonym. Eine solche anonymisierte Datenerhebung für statistische Zwecke unterliegt weniger strengen Voraussetzungen als die individualisierte Erhebung. Die erste kann gerechtfertigt sein durch die Erforderlichkeit einer aussagekräftigen Statistik, welche nur durch das Sammeln von Daten erstellt werden kann. Die Statistik wiederum ist hier aus Sicht des Gesetzgebers notwendig, um Erkenntnisse über Impfverhalten und -status der Kinder zu gewinnen. Es muss dem Gesetzgeber möglich sein – und ist im Rahmen der Schutzpflicht im Übrigen sogar geboten[399] – die Akzeptanz seiner Gesetze in der Bevölkerung zu überprüfen, um gegebenenfalls Maßnahmen einleiten zu können. Vorliegend ist der Zweck der Vorschrift die Überprüfung des Modells der freiwilligen Impfentscheidung. Im Hinblick auf die Schutzpflicht ist diese Erhebung notwendig, denn wenn zu wenige Erstklässler über einen Impfschutz verfügen, so sind die aktuellen gesetzlichen Regelungen zu hinterfragen und der Gesetzgeber muss neue Maßnahmen zur Erfüllung seiner Schutzpflicht aus Art. 2 Abs. 2 S. 1 GG andenken.

Demnach ist die Erhebung anonymer Daten zu statistischen Zwecken hier verhältnismäßig und ein Eingriff in Art. 2 Abs. 1 GG gerechtfertigt.

---

398 Zum Beispiel durch ein Betretungsverbot nach § 28 Abs. 2 IfSG im Falle eines Masernausbruchs, siehe dazu 2. Kap. B. III.

399 Vgl. B.

VII. Ergebnis

Einige der vorhandenen gesetzlichen Regelungen über das Impfen greifen in die Grundrechte aus Art. 2 Abs. 2 S. 1, Art. 4 Abs. 1, 2, Art. 2 Abs. 1, Art. 6 Abs. 2 S. 1 oder Art. 4 Abs. 1 i. V. m. Art. 6 Abs. 1, 2 GG ein. Jedoch sind all diese Eingriffe aus Gründen des allgemeinen oder individuellen Gesundheitsschutzes gerechtfertigt.

B. Freiwilligkeit des Impfens im Hinblick auf die staatliche Schutzpflicht und das Wächteramt der staatlichen Gemeinschaft

Festgestellt wurde, dass in Deutschland bezüglich des Impfens ein Freiwilligkeits-Modell herrscht. Der Gesetzgeber überlässt es jedem Einzelnen, darüber zu befinden, ob er sich oder seine eigenen Kinder impfen lassen möchte. Positiv an diesem Konzept ist, dass kein staatlicher Zwang ausgeübt wird und die Mündigkeit und Eigenverantwortung des Einzelnen gestärkt werden. Dementsprechend finden durch die vorhandenen Impfgesetze regulär keine Grundrechtseingriffe in die körperliche Unversehrtheit im abwehrrechtlichen Sinne statt und die Grundrechtspositionen des Einzelnen werden gewahrt. Durch eine Rechtsverordnung nach § 20 Abs. 6, 7 IfSG kann eine Impfpflicht angeordnet werden. Eine solche findet jedoch nur im akuten Notfall Anwendung und ist damit eine Ausnahme.[400]

Zu fragen ist indes, inwiefern es die Verfassung vorschreibt, den Einzelnen zu schützen und ob unter dem Freiwilligkeits-Modell ein solcher Schutz in ausreichendem Maße gewährleistet ist.

Es wird zunächst abstrakt untersucht, inwiefern eine staatliche Schutzpflicht aus Art. 2 Abs. 2 S. 1 GG dahingehend besteht, den Einzelnen vor der Ansteckung mit einer übertragbaren Krankheit zu schützen (I., II.).

Für den konkreten Fall schließt sich die Frage an, ob die vorhandenen Regelungen in Bezug auf die Verhinderung einer Ansteckung mit einer übertragbaren impfpräventablen Krankheit[401] ausreichen oder darin eine Verletzung der Schutzpflicht liegt (III.).

---

400 Siehe 2. Kap. B. I. 5.

401 Damit gemeint sind nur diejenigen übertragbaren Krankheiten, deren Auftreten durch die vorherige Vornahme einer Schutzimpfung verhindert werden kann, mithin diejenigen, die im STIKO-Impfkalender aufgeführt sind (siehe dazu schon oben). Alle anderen übertragbaren Infektionskrankheiten, gegen die es (bislang) keine Impfmöglichkeit gibt, sind nicht Gegenstand der Untersuchung. Gegen letztgenannte kann der Staat gegebenenfalls andere Maßnahmen der Prophylaxe bereitstellen, die hier aber nicht behandelt werden.

Im Anschluss werden zum Vergleich andere Fälle der Schutzpflichterfüllung durch Information herangezogen (IV.).

Zuletzt steht zur Prüfung, ob im Hinblick auf den besonderen Schutz von Kindern vor solchen Krankheiten das Freiwilligkeits-Modell mit dem Wächteramt des Staates aus Art. 6 Abs. 2 S. 2 GG vereinbar ist (V.).

I. Grundrechtsfunktionen und staatliche Schutzpflicht

Nach der Statuslehre Georg Jellineks[402] gibt es drei klassische Funktionen der Grundrechte.

Vorrangig dienen die Grundrechte dem Einzelnen als Abwehrrechte gegen den Staat. In dieser primären Funktion sollen sie die Freiheitssphäre des Einzelnen vor Eingriffen der öffentlichen Gewalt schützen (der negative Status – status libertatis).[403] Der Staat hat sich kraft der Grundrechte mit jeglichen Maßnahmen zurückzuhalten, damit der Bürger seine individuelle Freiheit ausüben kann. Freiheit bedeutet dann Abwesenheit von staatlichem Zwang. Die Grundrechte zielen demnach in erster Linie auf ein Unterlassen des Staates.[404]

Zweitens ist der Einzelne im sogenannten positiven Status (status civitatis) auf Vorkehrungen des Staates angewiesen, um sich seine Freiheit schaffen und erhalten zu können. Dies bedeutet, dass die Staatsgewalt nicht wie oben durch die Grundrechte zurückgedrängt, sondern gerade gefordert wird, um die Unversehrtheit der grundrechtlich geschützten Güter des Einzelnen vor Übergriffen Dritter sicherzustellen. Gesetzgebung, Verwaltung und Rechtsprechung müssen jene durch ihr Handeln stets gewährleisten.[405] Es soll garantiert sein, dass auch in den privaten Beziehungen zwischen Bürgern grundrechtlich eingeräumte Freiheiten durch Vorkehrungen des Staates gesichert sind.[406] Sinngemäß dem Abwehrrecht lässt sich

---

402 Jellinek, System der subjektiven öffentlichen Rechte, S. 94 ff., 114 ff., 136 ff.; siehe dazu auch Alexy, Theorie der Grundrechte, S. 229 ff.

403 So auch die st. Rspr. des BVerfG seit dem „Lüth-Urteil“: BVerfGE 7, 198, 204; siehe auch BVerfGE 21, 362, 369; 50, 290, 337; 61, 82, 101; 68, 193, 205; Isensee, Das Grundrecht als Abwehrrecht und als staatliche Schutzpflicht, in: HStR IX, § 191, Rn. 2; Starck, in: von Mangoldt/Klein/Starck, GG, Art. 1 Abs. 3, Rn. 183ff.; Sachs, Abwehrrechte, in: HGR II, § 39, Rn. 1ff.

404 Jarass, Funktionen und Dimensionen der Grundrechte, in: HGR II, § 38, Rn. 16; siehe auch Starck, in: von Mangoldt/Klein/Starck, GG, Art. 1 Abs. 3, Rn. 187.

405 Vgl. BVerfGE 84, 212, 226f.; 96, 56, 64.

406 Vgl. Isensee, Das Grundrecht auf Sicherheit, S. 34ff.; ders., Das Grundrecht als Abwehrrecht und als staatliche Schutzpflicht, in: HStR IX, § 191, Rn. 3; Calliess, Schutzpflichten, in: HGR II, § 44, Rn. 1.

dies als die „Freiheit des einen Grundrechtsträgers vom Übergriff des anderen" formulieren.[407]

Sekundär können somit den Grundrechten auch (positive) Handlungspflichten entnommen werden.[408] Aus diesem status positivus entspringen folglich auch Ansprüche des Grundrechtsträgers auf Schutz durch den Staat.

Als letzte Funktion der Grundrechte ist der aktive Status (Status der aktiven Zivität) zu nennen, welcher durch die staatsbürgerlichen Rechte – wie zum Beispiel das aktive und passive Wahlrecht[409] – ausgeformt und gesichert wird.[410]

Im Lüth-Urteil[411] hat auch das Bundesverfassungsgericht 1958 grundlegend klargestellt und in späteren Entscheidungen noch weiter ausgeführt, dass die Grundrechte zwar in erster Linie subjektive Abwehrrechte des Bürgers gegen Eingriffe des Staates sind, sie allerdings auch eine „objektive Wertordnung" enthalten, die als verfassungsrechtliche Grundentscheidung für alle Bereiche des Rechts gilt und Richtlinien für Gesetzbebung, Verwaltung und Rechtsprechung vorgibt. Deutlich wird dies ebenso anhand von Art. 1 Abs. 1 S. 2 GG, nach welchem es die Verpflichtung aller staatlichen Gewalt ist, die Würde des Menschen zu achten und zu schützen.[412] Aus diesem Wertesystem folgt also eine Verpflichtung der öffentlichen Gewalt, die Grundrechtsträger auch gegen rechtswidrige Einwirkungen auf die grundrechtlich geschützten Güter durch Dritte zu schützen.[413] Mithin besteht eine verfassungsrechtliche Schutzpflicht des Staates.[414]

---

407 Isensee, Das Grundrecht als Abwehrrecht und als staatliche Schutzpflicht, in: HStR IX, § 191, Rn. 185.

408 Jarass, in: Jarass/Pieroth, GG, Vorb. vor Art. 1, Rn. 6.

409 In Deutschland werden diese durch Art. 38 GG eingeräumt.

410 Jarass, Funktionen und Dimensionen der Grundrechte, in: HGR II, § 38, Rn. 14.

411 BVerfGE 7, 198. Kritisch dazu: Bethge, Grundrechtskollisionen, in: HGR III, § 72, Rn. 39f. m. w. N; siehe dazu auch Schneider, Die Güterabwägung des Bundesverfassungsgerichts bei Grundrechtskonflikten, S. 25ff.

412 BVerfGE 49, 89, 142.

413 St. Rspr. beider Senate des BVerfG, siehe BVerfGE 7, 198, 205; 39, 1, 41; 46, 160, 164; 49, 89, 141f.; 53, 30, 57; 56, 54, 73; 73, 261, 269; 77, 170, 214; 79, 174, 201f.; 96, 375, 398; 125, 39, 78. Kritisch dazu: Starck, in: von Mangoldt/Klein/Starck, GG, Art. 1 Abs. 3, Rn. 194.

414 Siehe dazu Calliess, Schutzpflichten, in: HGR II, § 44; Isensee, Das Grundrecht als Abwehrrecht und als staatliche Schutzpflicht, in: HStR IX, § 191; Unruh, Zur Dogmatik der grundrechtlichen Schutzpflichten, S. 17 ff. m. w. N.

Diese staatliche Schutzpflicht[415] zeigt sich im Text der Verfassung nicht offensichtlich. Im rechtswissenschaftlichen Schrifttum ist sie dogmatisch herausgearbeitet worden.[416] Daneben hat das Bundesverfassungsgericht die Schutzpflicht als Rechtsfigur durch seine Rechtsprechung geformt.[417]

Dementsprechend ergeben sich aus den Freiheitsgrundrechten gegenläufige Funktionen. Einerseits das Abwehrrecht, welches gegen Eingriffe der öffentlichen Gewalt gerichtet ist und andererseits die Schutzpflicht, welche eben jener öffentlichen Gewalt gebietet, positive Vorkehrungen zum Schutze vor privaten Übergriffen und damit vor Grundrechtseingriffen durch (private) Dritte zu treffen.[418] Obschon die Grundrechtsverletzung in der zweiten Variante also nicht vom Staat ausgeht und von ihm auch nicht mit zu verantworten ist, gebietet die Schutzpflicht hier Schutz durch den Staat.[419]

In der Theorie sollte dabei die Schutzpflicht auf Verfassungsebene gleichrangig neben dem Abwehrrecht stehen. Das bedeutet, dass im Falle einer Kollision nicht automatisch die eine hinter dem anderen zurücktritt.[420] Allerdings ist die Wirkungskraft der grundrechtlichen Schutz- verglichen mit der Abwehrfunktion durchsetzungsschwächer. Denn das Schutzziel und damit das erstrebte Handeln des Staates sind durch die erste in der Verfassung nicht klar vorgegeben und vieles darüber gilt als ungeklärt, während die Abwehrfunktion dogmatisch gefestigt und akzeptiert erscheint, wodurch diese stärker wiegt.[421]

Diese staatliche Schutzpflicht richtet sich an alle drei Staatsgewalten.[422] Für Legislative und Exekutive ist sie Handlungs-, für die Judikative Kontrollnorm.

---

415 Auch „grundrechtliche" Schutzpflicht, siehe Calliess, Schutzpflichten, in: HGR II, § 44, Rn. 4 oder „rechtsstaatliche" Schutzpflicht. Zur Terminologie siehe Isensee, Das Grundrecht als Abwehrrecht und als staatliche Schutzpflicht, in: HStR IX, § 191, Rn. 191.

416 Isensee, Das Grundrecht als Abwehrrecht und als staatliche Schutzpflicht, in: HStR IX, § 191, Rn. 44, 217 ff. Siehe zu den verschiedenen Begründungsansätzen in der Literatur: Calliess, Schutzpflichten, in: HGR II, § 44, Rn. 9.

417 Siehe oben; Calliess, Schutzpflichten, in: HGR II, § 44, Rn. 5 m. w. N., Kritik bzgl. der dogmatischen Herleitung des Bundesverfassungsgerichts: Rn. 8.

418 Isensee, Das Grundrecht als Abwehrrecht und als staatliche Schutzpflicht, in: HStR IX, § 191, Rn. 1.

419 BVerfGE 125, 39, 78; Jarass, in: Jarass/Pieroth, GG, Vorb. vor Art. 1, Rn. 7.

420 Isensee, Das Grundrecht als Abwehrrecht und als staatliche Schutzpflicht, in: HStR IX, § 191, Rn. 297, 300; Calliess, Schutzpflichten, in: HGR II, § 44, Rn. 29.

421 Siehe dazu Calliess, Schutzpflichten, in: HGR II, § 44, Rn. 11.

422 Vgl. von Steinau-Steinrück, Die staatliche Verhütung und Bekämpfung von Infektionskrankheiten, S. 136ff.

Die Kontroll- steht dabei jedoch verglichen mit der Handlungsfunktion im Hintergrund.[423] Folglich kann der Staat seiner Schutzpflicht in erster Linie legislativ durch den Erlass entsprechender materieller Rechtsnormen nachkommen.[424] Überwiegend sind hier öffentlich-rechtliche Regelungen in Betracht zu ziehen, beispielsweise Verbote, Genehmigungsverfahren oder weitere verfahrensrechtliche Vorgaben sowie Strafvorschriften[425]. Aber auch in das Bürgerliche Recht strahlt der staatliche Schutzauftrag aus und muss vom Gesetzgeber entsprechend beachtet werden.[426]

Zu prüfen ist jeweils im Einzelfall, an wen eine rechtsstaatliche Schutzpflicht adressiert ist. Sie kann sich entweder an Einzelne oder an die „Gesamtheit aller Bürger“ richten.[427]

Das Ausmaß des notwendigen Schutzes ist stark davon abhängig, wer der Adressat desselben ist. So kann beispielsweise bezüglich des Schutzes vor den Auswirkungen der Kernenergie der Kreis der Schutzadressaten örtlich eingegrenzt werden in Abhängigkeit vom Standort des Kraftwerkes und der Reichweite der möglichen Strahlungen.[428] Im Straßenverkehr begrenzt sich denklogisch die Gruppe der zu Schützenden auf alle aktiv und passiv daran Teilnehmenden. Bei Vorschriften zum Nichtraucherschutz ergibt sich der Adressatenkreis bereits aus dem Wortlaut.

Um etwa die Allgemeinheit im Straßenverkehr vor gefährlichen Kraftfahrzeugführern zu schützen, hat der Gesetzgeber §§ 3 und 4 StVG erlassen, welche die Entziehung der Fahrerlaubnis von ungeeigneten Kraftfahrzeugführern regeln.[429]

Einer solchen objektiven Schutzpflicht steht ein subjektives Recht auf Schutz des Einzelnen gleich.[430] Wirkt mithin jemand in einen grundrechtlich

---

423 Horn, in: Stern/Becker, GG, Art. 2, Rn. 83; Schulze-Fielitz, in: Dreier, GG, Art. 2 Abs. 2, Rn. 86ff.; Jarass, in: Jarass/Pieroth, GG, Vorb. vor Art. 1, Rn. 8.

424 Jarass, in: Jarass/Pieroth, GG, Art. 2, Rn. 91a; Murswiek/Rixen, in: Sachs, GG, Art. 2, Rn. 191.

425 BVerfGE 39, 1, 46f.

426 BVerfGE 98, 365, 395; Jarass, in: Jarass/Pieroth, GG, Art. 2, Rn. 94; Horn, in: Stern/Becker, GG, Art. 2, Rn. 87.

427 BVerfGE 46, 160, 165.

428 Vgl. Kalkar-I-Entscheidung: BVerfGE 49, 89, 142.

429 Siehe dazu BVerwGE 65, 157, 160.

430 BVerfGE 77, 170, 214f.; ebenso nach h. L.: Schulze-Fielitz, in: Dreier, GG, Art. 2 Abs. 2, Rn. 78ff. m. w. N.; kritisch dazu aber: Isensee, Das Grundrecht als Abwehrrecht und als staatliche Schutzpflicht, in: HStR IX, § 191, Rn. 189; 321 m. w. N.

geschützten Bereich eines anderen ein, so kann der Betroffene vom Staat verlangen, ihn davor zu bewahren. Kommt jener einer solchen Schutzpflicht nicht in angemessener Weise nach, so stellt dieses Unterlassen zugleich eine staatliche Verletzung desjenigen Grundrechts dar, aus welchem sich die Schutzpflicht ableitet. Der Betroffene kann sich dann mit Hilfe einer Verfassungsbeschwerde dagegen wehren.[431] Solche Verfassungsbeschwerden, die sich auf die Geltendmachung eines subjektiven, dem Schutzpflichtgehalt entsprechenden Rechts berufen, sind allerdings nur in seltenen Fällen erfolgreich.[432]

Zuletzt darf jedes staatliche Schutzhandeln die möglicherweise entgegenstehenden Grundrechte anderer nicht außer Acht lassen. Denn staatliche Maßnahmen zur Erfüllung der Schutzpflicht können wiederum auch in den grundrechtlichen Schutzbereich Dritter eingreifen. Dann stehen der Staatsgewalt zwei Grundrechtsberechtigte mit gegensätzlichen Interessen gegenüber: Einerseits derjenige, der vor einem privaten Übergriff geschützt werden soll (Opfer), andererseits jener, von dem der Übergriff ausgeht (Störer). Versucht der Staat, das Opfer zu schützen, kann dies wiederum mit den Grundrechten des Störers kollidieren.[433] In diesem Fall sind die widerstreitenden Interessen gründlich vom Gesetzgeber abzuwägen, damit er anschließend über zutreffende Schutzvorkehrungen unter Berücksichtigung der Abwehrrechte des Störers entscheiden kann.[434]

Es ist in diesem Fall möglich, dass ein solcher Eingriff in ein Grundrecht einer Person durch die Verpflichtung zum Schutz anderer gerechtfertigt ist. Allerdings bedarf jeder Eingriff in die Rechte Dritter einer gesetzlichen Grundlage und lässt sich nicht unmittelbar auf die Schutzpflicht stützen.[435]

---

431 BVerfGE 77, 170, 214; 79, 174, 201f.; 125, 39, 78; zum seltenen Erfolg solcher siehe unten; daneben können aber auch die abstrakte oder die Normenkontrolle geeignete Verfahrensarten zur Feststellung einer Schutzpflichtverletzung sein, siehe dazu Isensee, Das Grundrecht als Abwehrrecht und als staatliche Schutzpflicht, in: HStR IX, § 191, Rn. 288; Calliess, Schutzpflichten, in: HGR II, § 44, Rn. 7.

432 Schulze-Fielitz, in: Dreier, GG, Art. 2 Abs. 2, Rn. 78.

433 Battis/Gusy, Einführung in das Staatsrecht, Rn. 369; zu dem „Grundrechtsdreieck" ausführlicher unten: III. 1.

434 Vgl. als Beispiel für eine solche Abwägung BVerfGE 121, 317, 344ff. bezüglich der Frage, ob die aus Art. 12 Abs. 1 GG gewährleistete Berufsausübungsfreiheit von Gaststättenbetreibern durch ein Rauchverbot in Gaststätten aufgrund des Schutzes der körperlichen Unversehrtheit der Gesamtbevölkerung aus Art. 2 Abs. 2 S. 1 GG, die auch durch Passivrauchen beeinträchtigt werden kann, eingeschränkt werden darf.

435 Jarass, in: Jarass/Pieroth, GG, Art. 2, Rn. 92.

In der Entscheidung zum Luftsicherheitsgesetz hat das Bundesverfassungsgericht die Schutzpflicht dahingehend eingeschränkt, dass der Staat nicht unschuldige Personen als Objekte zum Schutz anderer benutzen darf.[436] Außerdem dürfen zur Erfüllung der staatlichen Schutzpflicht nur Mittel verwendet werden, die mit der Verfassung in Einklang stehen.[437]

Allerdings kann ein Opfer auch wiederum in seinen Grundrechten betroffen sein, wenn der Staat gefährliche Tätigkeiten genehmigt und ihm dabei keinen ausreichenden Schutz gewährt.[438]

Bei der Auswahl der geeigneten Schutzmaßnahmen muss die staatliche Gewalt, insbesondere der Gesetzgeber, also zahlreiche Belange in einen bestmöglichen Ausgleich bringen, damit sowohl der Schutzauftrag gewahrt, als auch die Rechte Dritter nur im geringstmöglichen Maße eingeschränkt werden.

II. Staatliche Schutzpflicht bezüglich der Ansteckung mit einer übertragbaren Krankheit

Nach dem Wortlaut des Art. 2 Abs. 2 S. 1 GG hat jeder das Recht auf Leben und körperliche Unversehrtheit. Wie dargestellt lässt sich daraus eine staatliche Schutzpflicht ableiten. Dies beinhaltet hier die Pflicht des Staates, „das Leben und die körperliche Unversehrtheit des Einzelnen zu schützen" und insbesondere sie auch „vor rechtswidrigen Eingriffen von Seiten anderer zu bewahren".[439]

1. Schutz des Lebens

Die Schutzpflicht bezüglich des Lebens ist umfassend. Der Staat hat sich schützend und fördernd vor jedes Leben zu stellen und es vor rechtswidrigen Eingriffen durch andere zu bewahren.[440] Denn die Schutzverpflichtung des Staates ist umso größer, je höher das betroffene Rechtsgut im Grundgesetz bemessen wird. Das menschliche Leben stellt einen Höchstwert dar, ist die Basis der

436 BVerfGE 115, 118, Rn. 122.
437 BVerfGE 115, 118, Rn. 137.
438 BVerwGE 54, 211, 222f.; Jarass, in: Jarass/Pieroth, GG, Art. 2, Rn. 99.
439 BVerfGE 115, 320, 346; siehe auch BVerfGE 46, 160, 164; 77, 170, 214; Hofmann, in: Schmidt-Bleibtreu/Hofmann/Henneke, GG, Art. 2, Rn. 68.
440 BVerfGE 39, 1, 42; 46, 160, 164; Murswiek/Rixen, in: Sachs, GG, Art. 2, Rn. 188; Hofmann, in: Schmidt-Bleibtreu/Hofmann/Henneke, GG, Art. 2, Rn. 60.

Menschenwürde und Voraussetzung aller anderen Grundrechte.[441] Dementsprechend verdient es einen besonderen Schutz.[442]

Dies geschieht in erster Linie dadurch, dass der Staat Eingriffe Dritter, die gegen das Grundrecht und damit gegen die Verfassung verstoßen, verbietet und diese dadurch zu rechtswidrigen Eingriffen macht.[443]

Der Staat ist folglich gehalten, geeignete Vorkehrungen zu treffen, um das Risiko des Todes durch die Ansteckung mit einer übertragbaren Krankheit so gering wie möglich zu halten oder es im besten Fall ganz zu vermeiden.

2. *Schutz der körperlichen Unversehrtheit*

Auch die körperliche Unversehrtheit des Einzelnen hat der Staat zu schützen, wenngleich die Intensität des Schutzes im Vergleich zum Schutz des Lebens als Höchstgut geringer ausfallen kann.[444] Der Staat muss geeignete Maßnahmen anbieten, um die körperliche Integrität eines jeden zu bewahren. Es ist bisher nicht abschließend entschieden, ob die Schutzpflicht auch das psychische oder sogar das „soziale" Wohlbefinden erfasst.[445] Jedenfalls erstreckt sie sich aber auf den Schutz der körperlichen Unversehrtheit im biologisch-physiologischen Sinne und mithin auf den Schutz der Gesundheit vor der Ansteckung mit einer übertragbaren Krankheit. Demnach ist der Staat grundsätzlich verpflichtet, Maßnahmen des Infektionsschutzes für die Bevölkerung bereitzuhalten.

3. *Rechtswidriger Eingriff von Seiten anderer*

Ein rechtswidriger Eingriff von Seiten eines Dritten gilt als diejenige Handlung, die die Schutzpflicht auslöst. Das bedeutet, es muss eine nicht unerhebliche Einwirkung auf ein grundrechtliches Schutzgut gegen den Willen des Grundrechtsträgers vorliegen. Im Gegensatz zum grundrechtlichen Abwehranspruch geht

---

441 BVerfGE 46, 160, 164; Hofmann, in: Schmidt-Bleibtreu/Hofmann/Henneke, GG, Art. 2, Rn. 60; Schneider, Die Güterabwägung des Bundesverfassungsgerichts bei Grundrechtskonflikten, S. 75.

442 BVerfGE 39, 1, 42.

443 Murswiek/Rixen, in: Sachs, GG, Art. 2, Rn. 188; beispielsweise durch die §§ 211 ff. StGB.

444 Murswiek/Rixen, in: Sachs, GG, Art. 2, Rn. 189; Hofmann, in: Schmidt-Bleibtreu/Hofmann/Henneke, GG, Art. 2, Rn. 68; Schneider, Die Güterabwägung des Bundesverfassungsgerichts bei Grundrechtskonflikten, S. 75f.

445 BVerfGE 56, 54, 73f; dafür: Kloepfer, Zum Grundrecht auf Umweltschutz, S. 28; dagegen: Jarass, in: Jarass/Pieroth, GG, Art. 2, Rn. 83 m. w. N.

diese hier aber nicht von Seiten des Staates, sondern von einem Privaten aus. Diese private Einwirkung muss rechtswidriger Natur sein. Die Rechtswidrigkeit wird an der Verfassung, nicht etwa mithilfe des Strafrechts oder anderer einfachgesetzlicher Normen, gemessen. Die Kriterien dafür sind das Gewalt- und das Schädigungsverbot. Letzteres, das sogenannte „Gebot des neminem laedere", folgt aus dem Prinzip der Gerechtigkeit.[446]

Die Ansteckung mit einer übertragbaren Krankheit ist eine nicht unerhebliche Einwirkung auf die Schutzgüter Leben oder körperliche Unversehrtheit. Eine solche geht immer von einem privaten Dritten, nicht etwa von staatlichen Stellen, aus. Dass die Einwirkung auf oben bezeichnete Schutzgüter rechtswidrig im Sinne der Verfassung ist, ergibt sich deutlich aus Art. 2 Abs. 2 S. 1 GG.

4. *Grundrechtsgefährdung*

Wenn die mögliche Ansteckung mit einer Krankheit im Raum steht, handelt es sich nicht immer um einen mit Sicherheit vorliegenden Grundrechtseingriff von Seiten eines Dritten, sondern zunächst um eine Gefährdung der körperlichen Unversehrtheit und des Lebens desjenigen, dem die Ansteckung droht. Es besteht schließlich auch die Möglichkeit, dass ein Einzelner trotz Kontaktes zu einer infizierten Person keine Ansteckung davonträgt und somit der Schutz seiner Grundrechte aus Art. 2 Abs. 1 S. 2 GG nicht notwendig wäre.

Solche Grundrechtsgefährdungen liegen regelmäßig noch in dem Bereich vor verfassungsrechtlich relevanten Grundrechtsbeeinträchtigungen. Unter bestimmten Voraussetzungen können sie aber Grundrechtsverletzungen gleichzustellen sein.[447] Die genauen Voraussetzungen dafür sind noch nicht abschließend geklärt.[448] Zumindest ist dies aber der Fall, wenn hinsichtlich der körperlichen Unversehrtheit eine ernsthafte Gefahr für die Gesundheit besteht und wenn bezüglich des Lebens eine Verletzung dessen ernsthaft zu befürchten ist.[449] Dann kann selbst in einer bloßen Grundrechtsgefährdung ein Grundrechtseingriff in Art. 2 Abs. 2 S. 1 GG liegen.

Ohnehin ist der Staat im Rahmen des Schutzauftrages gerade auch zur Gefahrenabwehr wie zur -vorsorge verpflichtet. Das bedeutet, dass er im ersten Fall konkrete wie abstrakte Gefahren für Leben und Gesundheit seiner Bürger

---

446 Isensee, Das Grundrecht als Abwehrrecht und als staatliche Schutzpflicht, in: HStR IX, § 191, Rn. 225ff, siehe Rn. 232 m. w. N.

447 BVerfGE 51, 324, 346f; 66, 39, 58; BVerfG-K NJW 1997, 2509, 2509.

448 BVerfGE 66, 39, 58; 77, 170, 220.

449 BVerfGE 51, 324, 347; 53, 30, 57; Jarass, in: Jarass/Pieroth, GG, Art. 2, Rn. 89.

abzuwehren[450] und im zweiten vorbeugend dafür zu sorgen hat, dass erst gar keine Gefahren für Leben oder Gesundheit der Bevölkerung entstehen.[451]

Übertragen auf die Frage des Schutzes vor der Infektion mit einer übertragbaren Krankheit muss der Staat dementsprechend ernsthafte Ansteckungsgefahren für den Bürger durch geeignete Maßnahmen abwehren und daneben auch Präventionsmaßnahmen treffen.

5. *Schutzverzicht und Einwilligung*

Die obigen Ausführungen beschäftigen sich mit der Frage, inwiefern der Staat einen Bürger vor der Ansteckung durch andere Bürger schützen muss. Zu überlegen ist, ob auch die Möglichkeit besteht, auf den Schutz durch den Staat vor der Schädigung oder Gefährdung durch Dritte freiwillig zu verzichten.[452] Schließlich hat jeder Bürger ein Selbstbestimmungsrecht, welches zugleich das Recht beinhaltet, darüber zu bestimmen, welchen Gefahren er sich aussetzen will. Aus der allgemeinen Handlungsfreiheit, Art. 2 Abs. 1 GG, folgt ebenso ein Recht zur Selbstschädigung und auf die Durchführung von selbstgefährdenden Tätigkeiten.[453]

Ein vom Staat aufgezwungener Schutz der Gesundheit des Einzelnen könnte auch als verfassungsrechtlich unzulässige staatliche Bevormundung angesehen werden.[454] Die Freiheitsrechte schützen gerade die Selbstbestimmtheit des Einzelnen, sodass sich der Schutz durch den Staat grundsätzlich nicht gegen den Grundrechtsträger selbst richten darf.[455]

Wenn ein Bürger nicht möchte, dass seine Gesundheit durch staatliche Maßnahmen geschützt wird, liegt dies zunächst im Rahmen seiner eigenen Entscheidungsbefugnis. Auch die „Freiheit zur Krankheit“[456] – mithin die eigenmächtige Entscheidung darüber, ob man eine Krankheit mit den zur Verfügung stehenden Mitteln kurieren möchte oder eben nicht und dementsprechend genauso, ob

---

450 BVerfGE 102, 1, 17f.

451 Schulze-Fielitz, in: Dreier, GG, Art. 2 Abs. 2, Rn. 80; Murswiek/Rixen, in: Sachs, GG, Art. 2, Rn. 198; siehe auch BVerfGE 56, 54, 78.

452 Siehe ausführlich zum Grundrechtsverzicht: Bethge, Grundrechtswahrnehmung, Grundrechtsverzicht, Grundrechtsverwirkung, in: HStR IX, § 203, Rn. 91ff.

453 BVerwGE 82, 45, 48; Dreier, in: Dreier, GG, Art. 2 Abs. 1, Rn. 29; Schulze-Fielitz, in: Dreier, Art. 2 Abs. 2, Rn. 84; Jarass, in: Jarass/Pieroth, GG, Art. 2, Rn. 50.

454 BVerwGE 82, 45, 48f.; BGHZ 79, 131, 141.

455 Murswiek/Rixen, in: Sachs, GG, Art. 2, Rn. 209.

456 Nach BVerfGE 58, 208, 226.

man sich einer Krankheitsinfektionsgefahr aussetzen möchte oder nicht – steht unter dem Schutz des Art. 2 Abs. 1 GG, der allgemeinen Handlungsfreiheit.[457]

Folgerichtig ist ein Verzicht auf den Schutz der eigenen Gesundheit durch den Staat grundsätzlich verfassungsrechtlich denkbar. Dies gilt jedoch nur bezüglich der eigenen Gesundheit. Bei Entscheidungen, die die Gesundheit eines Dritten, beispielsweise des eigenen Kindes betreffen, erscheint eine Verzichtsmöglichkeit äußerst fragwürdig.

Allerdings können diese benannten Rechte vom Einzelnen nur innerhalb der von der Verfassung vorgegebenen Grenzen ausgeübt werden. Die Lebensweise oder das Verhalten eines Bürgers in Ausübung seines Selbstbestimmungsrechtes dürfen nicht Dritte in ihren Grundrechten verletzen.[458] Denn die allgemeine Handlungsfreiheit wird gemäß Art. 2 Abs. 1 GG nur innerhalb der Grenzen der verfassungsmäßigen Ordnung gewährt.[459] Der Gesetzgeber kann hier Grenzen zur Pflege des sozialen Zusammenlebens im Rahmen des allgemein Zumutbaren ziehen, solange dadurch die Eigenständigkeit der Person nicht angetastet wird.[460] Sind Dritte betroffen, so darf der Staat das an sich geschützte Verhalten zum Schutz anderer doch einschränken.[461]

So können Bürger beispielsweise auch nicht unter Berufung auf ihr Selbstbestimmungsrecht auf das Tragen eines Schutzhelmes beim Motorradfahren[462] wie auf das Anschnallen während des Autofahrens verzichten.[463] Denn dadurch, dass beides verpflichtend ist, wird weiterer Schaden von Dritten abgewendet.[464] Auch der gesetzlichen Krankenversicherung als Solidargemeinschaft kommt es zu Gute[465], wenn der Einzelne sich nicht selbst gefährdet und aufgrund so entstehender Verletzungen oder Erkrankungen Kosten für die Allgemeinheit produziert.

---

457 Jarass, in: Jarass/Pieroth, GG, Art. 2, Rn. 100f. m. w. N.

458 Schulze-Fielitz, in: Dreier, GG, Art. 2 Abs. 2, Rn. 84.

459 Starck, in: von Mangoldt/Klein/Starck, GG, Art. 2 Abs. 1, Rn. 25.

460 BVerfGE 4, 7, 16; 59, 275, 279.

461 Schulze-Fielitz, in: Dreier, GG, Art. 2 Abs. 2, Rn. 84. Vgl. z. B. Rauchverbote zum Schutz der Gesundheit von Nichtrauchern in öffentlichen Räumen.

462 BVerfGE 59, 275; BVerwG Urteil v. 04.07.2019 3 C 24/17, Rn. 19 bezüglich Art. 4 GG.

463 BVerfG NJW 1987, 180.

464 BVerfGE 59, 275, 279: Beispielsweise dadurch, dass ein Unfallbeteiligter durch Tragen eines Schutzhelms bei Bewusstsein bleibt und daher anderen Unfallbeteiligten zur Hilfe kommen kann.

465 Vgl. § 1 SGB V.

Dementsprechend ist ein Schutzverzicht des Einzelnen nur zulässig, solange keine Grundrechte anderer in erheblichem Maße betroffen werden.

Neben der abstrakten Möglichkeit des Schutzverzichts ist auch die Möglichkeit zu erörtern, in die Grundrechtsverletzung durch Ansteckung einzuwilligen, indem jemand sich selbst oder sein Kind nicht impfen lässt. Fraglich ist, ob jeder, der keinen Impfschutz besitzt, damit in die Verletzung seiner Grundrechte aus Art. 2 Abs. 2 S. 1 GG eingewilligt hat.

Bei Erwachsenen ist für das Vorliegen einer Grundrechtsverletzung der Grund für den fehlenden Impfschutz des Angesteckten ausschlaggebend. Ist jener aus eigener Überzeugung bewusst nicht geimpft, so ist von einer konkludenten Einwilligung in die Verletzung seiner körperlichen Unversehrtheit oder sogar seines Lebens durch die Ansteckung mit einer Krankheit und damit auch von einem Grundrechtsverzicht auszugehen.[466] Im Sinne des Art. 1 GG sind die Grundrechte zwar grundsätzlich unabdingbar, nichtsdestotrotz besteht die Möglichkeit, von der Ausübung einzelner Bereiche eines Grundrechts freiwillig abzusehen.[467] Sogar beim Recht auf Leben ist eine Einwilligung in einen Eingriff denkbar.[468] Das Recht auf körperliche Unversehrtheit steht unter der Disposition des es Innehabenden, denn aus Art. 2 Abs. 1 GG folgt wiederum auch eine „Freiheit zur Krankheit".[469]

In diesem Falle der wirksamen Einwilligung[470] fehlt es an einer Grundrechtsbeeinträchtigung.[471]

Ist die angesteckte Person jedoch aus Gründen, die von ihr selbst nicht bewusst zu verschulden sind, nicht geimpft – etwa, weil es medizinisch nicht möglich ist

466 Jarass, in: Jarass/Pieroth, GG, Vorb. vor Art. 1, Rn. 35f.; Bethge, Grundrechtswahrnehmung, Grundrechtsverzicht, Grundrechtsverwirkung, in: HStR IX, § 203, Rn. 119ff.

467 Siehe hierzu Jarass, in: Jarass/Pieroth, GG, Vorb. vor Art. 1, Rn. 36 und Art. 1, Rn. 26; Bethge, Grundrechtswahrnehmung, Grundrechtsverzicht, Grundrechtsverwirkung, in: HStR IX, § 203, Rn. 109.

468 Höfling, in: Friauf/Höfling, Berl. Komm. GG, Art. 2, Rn. 93; Müller-Terpitz, Recht auf Leben und körperliche Unversehrtheit, in: HStR VII, § 147 Rn. 50.

469 Vgl. A. 1. a. cc.

470 Für die Wirksamkeit der Einwilligung sind die Voraussetzungen zum einen Freiwilligkeit und zum anderen Einsichtsfähigkeit, siehe dazu m. w. N. Höfling, in: Friauf/Höfling, GG, Art. 2, Rn. 93.

471 Vgl. dazu auch Bethge, Grundrechtswahrnehmung, Grundrechtsverzicht, Grundrechtsverwirkung, in: HStR IX, § 203, Rn. 144; Di Fabio, in: Maunz/Dürig, GG, Art. 2 Abs. 2, Rn. 36.

oder weil die Vornahme der Impfung schlichtweg fahrlässig versäumt wurde – so ist das Grundrecht des Art. 2 Abs. 2 S. 1 GG betroffen.

Für Kinder muss dies ebenso gelten. Es stellt sich jedoch die Frage, ob Eltern, die ihr Kind vorsätzlich nicht impfen lassen, dadurch – ebenso wie Erwachsene – konkludent in eine Ansteckung desselben einwilligen und damit auf die Grundrechtsausübung des Art. 2 Abs. 2 S. 1 GG des Kindes verzichten. Bezüglich der eigenen Gesundheit ist Erwachsenen ein solches Handeln – wie oben gesehen – durchaus möglich. Die freie Disposition über die körperliche Unversehrtheit und das Leben des eigenen Kindes kann jedoch im Hinblick auf die sich aus Art. 2 Abs. 2 S. 1 GG entfaltende Schutzpflicht des Staates sowie das Wächteramt der staatlichen Gemeinschaft des Art. 6 Abs. 2 S. 2 GG[472] nicht zulässig sein. Die Idee des staatlichen Wächteramtes begründet sich gerade durch den Kinderschutz und liefe vollständig ins Leere, wenn es den Eltern gebilligt würde, die Grundrechte ihres Kindes beliebig abzubedingen. Dann wäre für das Wächteramt kein Raum mehr.

Des Weiteren wird die Ausübung des Elternrechtes durch das Wohl des Kindes begrenzt[473], sodass ein Grundrechtsverzicht auch unter diesem Aspekt nicht möglich erscheint.

Dementsprechend ist eine Einwilligung in eine Grundrechtsverletzung bei Kindern nicht möglich. Jedes von einer Ansteckung betroffene Kind wird in seinen Grundrechten berührt, ohne Rücksicht darauf, aus welchem Grund es über keinen Impfschutz verfügt.

6. *Zwischenergebnis*

Eine generelle Pflicht des Staates zum Schutz des Lebens und der Gesundheit seiner Bürger vor der Ansteckung mit einer übertragbaren Krankheit besteht mithin. Auch vor möglichen Gefährdungen der oben genannten Rechtsgüter muss der Staat jeden Grundrechtsträger schützen. Ein Verzicht auf den Schutz durch den Staat ist unter Berufung auf das Selbstbestimmungsrecht nur eingeschränkt möglich. Die Einwilligung in eine Grundrechtsverletzung ist bei Erwachsenen denkbar. Eltern können hingegen nicht in eine Verletzung der Grundrechte ihres Kindes einwilligen.

---

472 Näheres dazu: V.

473 Brosius-Gersdorf, in: Dreier, GG, Art. 6, Rn. 161.

III. Untersuchung der konkreten Schutzpflichterfüllung

Fraglich ist demzufolge, ob die vorhandenen Gesetzesmaßnahmen auch im konkreten Fall zum Schutz vor der Ansteckung mit einer übertragbaren impfpräventablen Krankheit ausreichen, um der bestehenden Schutzverpflichtung gerecht zu werden oder ob ein Mehr an Schutz im Sinne der Verfassung notwendig wäre. In diesem Fall könnte eine Pflichtverletzung durch gesetzgeberisches Unterlassen festgestellt werden.[474]

Dass die Verfassung den Schutz der Bürger gebietet, ist unumstritten. Das Grundgesetz gibt den Schutz als Ziel vor, nicht jedoch dessen Art und Umfang. Konkrete, aus ihm zu entnehmende Vorgaben, in welcher Weise primär der Gesetzgeber durch den Erlass von Rechtsnormen den Schutz verfassungskonform auszugestalten hat, bestehen nicht.[475]

Für die Feststellung einer Schutzpflichtverletzung sind zunächst die verschiedenen betroffenen Grundrechtspositionen aufzuzeigen. Anschließend ist der bestehende Schutzbedarf zu ermitteln, um die sich daraus ergebenden Aufträge für ein staatliches Tätigwerden zu überprüfen.

1. Mehrpolige Verfassungsrechtsverhältnisse

Diese bestehende Schutzpflicht kann nie losgelöst von anderen durch die Verfassung garantierten Rechten betrachtet werden. Durch die verschiedenen Funktionen der Grundrechte[476] entstehen sogenannte mehrpolige Verfassungsrechtsverhältnisse.[477]

Im Rahmen der derzeitigen Impfgesetzgebung kann es zu zahlreichen sich gegenüberstehenden Grundrechtspositionen kommen. Der Staat überlässt die Impffrage der Verantwortung des Einzelnen. Folgen die Bürger dem Rat des Gesetzgebers und lassen sich und ihre Kinder freiwillig impfen, so sind sie ab diesem Zeitpunkt nicht mehr Überträger der betreffenden Krankheit. Dritte werden von diesem Vorgehen nicht berührt.

Nach den derzeitigen Impfregelungen ist es aber auch möglich, sich selbst und seine Kinder nicht impfen zu lassen. Steckt aber ein Ungeimpfter eine dritte Person mit einer impfpräventablen Krankheit an, wird das durch Art. 2 Abs. 2 S. 1 GG garantierte Recht des Infizierten auf Schutz seiner körperlichen

---

474 Vgl. BVerfGE 56, 54, 68; ferner BVerfGE 6, 257.

475 BVerfG-K NJW 1998, S. 2961, S. 2962.

476 Siehe dazu I.

477 Calliess, Schutzpflichten, in: HGR II, § 44, Rn. 18.

Unversehrtheit betroffen. Es entsteht ein grundrechtlich determiniertes Dreieck zwischen dem Staat als Grundrechtsgaranten, dem Ansteckenden als Störer und dem Angesteckten als Opfer. Der Störer hat gegen den Staat ein Abwehrrecht, befindet sich also im grundrechtlichen status negativus. Das Opfer wiederum hat einen Anspruch auf Schutz gegen den Staat, ist mithin im status positivus.[478] Zwischen dem Opfer und dem Störer besteht keine Grundrechtsbeziehung, sondern lediglich eine privatrechtliche, denn nach herrschender Meinung besteht keine unmittelbare Drittwirkung.[479] Genau auf diese Ebene bezieht sich aber die Schutzpflicht des Staates gegenüber dem Opfer: Der Staat hat Vorkehrungen zu treffen, um das Opfer vor privaten Übergriffen und damit vor mittelbaren Beeinträchtigungen zu schützen[480], hier also vor der Ansteckung mit einer impfpräventablen Krankheit. Sind Störer und/oder Opfer Kinder, so erweitert sich das Grundrechtsdreieck um eine weitere Dimension, da noch das Recht der Eltern aus Art. 6 Abs. 2 S. 1 GG hinzukommt.

Es entstehen Kollisionen der gegenläufigen Grundrechte. Der Staat gerät in eine „Zwickmühle"[481] und muss versuchen, die vielen sich gegenüberstehenden Rechte in einen Ausgleich zu bringen. Dieses Dilemma kann nur unter Beachtung der verschiedenen Belange im mehrpoligen Verfassungsrechtsverhältnis aufgelöst werden. Zu untersuchen ist, wie der Gesetzgeber im vorliegenden Fall die Kollisionen jeweils gelöst hat.

a. Grundrechte Erwachsener

Der Einzelne kann sich im Rahmen seiner negativen Handlungsfreiheit, welche gemäß Art. 2 Abs. 1 GG jeden berechtigt, zu tun und eben auch nicht zu tun, was er möchte[482], dazu entscheiden, sich selbst nicht impfen zu lassen. Außerdem könnte sich der einzelne Nichtimpfer auch auf seine Religions- oder Gewissenfreiheit aus Art. 4 Abs. 1 GG als Rechtfertigung für sein Verhalten stützen.

Im Falle einer Ansteckung eines Dritten ohne Impfschutz bedeutet dies jedoch eine Beeinträchtigung dessen körperlicher Unversehrtheit oder gar seines Lebens. Die kollidierenden Grundrechte müssen dann in einen Ausgleich gebracht werden.

---

478 Calliess, Schutzpflichten, in: HGR II, § 44, Rn. 18.

479 Calliess, Schutzpflichten, in: HGR II, § 44, Rn. 18 m. w. N.

480 Jarass, in: Jarass/Pieroth, GG, Vorb. vor Art. 1, Rn. 24; BVerfGE 125, 39, 78.

481 Calliess, Schutzpflichten, in: HGR II, § 44, Rn. 19.

482 BVerfGE 6, 32, 36; siehe auch Hellermann, Die sogenannte negative Seite der Freiheitsrechte, S. 36; Merten, Negative Grundrechte, in: HGR II, § 42, Rn. 258.

Der Gesetzgeber hat sich im vorliegenden Fall dafür entschieden, Art. 2 Abs. 2 S. 1 GG hinter der negativen Handlungsfreiheit des Nichtimpfers zurückstehen zu lassen und nimmt damit eine Verletzung der körperlichen Unversehrtheit oder gar des Lebens Dritter in Kauf.

b. Elternrecht und Kinderrechte

Eltern, die sich gegen eine Impfung ihres Kindes entscheiden, können sich dabei auf ihr Elternrecht aus Art. 6 Abs. 2 S. 1 GG berufen. Daneben könnten sie ihre Entscheidung auch auf Art. 4 Abs. 1 GG, die Religionsfreiheit oder subsidiär auf die negative allgemeine Handlungsfreiheit aus Art. 2 Abs. 1 GG stützen.

Durch dieses Verhalten sind mehrere betroffene Grundrechtspositionen anderer denkbar. Einerseits im Falle einer Erkrankung des eigenen Kindes an einer durch Impfung vermeidbaren Krankheit das Grundrecht des eigenen Kindes auf körperliche Unversehrtheit oder gar auf Leben, andererseits bei der Ansteckung eines fremden Kindes oder eines anderen Dritten durch das eigene, dieselben Rechte der dritten Person.

aa. Grundrechte des eigenen Kindes

(1) Kind erkrankt nicht

Fraglich ist, ob die Nichtimpfung des eigenen Kindes als solche bereits dessen Grundrecht auf körperliche Unversehrtheit und auf Leben beeinträchtigt, wenn es (noch) nicht an der betreffenden Krankheit erkrankt ist. Wenn eine ernsthafte Gefahr für die Gesundheit besteht oder die Verletzung des Lebens wahrhaftig zu befürchten ist, dann kann in einer Grundrechtsgefährdung auch bereits ein Grundrechtseingriff liegen.[483] Hier ist also im Einzelfall die Gefahrenlage zu begutachten. Bleibt ein Kind größtenteils im häuslichen Umfeld ohne weitergehenden Kontakt zu anderen Personen, so ist die Gefahr einer Ansteckung eher als gering einzustufen. Besucht ein Kind jedoch eine öffentliche Einrichtung mit anderen Kindern, wie beispielsweise eine Kindertagesstätte oder Schule, dann ist in diesem Umfeld von einer erhöhten Ansteckungsgefahr auszugehen und die Grundrechtsgefährdung wie der daraus folgende Grundrechtseingriff liegen sehr nahe.

Der Gesetzgeber lässt hier aber dem Elternrecht den Vorrang vor dem möglicherweise verletzten Grundrecht des Kindes aus Art. 2 Abs. 2 S. 1 GG.

---

483 Siehe dazu ausführlich II. 4.

(2) Kind infiziert sich

Erkrankt oder stirbt das eigene Kind an einer durch Impfung vermeidbaren Krankheit, weil sich die Eltern in Ausübung ihres Elternrechts bewusst gegen die Durchführung einer Schutzimpfung entschieden haben, so liegt ein Eingriff in die oben bezeichneten Rechte des Kindes in jedem Fall vor und es stehen sich Art. 2 Abs. 2 S. 1 GG und Art. 6 Abs. 2 S. 1 GG gegenüber. Da das Leben und die körperliche Unversehrtheit eines Kindes im Sinne der Verfassung höchst schützenswerte Güter sind, ist eine solche Entscheidung der Eltern über diese Positionen ihres Kindes immer ein Grenzfall der Ausübung des Elternrechts.[484] Zum Vergleich werden im Folgenden einige Beispiele aus diesem Problembereich der Kollision von Art. 6 Abs. 2 S. 1 GG mit Art. 2 Abs. 2 S. 1 GG herangezogen.

(a) Vergleich: Gabe einer Bluttransfusion

Die beiden oben genannten Rechtspositionen treffen aufeinander, wenn ein Kind aus medizinischer Sicht eine Bluttransfusion oder eine andere Behandlung mit Blutprodukten braucht und die Eltern dies – in den bekannten Fällen aus religiöser Überzeugung und damit zusätzlich gestützt auf Art. 4 Abs. 1 GG – ablehnen. Das OLG Celle[485] hat in einem solchen Fall die Rechtmäßigkeit einer lebensrettenden Bluttransfusion bei einem Kind gegen den Willen der Eltern bei einer Gefährdung des Kindeswohls bejaht und klargestellt, dass bei dieser Grundrechtskollision Art. 6 Abs. 2 S. 1 und Art. 4 Abs. 1 GG hinter dem Recht des Kindes aus Art. 2 Abs. 2 S. 1 GG zurücktreten müssen.[486]

(b) Vergleich: Rituelle Beschneidung des männlichen Kindes

Die gleiche Problemstellung besteht bei der rituellen, medizinisch nicht indizierten Beschneidung des männlichen Kindes, denn hier treffen die Eltern kraft ihres Rechts aus Art. 6 Abs. 2 S. 1 GG und gestützt auf ihre Religionsfreiheit aus Art. 4 Abs. 1 GG mit der Einwilligung[487] zu derselben eine Entscheidung, die die körperliche Unversehrtheit ihres gesunden Kindes verletzt. Diese Problematik wurde insbesondere nach dem Urteil des LG Köln im Mai 2012[488], welches sich für einen Vorrang des Kindesrechtes aus Art. 2 Abs. 2 S. 1 GG aussprach und eine rechtswidrige Körperverletzung im Sinne des § 223 Abs. 1 StGB

---

484 Vgl. Höfling, Elternrecht, in: HStR VII, § 155, Rn. 80 ff.

485 Beschluss des OLG Celle, NJW 1995, S. 792–794.

486 Beschluss OLG Celle, NJW 1995, S. 792–794, S. 793.

487 Gemäß §§ 1626 Abs. 1, 1629 Abs. 1 BGB und nach § 228 StGB.

488 Urteil LG Köln v. 07.05.2012, Az. 151 Ns 169/11.

bejahte, kontrovers diskutiert.[489] Der Gesetzgeber verankerte die bereits zuvor herrschende Praxis Ende 2012 gesetzlich und löste die Streitfrage durch die Einführung des § 1631d BGB[490], welcher den Eltern das Recht zubilligt, in eine medizinisch nicht erforderliche Beschneidung des männlichen Kindes, die nach den Regeln der ärztlichen Kunst durchgeführt werden soll, einzuwilligen und gewährte damit dem Elternrecht den Vorrang gegenüber dem Recht des Kindes auf körperliche Unversehrtheit.[491]

Allerdings ist bei dieser vielfach kritisierten Entscheidung des Gesetzgebers nicht außer Acht zu lassen, dass er im vorliegenden Streitfall auf zwei Ebenen abwägen musste. Hätte er sich auf der ersten Ebene für das Recht des Kindes auf körperliche Unversehrtheit und gegen das Elternrecht entschieden und hätte die rituelle Beschneidung verboten, so wäre trotzdem nicht damit zu rechnen gewesen, dass alt verwurzelte, seit Jahrtausenden praktizierte religiöse Traditionen verschiedener Kulturkreise dann aufgrund eines gesetzlichen Verbotes in der Bundesrepublik Deutschland nicht mehr entsprochen worden wäre. Aller Wahrscheinlichkeit nach hätten viele der Befürworter der rituellen Beschneidung des männlichen Kindes diese nichtsdestotrotz an ihrem Kind vornehmen lassen wollen, was dann außerhalb der Aufsicht des Staates und womöglich von medizinisch nicht geschulten Personen unter nicht zu kontrollierenden Hygienebedingungen vorgenommen worden wäre.[492] Dass ein solches Vorgehen voraussichtlich nicht dem Kindeswohl entsprechen würde, lag auf der Hand. Dementsprechend hätte eine Entscheidung auf der ersten Ebene für das Kindeswohl auf der zweiten negative Folgen für selbiges mit sich gebracht. Zusammengefasst musste sich der Gesetzgeber hier für die aus seiner Sicht mildere von zwei schlechten Alternativen unter Kindeswohlaspekten entscheiden.[493]

---

489 Siehe z. B. Franz (Hrsg.), Die Beschneidung von Jungen: Ein trauriges Vermächtnis; Manok, Die medizinisch nicht indizierte Beschneidung des männlichen Kindes; dazu auch Herzberg, Ist die Beschneidungserlaubnis (§ 1631d BGB) mit dem Grundgesetz vereinbar?, JZ 2016, S. 350 – 355; zuvor auch schon Exner, Sozialadäquanz im Strafrecht - Zur Knabenbeschneidung, S. 168ff.; Herzberg, Religionsfreiheit und Kindeswohl, ZIS 2010, S. 471–475.

490 Eingefügt durch das Gesetz über den Umfang der Personensorge bei einer Beschneidung des männlichen Kindes, BGBl. I 2012, S. 2749 v. 20.12.2012.

491 Zur ausführlichen Begründung siehe Gesetzentwurf der Bundesregierung, BT-DS 17/11295 v. 05.11.2012, S. 6ff.

492 Vgl. auch Gesetzentwurf der Bundesregierung, BT-DS 17/11295 v. 05.11.2012, S. 9.

493 Siehe zu den verfassungsrechtlichen Bedenken zu dieser Entscheidung für alle: Sternberg-Lieben, in: Schönke/Schröder, StGB, § 223, Rn. 12a ff. m. w. N.

(c) Vergleich: Besuch eines Sonnenstudios

Den Besuch eines öffentlich zugänglichen Sonnenstudios hat der Gesetzgeber Minderjährigen trotz möglicher Einwilligung der Eltern im Jahr 2009 verboten.[494] Laut Gesetzesbegründung steigt das Risiko, als Erwachsener an Hautkrebs zu erkranken, wenn man sich im Kindes- und Jugendalter, in welchem sich die Haut noch in der Entwicklung befindet, vermehrt UV-Strahlung aussetze. Das Risiko einer Melanomentstehung sei umso höher, wenn neben der natürlichen UV-Strahlung durch die Sonne zusätzlich künstliche UV-Strahlung auf die Haut treffe. Aus diesem Grund erachtete der Gesetzgeber ein Verbot des Besuchs von Sonnenstudios und ähnlichen Einrichtungen im öffentlichen Bereich für unter 18-Jährige für unumgänglich.[495] Er sah hier die Gesundheit des Kindes als so wichtig an, dass das Elternrecht dahinter zurücktreten musste.

Das Bundesverfassungsgericht bestätigte diese Entscheidung des Gesetzgebers und nahm eine Beschwerde von Eltern, die sich in ihrem Elternrecht aus Art. 6 Abs. 2 S. 1 GG durch das Verbot verletzt sahen, nicht zur Entscheidung an, denn ein Eingriff in das Elterngrundrecht sei hier geringfügig und gerechtfertigt.[496]

Nicht außer Acht gelassen werden darf hierbei, dass es sich bei § 4 NiSG nur um ein Verbot der Nutzung von Sonnenstudios im öffentlichen Raum handelt. Im privaten Bereich können Eltern ihren Kindern den Zugang zu Sonnenbänken durchaus erlauben und der Gesetzgeber hat keinen Einfluss auf die Gesundheit des Kindes.

Folglich muss im öffentlichen Raum das Elterngrundrecht hinter dem des Kindes aus Art. 2 Abs. 2 S. 1 GG zurücktreten, während im privaten Bereich das Recht der Eltern aus Art. 6 Abs. 2 S. 1 GG Vorrang vor dem Schutz der körperlichen Unversehrtheit und des Lebens des Kindes genießt.

(d) Vergleich: Andere medizinische Entscheidungen der Eltern

Mit § 8 Abs. 1 S. 1 Nr. 1a) Transplantationsgesetz (TPG)[497] hat der Gesetzgeber 2007 die Lebendorganspende für Minderjährige grundsätzlich ausgeschlossen und damit das Elternrecht in den Hintergrund gestellt. Gleiches gilt für eine Sterilisation eines Kindes, in welche die Eltern gemäß § 1631c S. 1 BGB nicht einwilligen können.[498]

---

494 § 4 des Gesetzes zum Schutz vor nichtionisierender Strahlung bei der Anwendung am Menschen (NiSG) v. 29.07.2009, BGBl. I 2009, S. 2433.

495 BT-DS 16/12276 v. 17.03.2009, S. 17.

496 BVerfG, Beschl. der 1. Kammer des Ersten Senats v. 21.12.2011 – 1 BvR 2007/10, Rn. 37f.

497 BGBl. I 2007, S. 2206.

498 Zu beiden siehe auch Höfling, Elternrecht, in: HStR VII, § 155, Rn. 83.

In beiden Fällen hat das Recht des Kindes aus Art. 2 Abs. 2 S. 1 GG Vorrang.

Auch kann im Notfall eine Zwangsimpfung eines Kindes durch § 34 StGB gerechtfertigt sein. Dies entschied im Jahr 2007 jedenfalls das AG Nordenham.[499] In dem Fall führte eine Ärztin eine Tetanusimpfung gegen den ausdrücklich erklärten Willen der Mutter (und auch des 14-jährigen Kindes selbst) bei deren Kind durch. Wenn die naheliegende Möglichkeit besteht, dass das Kind durch Tetanuserreger in einer Wunde zu Tode kommen wird oder diese zu schweren gesundheitlichen Beeinträchtigungen führen würden, dann sei die Zwangsimpfung gerechtfertigt. So urteilte das Gericht: „Die grundsätzliche Ablehnung jeglicher Impfungen durch die Kindesmutter und des Kindes selbst aufgrund deren Misstrauens gegenüber der Pharmaindustrie und der Schulmedizin und die diffuse Angst vor möglicherweise bisher nicht erforschten Impfschäden stellt kein Interesse dar, welches das Interesse an einem Schutz des Kindes vor einer Infizierung mit Tetanus erreichen könnte.“[500]

Dies gilt aber wohl nur im konkreten Notfall.

(e) Vergleich: Einführung des § 1631 Abs. 2 S. 2 BGB

Im Jahr 2000 wurde die heutige Form des § 1631 Abs. 2 S. 2 in das BGB eingefügt[501], nach welchem körperliche Bestrafungen, seelische Verletzungen und andere entwürdigende Maßnahmen bei Kindern unzulässig sind.

Zuvor war das Züchtigungsrecht der Eltern gegenüber ihren Kindern von der damals herrschenden Meinung als Ausfluss ihres Erziehungsrechts aus Art. 6 Abs. 2 S. 1 GG angesehen worden. Nach mehrjährigen Diskussionen entschloss sich der Gesetzgeber endlich, dem Recht des Kindes auf körperliche Unversehrtheit Vorrang einzuräumen und schuf die Norm, die klarstellt, dass das Elternrecht hier zurückzutreten hat.[502]

(f) Auflösung der Kollisionen

Festzustellen ist, dass die Kollisionen größtenteils im Sinne der Interessen des Kindes gelöst werden: Bei der Gabe einer Bluttransfusion, Organspenden, Sterilisationen, gewaltfreier Erziehung und dem Besuch eines Sonnenstudios im öffentlichen Raum tritt das Elternrecht in den Hintergrund. Lediglich bei der

---

499 AG Nordenham, VersR 2007, S. 1418–1419.

500 AG Nordenham, VersR 2007, S. 1418–1419, Rn. 20.

501 Gesetz zur Ächtung der Gewalt in der Erziehung und zur Änderung des Kindesunterhaltsrechts v. 06.07.2000.

502 Salgo, in: Staudinger, BGB, § 1631, Rn. 66ff.

rituellen Beschneidung des männlichen Kindes wie bei der privaten Nutzung eines Sonnenstudios erfährt das kindliche Recht auf körperliche Unversehrtheit keinen Schutz durch den Gesetzgeber.

Für den Vergleich zu beachten ist jedoch, dass in den ersten drei oben genannten Fällen eine unmittelbar bevorstehende, mit Sicherheit gegebene schwere Schädigung der körperlichen Unversehrtheit oder gar des Lebens des Kindes eintreten wird. Währenddessen handelt es sich im Sonnenstudiofall nur um eine drohende Gefahr, vor der das Kind geschützt wird. Demnach ist diese Konstellation am ehesten mit der Gefahr der Ansteckung mit einer impfpräventablen Krankheit vergleichbar.

Auch das Bundesverfassungsgericht hat in vielen Entscheidungen klargestellt, dass bei Konflikten zwischen dem Elternrecht und den Rechten des Kindes im Rahmen der Abwägung das Wohl des Kindes schlussendlich bestimmend sein muss und die Elterninteressen hinter diesem zurücktreten müssen.[503] Denn das Elternrecht gewährt den Inhabern keine Freiheit im Sinne ihrer eigenen Selbstbestimmung, sondern immer nur im Interesse des Kindes.[504]

Einfachgesetzlich ist die elterliche Sorge in § 1626 BGB geregelt, wobei § 1627 S. 1 BGB die Eltern verpflichtet, ihre elterliche Sorge zum Wohl des Kindes auszuüben.

(g) Impffrage

In der Impffrage hat sich der Gesetzgeber anders als in den meisten oben aufgezeigten Fällen entschieden. Er hat dem Elterngrundrecht den Vorrang gelassen und den Schutz der körperlichen Unversehrtheit und des Lebens des Kindes hintangestellt.

bb. Grundrechte eines fremden Kindes

Steckt sich ein ungeimpftes, fremdes Kind bei einem anderen ungeimpften Kind mit einer impfpräventablen Krankheit an, so wird auch die körperliche Unversehrtheit oder gar das Leben des ersteren dadurch betroffen.

Wieder stehen sich in diesem Fall Art. 2 Abs. 2 S. 1 GG – dieses Mal eines fremden Kindes – und das Elterngrundrecht aus Art. 6 Abs. 2 S. 1 GG gegenüber. Wie oben hat der Gesetzgeber auch hier letzterem Vorrang eingeräumt.

---

503 BVerfGE 37, 217, 252; 56, 363, 383; 61, 358, 378; 68, 176, 188; 72, 122, 137; 79, 203, 210.

504 BVerfGE 59, 360, 376.

c. *Pflichtimpfung als Lösung?*

Dementsprechend wird die Schutzpflicht hier innerhalb der aufgezeigten mehrpoligen Verfassungsrechtsverhältnisse immer vom entgegenstehenden Abwehrrecht verdrängt.

Für das potentielle Opfer sind diese Lösungen unbefriedigend, denn seine Rechte müssen hier stets hinter den Rechten des Störers zurücktreten. Aus der Opferperspektive wäre eine Impfpflicht die einfachste Lösung, um ihm aktiven Schutz vor der Ansteckung mit einer übertragbaren Krankheit zu bieten. Eine solche Impfpflicht stellt aber wiederum einen schwerwiegenden Eingriff in die körperliche Unversehrtheit aus Art. 2 Abs. 2 S. 1 GG des Betroffenen, hier des späteren Störers, dar.[505] Zwar ist die Impfung an sich, mithin die Einführung des Impfstoffes in den Körper, medizinisch gesehen nur ein sehr kleiner Eingriff. Steht diesem aber der Wille des zu Impfenden entgegen und geschieht der Eingriff aufgrund staatlichen Zwangs, so ist er verfassungsrechtlich als erheblich zu werten und kann daher aus Sicht des Störers immer nur ultima ratio sein.[506]

Vor dem Impfen aufgrund staatlichen Zwangs müssen also immer andere Schutzvorkehrungen in Betracht gezogen werden.[507]

Ob der Gesetzgeber diese vorliegend in ausreichendem Maße getroffen hat, bleibt zu prüfen.

d. *Zwischenergebnis*

Der Gesetzgeber hat hinsichtlich der durch die Impfgesetze entstehenden Grundrechtskollisionen stets den Abwehrrechten Vorrang vor den sich aus der Schutzpflicht ergebenden Ansprüchen eingeräumt.

2. *Schutzbedarf*

Das Feststellen des notwendigen Schutzbedarfs ist unumgänglich, um daraus die Aufträge für das staatliche Handeln und mithin die Art und Weise des Schutzes ableiten zu können. Jener und damit die Intensität des Schutzes hängen einerseits

505 Siehe dazu: A. I. a. aa. (2).

506 Daneben können durch eine Impfpflicht die Religions- und Gewissensfreiheit aus Art. 4 Abs. 1 GG und die allgemeine Handlungsfreiheit des Art. 2 Abs. 1 GG berührt sein. Bezüglich Kindern würde in das Grundrecht der Eltern aus Art. 6 Abs. 2 GG eingegriffen.

507 Vgl. dazu unten: 4. Kap. E., F.

von dem grundrechtlichen Schutzgut, welchem die Gefahr droht, und andererseits von der Art der Gefahr ab.[508]

a. Grundrechtliches Schutzgut

Es steht hier in Frage, ob Leben und Gesundheit der Grundrechtsträger ausreichend vor der Ansteckung mit einer übertragbaren, durch Impfung vermeidbaren Krankheit geschützt werden. Bei diesen beiden benannten grundrechtlichen Schutzgütern handelt es sich um die höchsten im Grundgesetz vorhandenen Schutzgüter.[509]

b. Gefahr

Neben dem gefährdeten Schutzgut ist die drohende Gefahr zu untersuchen. Diese hängt von verschiedenen Kriterien ab.

Der polizeirechtliche Gefahrbegriff kann hier weiter helfen. Demnach ist eine Gefahr jede Sachlage, die bei ungehindertem Ablauf des objektiv zu erwartenden Geschehens mit hinreichender Wahrscheinlichkeit eine Schädigung des bestimmten Schutzgutes zur Folge haben wird.[510]

Vorliegend handelt es sich um die Gefahr der Ansteckung mit einer übertragbaren, durch Impfung vermeidbaren Krankheit. Es gibt verschiedene Wege der Übertragung einer solchen. Immer ist dafür ein Kontakt von Mensch zu Mensch – von Überträger zu Empfänger – notwendige Voraussetzung. Im Unterschied zu anderen übertragbaren Krankheiten ist bei den impfpräventablen gerade das Ausschlaggebende, dass die Ansteckungsgefahr durch Impfungen eingedämmt werden kann. Wären im hypothetischen Fall 100 % der Bevölkerung geimpft, so wäre keine Gefahr mehr vorhanden. Wäre hingegen niemand geimpft, so wäre die Gefahr der Ansteckung sehr hoch.

Das entscheidende Kriterium für die Gefahr ist somit die Impfquote. In zweiter Linie hängt die Gefahr daneben noch von der örtlichen Befindlichkeit eines sogenannten Überträgers, also einer nicht immunisierten Person [511] in Bezug auf andere nicht Immunisierte ab: Hält sich dieser fern von anderen Menschen auf, gar isoliert von ihnen, so ist die Gefahr der Ansteckung sehr klein oder sogar

---

508 Isensee, Das Grundrecht als Abwehrrecht und als staatliche Schutzpflicht, in: HStR IX, § 191, Rn. 270.

509 Siehe schon II. 1., 2.

510 Gusy, Polizei- und Ordnungsrecht, Rn. 108.

511 Das heißt, dass der Betreffende entweder ungeimpft ist oder die Impfung bei ihm nicht angeschlagen hat.

gegen Null. Weilt er hingegen in Gesellschaft anderer nicht Immunisierter, so wächst die Gefahr. Sie steigt an mit der größer werdenden Nähe des Kontaktes zwischen dem Überträger und einer anderen Person.

Sie potenziert sich abermals, wenn Dritte eine Ansteckung erfahren haben und dadurch selbst auch zu Überträgern werden. Die Wahrscheinlichkeit für jeden Einzelnen, selbst auf einen Überträger zu treffen, erhöht sich wiederum mit der Anzahl der ihn umgebenden Menschen an einem Ort.

Demnach kann die Gefahr der Ansteckung im öffentlichen Raum an unterschiedlichen Orten verschieden stark ausgeprägt sein. Sie ist überhaupt nur dann existent, wenn Impflücken in der Bevölkerung bestehen. Sie erhöht sich in dem Fall einerseits proportional zu der Anzahl der sich an einem Ort befindlichen nicht immunisierten Menschen und andererseits zur Abnahme der Raumgröße.

Zusammengefasst: Je mehr nicht immunisierte Menschen sich auf engem Raum befinden, desto höher wird die Gefahr einer Ansteckung.

Überall dort, wo sich viele nicht immunisierte Personen auf begrenztem Raum aufhalten, ist die Gefahr der Ansteckung mit einer übertragbaren Krankheit besonders hoch, während sie an Orten, an denen sich wenige oder nur vereinzelt Menschen befinden, niedriger ist.

Örtlich ist hier an Gemeinschaftseinrichtungen (Schulen, Kindertagesstätten, Universitäten), aber auch an den öffentlichen Personennahverkehr, Einkaufsmöglichkeiten, Büros oder Veranstaltungen zu denken.

c. Subsidiarität

Schutzbedarf besteht allerdings nur an der Stelle, wo der Grundrechtsträger sich nicht selbst zu schützen vermag, um sein Grundrecht zu verteidigen. Insofern hat Eigeninitiative, soweit sie zumutbar ist, Vorrang vor dem Einschreiten des Staates.[512]

Zu überlegen ist also, ob dem Einzelnen zugemutet werden kann, seine Grundrechte auf Leben und körperliche Unversehrtheit selbst vor der Ansteckung durch einen Dritten mit einer impfpräventablen Krankheit zu schützen.

Leicht wäre dies dem einzelnen Grundrechtsträger dadurch möglich, dass er sich selbst freiwillig gegen die betreffende Krankheit impfen lässt und somit seinen Schutz eigenständig herbeiführt. Auf den ersten Blick könnte damit der Schutzbedarf durch den Staat entfallen. Außeracht gelassen wird bei dieser Überlegung jedoch erstens, dass es Personen gibt, die aus medizinischen

512 Isensee, Das Grundrecht als Abwehrrecht und als staatliche Schutzpflicht, in: HStR IX, § 191, Rn. 271.

Gründen keine Schutzimpfungen empfangen können. Für diese besteht somit keine Möglichkeit des Eigenschutzes, sodass sie auf sonstige Schutzvorkehrungen von Seiten des Staates angewiesen sind. Zweitens sind Kinder zu bedenken, die körperlich zwar für den Impfschutz empfänglich wären, deren Eltern jedoch die Impfung verweigern. Für diese besteht ebenso wenig eine Chance, sich selbst zu schützen und der Staat muss intervenieren, um deren grundrechtlich garantierten Schutz zu gewährleisten.

Drittens kann es in seltenen Fällen auch passieren, dass eine vorgenommene Impfung keine Wirksamkeit zeigt, sodass in einem solchen Fall ein Versuch des Eigenschutzes abermals ins Leere läuft.

Zu beachten ist weiter, dass bei all denjenigen, die nicht zu den genannten Gruppen gehören, zwar die grundsätzliche Möglichkeit des Eigenschutzes durch eine freiwillige Impfung vorhanden ist, diese vom mündigen Bürger jedoch nur ausgeübt werden kann, soweit er über die Existenz und die Vorteile der vorhandenen Mittel aufgeklärt ist. Daher muss der Staat zur Sicherstellung des Schutzes wohl zumindest Informationen über vorhandene Schutzmöglichkeiten bereitstellen.

Zusammengefasst ist kein vollumfänglicher Eigenschutz durch den Bürger möglich und daher ein Einschreiten des Staates zur Sicherstellung des Schutzes vor der Ansteckung mit einer impfpräventablen Krankheit notwendig.

d. Zwischenergebnis

Ein Schutzbedarf ist vorhanden. Das Leben und die Gesundheit der Bürger sind vor der drohenden Ansteckung mit einer impfpräventablen Krankheit zu schützen, wobei die Gefahr einerseits von der vorhandenen Impfquote der Bevölkerung und andererseits von der örtlichen Befindlichkeit potentieller Überträger abhängt. Die zu treffenden Schutzvorkehrungen des Staates sind dementsprechend zu ermitteln.

3. Gesetzgebungsauftrag aus der Schutzpflicht

Für den Staat ergibt sich aufgrund des festgestellten Schutzbedarfs insbesondere ein Gesetzgebungsauftrag.[513]

---

513 Jarass, in: Jarass/Pieroth, GG, Art. 2, Rn. 91a; Isensee, Das Grundrecht als Abwehrrecht und als staatliche Schutzpflicht, in: HStR IX, § 191, Rn. 281. Daneben besteht auch ein Vollzugsauftrag: Isensee, Das Grundrecht als Abwehrrecht und als staatliche Schutzpflicht, in: HStR IX, § 191, Rn. 307.

Aufgrund der bestehenden Schutzpflicht hat der Staat dafür zu sorgen, dass verfassungsrechtlich geschützte Rechtsgüter, hier das Leben und die körperliche Unversehrtheit, nicht durch private Dritte verletzt werden. Das bedeutet, er muss primär dafür Vorkehrungen treffen, dass die beschriebene Gefahr im Sinne der Prävention möglichst klein gehalten wird.

Der Staat muss zu diesem Zweck Rechtsnormen bereitstellen, die die Sicherung der Grundrechte gegen Übergriffe von privater Seite gewährleisten.[514]

Dafür hat er konkret Verletzungen und Gefährdungen von Leben und körperlicher Unversehrtheit legislativ zu verbieten und unter Sanktion zu stellen.[515] Diese Art von Gesetzen bezieht sich auf in der Vergangenheit liegende Rechtsverletzungen.[516]

Zum einen kann dies durch die Schaffung zivilrechtlicher Schadensersatzansprüche aus Delikt[517] geschehen. Durch diese allein wird aber noch kein ausreichender Rechtsgüterschutz sichergestellt. Einige potentielle Täter lassen sich durch mögliche Schadensersatzforderungen nicht abschrecken, beispielsweise wenn sie entweder besonders viel oder aber gar kein Geld besitzen.[518]

Zum anderen ist daher das Strafrecht notwendig, um die Verletzung dieser grundrechtsrelevanten Güter zu schützen.[519] Verbote und Sanktionsandrohungen sollen dazu führen, potentielle Täter von der Rechtsgutsverletzung abzuhalten.[520]

Die Legislative hat den Tatbestand wie die Rechtsfolgen der entsprechenden Normen auszuformulieren und damit für den Privaten rechtsverbindlich zu machen.[521]

---

514 Isensee, Das Grundrecht als Abwehrrecht und als staatliche Schutzpflicht, in: HStR IX, § 191, Rn. 285ff.; Murswiek/Rixen, in: Sachs, GG, Art. 2, Rn. 191.

515 Isensee, Das Grundrecht als Abwehrrecht und als staatliche Schutzpflicht, in: HStR IX, § 191, Rn. 264ff.; Murswiek/Rixen, in: Sachs, GG, Art. 2, Rn. 191.

516 Wessels/Beulke/Satzger, Strafrecht AT, Rn. 4.

517 BVerfGE 49, 304, 319f.

518 Vgl. Wessels/Beulke/Satzger, Strafrecht AT, Rn. 6.

519 Kaufmann, Die Aufgabe des Strafrechts, S. 6; Murswiek/Rixen, in: Sachs, GG, Art. 2, Rn. 191.

520 Die sogenannte Appellfunktion des Strafrechts, siehe dazu Gaßner/Strömer, Das heimliche Verschwinden der Appellfunktion des Straftatbestandes und die unheimliche Kriminalisierung des Bürgers, HRRS 2015, Heft 3, S. 122–127; im Sinne der Strafzwecktheorien handelt es sich um die negative Generalprävention, siehe dazu Rengier, Strafrecht AT, § 3, Rn. 15.

521 Isensee, Das Grundrecht als Abwehrrecht und als staatliche Schutzpflicht, in: HStR IX, § 191, Rn. 281.

a. Gestaltungsfreiraum

Zu beachten ist jedoch, dass der Legislative letztendlich die Entscheidungsfreiheit zusteht, welche Maßnahmen sie zur Erfüllung der Schutzpflicht unter Abwägung aller oben aufgeführten betroffenen Belange und Berücksichtigung der konkurrierenden Interessen und von Art, Nähe und Ausmaß der zu erwartenden Gefahren auswählt.[522] Dafür wird ihr ein erheblicher Einschätzungs-, Wertungs- und Gestaltungsspielraum zugesprochen.[523] Ihre Entscheidungsfreiheit ist hier entscheidend größer, als es bei einem Abwehrrecht der Fall ist, welches inhaltlich auf ein bestimmtes staatliches Verhalten abzielt.[524]

Die rechtsetzende Gewalt kann bei der Umsetzung der Schutzpflicht die Prioritäten festsetzen und entscheiden, welcher Weg beziehungsweise welches Mittel ihr – auch unter politischen Gesichtspunkten – am geeignetsten erscheint.[525] Die rechtsprechende Gewalt – und zwar allein das Bundesverfassungsgericht – kann die Umsetzung der Schutzpflicht hingegen nur begrenzt kontrollieren.[526] Diese Begrenzung sieht das Gericht als geboten an, weil die Frage der Umsetzung einer staatlichen, erst durch Interpretation aus der Verfassung hergeleiteten Schutzpflicht höchst komplex sei und dabei meist mehrere Lösungen möglich erschienen. Nach dem Grundsatz der Gewaltenteilung sei die Entscheidung darüber nur von dem vom Volk unmittelbar legitimierten Gesetzgeber zu fällen.[527] Die verfassungsgerichtliche Kontrolle setzt zur Feststellung einer Schutzpflichtverletzung in der Regel erst dann ein, wenn die staatlichen Organe entweder überhaupt keine Vorkehrungen getroffen haben, also gänzlich untätig geblieben sind, oder es offensichtlich ist, dass die vorhandenen Regelungen und Maßnahmen in keiner Weise geeignet sind, um das Schutzziel zu erreichen, was insbesondere dann vorkommt, wenn anfangs rechtmäßige Regelungen wegen einer

---

522 BVerfGE 46, 160, 164; 96, 56, 64; Isensee, Das Grundrecht als Abwehrrecht und als staatliche Schutzpflicht, in: HStR IX, § 191, Rn. 293; Hofmann, in: Schmidt-Bleibtreu/Hofmann/Henneke, GG, Art. 2, Rn. 68.

523 St. Rspr. des BVerfG, siehe BVerfGE 39, 1, 46f.; 50, 290, 332f.; 56, 54, 80; 76, 1, 51; 77, 170, 214; 79, 174, 202; 88, 203, 262; 96, 56, 64; 110, 141, 157; 125, 39, 78f.

524 BVerfGE 96, 56, 64.

525 BVerfGE 56, 54, 80; Hofmann, in: Schmidt-Bleibtreu/Hofmann/Henneke, GG, Art. 2, Rn. 60; vgl. Isensee, Das Grundrecht als Abwehrrecht und als staatliche Schutzpflicht, in: HStR IX, § 191, Rn. 189, 293ff.

526 BVerfGE 56, 54, 80f.; Isensee, Das Grundrecht als Abwehrrecht und als staatliche Schutzpflicht, in: HStR IX, § 191, Rn. 288.

527 BVerfGE 56, 54, 81.

zwischenzeitlichen Änderung der Verhältnisse verfassungswidrig geworden sind.[528]

Dahingehend hat das Verfassungsgericht eine Beobachtungs- und Nachbesserungspflicht des Gesetzgebers entwickelt: „Hat der Gesetzgeber eine Entscheidung getroffen, deren Grundlage durch neue, im Zeitpunkt des Gesetzeserlasses noch nicht abzusehende Entwicklungen entscheidend in Frage gestellt wird, dann kann er von Verfassungs wegen gehalten sein zu überprüfen, ob die ursprüngliche Entscheidung auch unter den veränderten Umständen aufrechtzuerhalten ist.“[529]

In der Entscheidung zum Schwangerschaftsabbruch II maß das Gericht die bestehenden Vorkehrungen allerdings am Untermaßverbot. Es forderte einen angemessenen Schutz, der auch wirksam ist.[530] Diese Art der Prüfung lässt eine höhere Kontrolldichte zu als die alleinige Evidenzkontrolle.[531]

In der Regel können also mehrere Möglichkeiten verfassungsgemäß sein. Nur in wenigen Fällen wird allein eine einzige bestimmte Maßnahme den Auftrag der Verfassung erfüllen und die staatliche Entscheidungsfreiheit auf dieses einzige zweckdienliche Mittel reduziert sein.[532]

Der grundrechtliche Anspruch des Bürgers auf Tätigwerden des Staates, der aus einer bestehenden Schutzpflicht erwächst, ist demzufolge selten auf eine bestimmte Leistung oder einen bestimmten Schutz gerichtet, sondern auf irgendeine Leistung und auf irgendeinen Schutz, solange dieser den aufgezeigten Voraussetzungen gerecht wird.[533]

Durch die vom Staat getroffene Maßnahme muss der Schutzpflicht genüge getan und der von der Verfassung vorgegebene Mindeststandard an Grundrechtssicherheit gewährleistet werden. Daraus ergibt sich für den Staat ein

---

528 BVerfGE 56, 54, 81; 77, 84, 106; 77, 170, 214f.; 79, 174, 202; 110, 141, 157; 117, 163, 183; 121, 317, 350; 125, 39, 78f.; BVerfG NJW 1996, 651, 652; Isensee, Das Grundrecht als Abwehrrecht und als staatliche Schutzpflicht, in: HStR IX, § 191, Rn. 295; Hofmann, in: Schmidt-Bleibtreu/Hofmann/Henneke, GG, Art. 2, Rn. 60.

529 BVerfGE 49, 89, 130; Horn, in: Stern/Becker, GG, Art. 2, Rn. 83.

530 BVerfGE 88, 203, 254.

531 Calliess, Schutzpflichten, in: HGR II, § 44, Rn. 6.

532 BVerfGE 46, 160, 164f.; 77, 170, 215; Jarass, in: Jarass/Pieroth, GG, Art. 2, Rn. 92; Isensee, Das Grundrecht als Abwehrrecht und als staatliche Schutzpflicht, in: HStR IX, § 191, Rn. 295.

533 Jarass, in: Jarass/Pieroth, GG, Vorb. vor Art. 1, Rn. 8; BVerfGE 77, 170, 215; 88, 203, 254.

Untermaßverbot bezüglich seines Gestaltungsspielraumes.[534] Diesem gegenüber steht das Übermaßverbot, welches der Staat beim Ergreifen von Maßnahmen, die das Grundrecht in seiner Funktion als Abwehrrecht einschränken, zu beachten hat. Daraus kann sich die Konstellation ergeben, dass der Staat Schutzvorkehrungen zu treffen hat, die einerseits nicht zu gering für den zu Schützenden ausfallen, andererseits auch nicht zu gewichtig in andere Grundrechte eingreifen. Hier gilt es, alle verschiedenen Belange in einen angemessenen Ausgleich zu bringen.[535]

Zu überprüfen bleibt, wie der Gesetzgeber hier die Schutzpflicht in Bezug auf die Ansteckung mit einer übertragbaren Krankheit ausgestaltet hat.

b. Impfgesetze

Zunächst ist festzustellen, dass die Legislative präventiv zur Eindämmung der Gefahr der Ansteckung die bezeichneten Regelungen des Infektionsschutzgesetzes geschaffen hat.[536]

Ziel ist es dabei, die oben untersuchte Gefahr durch das Freiwilligkeits-Modell hinsichtlich des Impfens einzudämmen. Ob diese jedoch angemessen und wirksam sind, bleibt der Verhältnismäßigkeitsprüfung im Sinne des Untermaßverbotes vorbehalten.

c. Strafrecht

Zur Untersuchung steht, ob strafrechtliche Vorschriften vor der Verletzung der körperlichen Unversehrtheit und des Lebens durch die Ansteckung mit einer impfpräventablen Krankheit schützen können.

Fraglich ist demzufolge, ob sich durch die Ansteckung mit einer übertragbaren Krankheit Strafbarkeiten für den Ansteckenden ergeben. Denn, wie erörtert, soll der Gesetzgeber Verstöße gegen das Schutzgut sanktionieren, um das Opfer zu schützen. Zum einen ist dabei an die Tatbestände des Strafgesetzbuches, zum anderen an das Nebenstrafrecht, hier das Infektionsschutzgesetz (IfSG), zu denken.

Eine solche Strafbarkeit könnte vorliegen, wenn eine an einer impfpräventablen Krankheit erkrankte Person einen Dritten mit dieser ansteckt. Zu prüfen sind hier einmal die §§ 73, 74 IfSG und überdies die Strafbarkeiten wegen

---

534 BVerfGE 88, 203, 254/262; Schulze-Fielitz, in: Dreier, GG, Art. 2 Abs. 2, Rn. 89 m. w. N.

535 Battis/Gusy, Einführung in das Staatsrecht, Rn. 373.

536 Siehe 2. Kap. B.

vorsätzlicher, gefährlicher oder fahrlässiger Körperverletzung im Sinne der §§ 223 Abs. 1, 224 Abs. 1 Nr. 1, 229 StGB und für den Fall, dass ein Infizierter infolgedessen stirbt, die Körperverletzung mit Todesfolge gemäß § 227 StGB sowie die fahrlässige Tötung nach § 222 StGB.

Des Weiteren sind Eltern in den Blick zu nehmen, die sich auf verschiedene Weise strafbar machen könnten.

aa. Strafbarkeiten nach dem IfSG

Der 15. Abschnitt des Infektionsschutzgesetzes enthält Straf- und Bußgeldvorschriften. Nach den §§ 73 Abs. 1 Nr. 14, 74 IfSG macht sich derjenige strafbar, der vorsätzlich Räume einer Gemeinschaftseinrichtung[537] betritt, deren Einrichtungen benutzt oder an Veranstaltungen derer teilnimmt[538] und dies alles trotz Vorliegens einer Erkrankung an einer der in § 34 Abs. 1 S. 1 IfSG aufgezählten Krankheiten und dadurch eine Krankheit oder einen Krankheitserreger[539] verbreitet. Diese Strafbarkeitsandrohung richtet sich gemäß § 34 Abs. 1 S. 1 IfSG sowohl an das Personal von Gemeinschaftseinrichtungen als auch nach § 34 Abs. 1 S. 2 IfSG an die dort Betreuten.

Als Vorsatzform ist hier schon dolus eventualis ausreichend, das bedeutet, dass jemand es ernstlich für möglich hält und sich damit abfindet[540], dass durch sein Verhalten eine Krankheit oder ein Krankheitserreger verbreitet wird. Schwierig erscheint in der Praxis der Nachweis des Vorsatzes, wenn der Betroffene versichert, dass er keine Kenntnis über den Erkrankungsumstand gehabt habe.

Mögliche Täter sind demnach in Gemeinschaftseinrichtungen Arbeitende sowie dort Betreute. Zu beachten ist hier, dass diejenigen, die Gemeinschaftseinrichtungen im Sinne des § 33 IfSG besuchen, fast ausschließlich Kinder und Jugendliche sind[541], die, soweit unter 14 Jahren alt[542], nicht schuldfähig sind. Daher macht sich nach den §§ 73 Abs. 1 Nr. 16, 74 IfSG auch derjenige Sorgeberechtigte strafbar, der vorsätzlich entgegen § 34 Abs. 4 IfSG nicht dafür sorgt, dass ein ihm anvertrauter Geschäftsunfähiger die oben bezeichneten Handlungen nicht begeht.

537 Diese werden in § 33 IfSG aufgezählt.
538 Handlungen nach § 34 Abs. 1 oder 2 IfSG.
539 Nur solche, die in § 6 Abs. 1 Nr. 1 und § 7 IfSG aufgezählt sind.
540 Wessels/Beulke/Satzger, Strafrecht AT, Rn. 333.
541 Vgl. auch Erdle, IfSG, § 33.
542 § 19 StGB.

Diese Spezialvorschriften des Infektionsschutzgesetzes finden folglich nur bezogen auf Gemeinschaftseinrichtungen und allein bei vorsätzlichem Verhalten Anwendung.[543]

Daneben sind die allgemeinen Vorschriften des Strafgesetzbuches zu prüfen.

bb. Strafbarkeiten nach dem StGB des „Ansteckenden"

(1) Strafbarkeit gemäß §§ 223 Abs. 1, 224 Abs. 1 Nr. 1 2. Alt. StGB wegen vorsätzlicher gefährlicher Körperverletzung

Nähert sich jemand bewusst einer anderen Person, obwohl er weiß, dass er an einer ansteckenden Krankheit leidet und erfährt dadurch der Dritte eine Ansteckung, so kommt ersterer als Täter der §§ 223 Abs. 1, 224 Abs. 1 Nr. 1 2. Alt. StGB in Frage. Eine solche Annäherung kann an jedem Ort stattfinden – am Arbeitsplatz, in öffentlichen Verkehrsmitteln, im Supermarkt und anderswo – und müsste in jedem Einzelfall untersucht werden.

Objektiver Tatbestand

Im objektiven Tatbestand des § 223 Abs. 1 StGB ist das Vorliegen einer Gesundheitsschädigung erforderlich. Als solche gilt jedes Hervorrufen oder Steigern eines vom Normalzustand der körperlichen Funktion des Opfers nachteilig abweichenden Zustandes, gleichgültig, auf welche Art und Weise die Beeinträchtigung erfolgt.[544]

Die Infektion einer anderen Person mit einer nicht ganz unerheblichen übertragbaren Krankheit ist als Gesundheitsschädigung gemeinhin anerkannt.[545] Dabei muss es nicht zum Ausbruch der Krankheit kommen.[546]

Qualifikation

Auch der Qualifikationstatbestand des § 224 Abs. 1 Nr. 1 2. Alt. StGB der gefährlichen Körperverletzung ist erfüllt, denn krankheitserregende Viren oder

543 Wenn durch die Handlung keine Krankheit oder kein Krankheitserreger verbreitet wird oder die Begehung nur fahrlässig ist, so handelt es sich lediglich um eine Ordnungswidrigkeit gemäß § 73 Abs. 1 Nr. 14, 16 IfSG.

544 Fischer, in: Fischer, StGB, § 223, Rn. 8; Sternberg-Lieben, in: Schönke/Schröder, StGB, § 223, Rn. 5.

545 BGHSt 36, 1, 6; BGHSt, NStZ 2009, S. 34–35, S. 34; Fischer, in: Fischer, StGB, § 223, Rn. 9, 13; Joecks (Hardtung), in: MüKo-StGB, § 223, Rn. 29.

546 BGHSt 36, 1, 7; BGHSt, NStZ 1999, S. 132–133, S. 132; Sternberg-Lieben, in: Schönke/Schröder, StGB, § 223, Rn. 7.

Bakterien sind als andere gesundheitsschädliche Stoffe im Sinne der Vorschrift zu verstehen.[547]

Kausalität und objektive Zurechnung

Problematisch erscheint die Strafbarkeit hinsichtlich der Kausalität und der objektiven Zurechnung. Selbst wenn erstere nach der Conditio-sine-qua-non-Formel im Sinne der Äquivalenztheorie[548] im theoretischen abstrakten Fall wohl zu bejahen ist, denn wenn die Ansteckung durch den Täter hinweggedacht wird, entfällt der konkrete Erkrankungserfolg beim Opfer, so ist der Nachweis der konkreten Kausalität in der Praxis im Grunde ausgeschlossen.[549] Es kann in der Regel nicht bewiesen, sondern nur vermutet werden, durch wen exakt ein Betroffener die Ansteckung mit einer übertragbaren Krankheit erfahren hat.[550] Sobald sich das Opfer in dem fraglichen Zeitraum der Infektion an irgendeinem öffentlich zugänglichen Ort aufgehalten hat, kommen neben dem wahrhaftigen Täter auch andere als potentielle Überträger der Krankheit in Betracht. Es bedürfte hier jeweils einer sehr genauen Untersuchung der Einzelfallumstände.[551] Ist die konkrete Kausalität nicht nachweisbar, so käme nur eine Versuchsstrafbarkeit in Betracht.[552]

Sollte eine Kausalität zwischen der Handlung und dem Erfolg trotzdem nachweisbar sein, so ist weiter im Sinne der herrschenden Lehre die objektive Zurechnung des Handlungserfolgs zu prüfen. Nach dieser ist ein Erfolg einem Täter nur dann objektiv zurechenbar, wenn der Täter eine rechtlich relevante Gefahr geschaffen hat, die sich im tatbestandsmäßigen Erfolg realisiert.[553] Um eine solche handelt es sich dabei nicht, wenn das Verhalten des Täters als sozialadäquat[554] einzustufen ist.[555] Das bedeutet, dass bestimmte Verhaltensweisen,

---

547 Kühl, in: Lackner/Kühl, StGB, § 224, Rn. 1a; Paeffgen/Böse, in: Kindhäuser/Neumann/Paeffgen, StGB, § 224, Rn. 9.

548 RGSt 1, 373, 374; BGHSt 1, 332, 333; zu den verschiedenen Kausalitätstheorien siehe Jäger, in: SK-StGB, Vor § 13, Rn. 22ff.

549 Siehe zur abstrakten und konkreten Kausalität: Colussi/Haase, Das Problem des Kausalitätsnachweises in komplexen Ermittlungs- und Strafgerichtsverfahren, Kriminalistik 2010, S. 473–479, S. 474.

550 Vgl. auch Bruns, Ein Rückschlag für die AIDS-Prävention, MDR 1989, S. 199–201, S. 199.

551 Siehe zum Kausalitätsnachweis: dd.

552 Vgl. Roth, Die Strafbarkeit von Masernpartys, S. 51.

553 Wessels/Beulke/Satzger, Strafrecht AT, Rn. 261.

554 Auch bezeichnet als „erlaubtes Risiko“, siehe Wessels/Beulke/Satzger, Strafrecht AT, Rn. 267.

555 Wessels/Beulke/Satzger, Strafrecht AT, Rn. 268 m. w. N.

die sich innerhalb des gesellschaftlichen Zusammenseins abspielen, trotz ihrer Gefährlichkeit als erlaubt gelten. Die Übertragung von Krankheiten dient hier oft als Beispielsfall.[556] Allerdings ist an dieser Stelle unbedingt zwischen den Arten von Krankheiten, die übertragen werden, zu differenzieren. Eine Erkältung, ein Schnupfen oder andere leichtere Erkrankungen können innerhalb der Gesellschaft sehr leicht von einem zum nächsten übertragen werden. Würde diese Übertragung als strafbar eingestuft werden, so könnte kein normales gesellschaftliches Leben mehr staatfinden. Jedem Menschen auch als medizinischem Laien muss im Zweifel bewusst sein, dass er sich durch das Treffen auf andere mit einer der oben bezeichneten Krankheiten infizieren könnte. Dementsprechend kann das Anstecken anderer mit einer solchen leichten Erkrankung als sozialadäquates und damit nicht strafbares Verhalten gelten. Anders gelagert ist das Ergebnis bei der Ansteckung mit Krankheiten, die möglicherweise schwerwiegende Folgen haben können. Fraglich ist, wie hier zwischen den verschiedenen Arten von Infektionen differenziert werden kann, mithin an welcher Stelle der Übergang von der Unerheblichkeits- zur Erheblichkeitsschwelle ist. Eine geeignete Orientierungshilfe bieten die §§ 6 ff. IfSG, welche meldepflichtige Krankheiten wie Krankheitserreger aufzählen[557]. Die Liste enthält solche übertragbaren Krankheiten, welche eine Gefahr für die Allgemeinheit oder Einzelne darstellen können[558], weshalb ihr Auftreten gemäß § 9 Abs. 3 IfSG unverzüglich dem Gesundheitsamt zu melden ist. Dass er sich mit dieser Art von Krankheiten im alltäglichen Zusammenleben ansteckt, damit muss der Einzelne nicht rechnen. Wer an einer dieser Infektionen der §§ 6, 7 IfSG erkrankt, hat sich fern von anderen Menschen aufzuhalten. Tut er dies nicht, so ist sein Verhalten nicht als sozialadäquat anzusehen, sodass ihm der Erfolg auch objektiv zugerechnet werden kann.[559]

---

556 Vgl. hierzu Roth, Die Strafbarkeit von Masernpartys, S. 57 m. w. N.

557 Beispielsweise Cholera, Diphtherie, Masern, Meningokokken-Meningitis, Mumps, Pest, Röteln, Tollwut, Varizellen (§ 6) sowie Ebola-, Gelbfieber-, Hepatitisviren, Salmonellen, HIV (§ 7) und noch weitere.

558 Erdle, IfSG, § 6 Zif. 1).

559 Ausführlich zu der Problematik der Differenzierung Roth, Die Strafbarkeit von Masernpartys, S. 57ff. m. w. N. Er kommt zu dem Schluss, dass im allgemeinen Sprachgebrauch wie auch in der strafrechtlichen Literatur häufig die Grippe mit grippalem Infekt verwechselt wird, wodurch verschiedene Ansichten in der Beurteilung der Sozialadäquanz entstehen. Zutreffender Weise nimmt er an, dass die Ansteckung mit ersterer nicht als soziaIädaquat zu werten ist, während eine solche mit letzterem als leichte Erkrankung noch im Rahmen des sozial Üblichen liegt.

Subjektiver Tatbestand

Als subjektives Tatbestandselement wäre bei dem Täter zumindest ein Eventualvorsatz, dolus eventualis, nachzuweisen. Das heißt, der Täter müsste es ernstlich für möglich halten und sich damit abfinden, dass sein Verhalten den Tatbestand der §§ 223 Abs. 1, 224 Abs. 1 Nr. 1 2. Alt. StGB verwirklicht[560], mithin, dass seinetwegen jemand an der Gesundheit verletzt wird.

Gelingt dieser Nachweis im konkreten Fall nicht, kommt die Prüfung der bewussten Fahrlässigkeit, der luxuria, in Betracht. Diese liegt vor, wenn dem Täter die Möglichkeit des Eintritts des Körperverletzungserfolgs zwar bewusst ist, er aber in pflichtwidriger Weise darauf vertraut, dass dieser ausbleibt[561], wenn er sich also an einer übertragbaren Krankheit leidend unter Menschen aufhält und davon ausgeht, dass er schon niemanden anstecken werde. In diesem Fall käme eine fahrlässige Körperverletzung gemäß § 229 StGB in Betracht.[562]

Rechtswidrigkeit

Gemäß § 228 StGB entfällt die Rechtswidrigkeit bei Einwilligung der verletzten Person. Zu fragen ist, ob ein bewusstes Nichtimpfen eine konkludente Einwilligung in eine Gesundheitsverletzung darstellt, denn der Betroffene nimmt dadurch eine Ansteckung selbst billigend in Kauf.

Eine solche Einwilligung muss grundsätzlich vom Rechtsgutsinhaber selbst gegeben werden, bei Einwilligungsunfähigen auch vom gesetzlichen Vertreter.[563] Dieser darf diese Befugnis im Sinne der §§ 1627 S. 1 und 1901 Abs. 2 S. 1 BGB nicht nach seinem Belieben, sondern nur zum Wohle des Einwilligungsunfähigen ausüben.[564]

Ein mutmaßliches Einverständnis des Opfers reicht dabei nicht aus[565], ein konkludentes schon.[566] Allerdings gilt als Einwilligung nicht ein bloßes passives Geschehenlassen, sondern allein ein bewusstes Einverstandensein.[567] Wenn eine

560 Wessels/Beulke/Satzger, Strafrecht AT, Rn. 333.

561 Wessels/Beulke/Satzger, Strafrecht AT, Rn. 335, 1106.

562 Dazu: (2).

563 Fischer, in: Fischer, StGB, § 228, Rn. 6.

564 Amelung/Eymann, Die Einwilligung des Verletzten im Strafrecht, JuS 2001, S. 937–946, S. 940.

565 Sternberg-Lieben, in: Schönke/Schröder, StGB, Vorb. § 32 ff., Rn. 32d.

566 Paeffgen/Zabel, in: Kindhäuser/Neumann/Paeffgen, StGB, § 228, Rn. 13, 32a; Amelung/Eymann, Die Einwilligung des Verletzten im Strafrecht, JuS 2001, S. 937–946, S. 941.

567 Kühl, in: Lackner/Kühl, StGB, § 228, Rn. 3.

Verletzung nur möglicherweise zu erwarten ist, dann genügt es, dass der Einwilligende ein Einverständnis mit der ihn gefährdenden Handlung zeigt und das Risiko einer daraus resultierenden Verletzung in Kauf nimmt.[568] Die Einwilligung muss zeitlich gesehen vor der Körperverletzung ergangen und zur Kenntnis des Täters gelangt sein. Eine nachträgliche Billigung ist nicht ausreichend.[569]

Der BGH hat ausgeführt, dass als Einwilligung nur ein solches Verhalten in Betracht kommt, durch welches der betroffene Rechtsgutsträger unmissverständlich macht, dass er das Rechtsgut der körperlichen Unversehrtheit der Einwirkung eines „bestimmten anderen" preisgeben will.[570]

Im Falle der Nichtimpfung wird eine Ansteckung zwar generell in Kauf genommen, nur sehr selten kommt es dabei aber vor, dass das Opfer sein Rechtsgut im Vorfeld der Verletzung einem bestimmbaren anderen preisgibt. [571] Eine allgemeine Preisgabe ist für die Einwilligung nicht ausreichend, sodass eine solche als Rechtfertigungsgrund regelmäßig ausfällt.

Schuld

Zu beachten ist weiter, dass Minderjährige unter 14 Jahren, die den Tatbestand verwirklicht haben, gemäß § 19 StGB schuldunfähig sind. Demnach kann die Tat nur von Personen im Alter ab 14 Jahren begangen werden. Realisieren Kinder unter 14 Jahren den Tatbestand, so kommt allenfalls eine Strafbarkeit derer Eltern in Betracht.[572]

Wenn ansonsten keine Rechtfertigungs-, Entschuldigungs- oder Schuldausschließungsgründe[573] vorliegen, so macht sich derjenige, der eine andere Person mit einer übertragbaren Krankheit vorsätzlich ansteckt, gemäß §§ 223 Abs. 1, 224 Abs. 1 Nr. 1 2. Alt. StGB strafbar. Dies kann am Nachweis der Kausalität und des Vorsatzes scheitern.

---

568 Bay ObLG, NJW 1968, S. 665–666, S. 665; siehe auch Kühl, in: Lackner/Kühl, StGB, § 228, Rn. 2a.

569 Paeffgen/Zabel, in: Kindhäuser/Neumann/Paeffgen, StGB, § 228, Rn. 32a.

570 BGHSt, 17, 359, 360.

571 Zum Beispiel bei sogenannten Masernpartys, siehe dazu Roth, Die Strafbarkeit von Masernpartys.

572 Siehe dazu: cc.

573 Infrage käme hier als Schuldausschließungsgrund möglicherweise fehlendes Unrechtsbewusstsein im Sinne des § 17 StGB, wenn dem Täter bei Begehung der Tat die Einsicht fehlte, Unrecht zu tun.

(2) Strafbarkeit gemäß § 229 StGB wegen fahrlässiger Körperverletzung

Ist kein Vorsatz nachweisbar, so kommt jedenfalls eine fahrlässige Körperverletzung nach § 229 StGB in Betracht. Danach ist sowohl die bewusste[574] als auch die unbewusste Fahrlässigkeit strafbar.

Unbewusst fahrlässig handelt derjenige, der die im Verkehr erforderliche Sorgfalt außer Acht lässt und infolgedessen den gesetzlichen Tatbestand verwirklicht, ohne Letzteres zu erkennen.[575]

Eine solche Fahrlässigkeit kann dann angenommen werden, wenn jemand weiß, dass er keinen wirksamen Impfschutz besitzt und sich im Falle des Auftretens der impfpräventablen Erkrankung trotzdem in Gesellschaft anderer aufhält.

Hier wie oben können der Kausalitätsnachweis sowie die Bestimmung des konkreten Täters problematisch sein. Liegen beide Punkte vor, so ist eine Fahrlässigkeitsstrafbarkeit nach § 229 StGB zu bejahen.

(3) Strafbarkeit gemäß § 227 StGB wegen Körperverletzung mit Todesfolge

Wenn das mit einer übertragbaren Krankheit angesteckte Opfer infolge der Krankheit verstirbt, dann kommt auch eine Strafbarkeit wegen Körperverletzung mit Todesfolge nach § 227 StGB in Betracht.

Dafür müssen zunächst die oben bezeichneten Voraussetzungen des § 223 Abs. 1 StGB wie ein Kausalzusammenhang zwischen der Körperverletzung und dem Todeseintritt vorliegen. Weiterhin muss der Täter im Hinblick auf den Todeserfolg gemäß § 18 StGB fahrlässig gehandelt haben, was bei vorsätzlicher Begehung des Grunddelikts indiziert wird.[576] Daneben muss der Tod des Opfers dem Täter zurechenbar sein. Dies ist wohl der Fall, wenn die Möglichkeit besteht, dass man an der betreffenden Krankheit auch sterben kann und jene damit auch objektiv vorhersehbar war. Zuletzt ist ein tatbestandsspezifischer Gefahrzusammenhang zwischen der Körperverletzung und dem Tod erforderlich.[577]

(4) Strafbarkeit gemäß § 222 StGB wegen fahrlässiger Tötung

Weiterhin kommt auch eine Strafbarkeit wegen fahrlässiger Tötung nach § 222 StGB in Betracht, wenn durch die Erkrankung der Tod eingetreten ist.

---

574 Siehe dazu schon 1.

575 Wessels/Beulke/Satzger, Strafrecht AT, Rn. 1106.

576 Fischer, in: Fischer, StGB, § 227, Rn. 7.

577 Siehe zu den verschiedenen Ansichten: Jäger, in: SK-StGB, § 227, Rn. 7ff.; Kindhäuser, Strafrecht BT, § 10, Rn. 3; Fischer, in: Fischer, StGB, § 227, Rn. 3.

cc. Strafbarkeit von Eltern

(1) Bei Erkrankung des eigenen Kindes

Eltern, deren Kind nicht geimpft ist und sich in Folge dessen mit einer übertragbaren Krankheit ansteckt, könnten strafbar sein wegen gefährlicher Körperverletzung durch Unterlassen gemäß §§ 223 Abs. 1, 224 Abs. 1 Nr. 1 2. Alt., 13 StGB.

Als Unterlassen im Sinne des § 13 StGB ist die Nichtvornahme einer objektiv gebotenen Handlung bei tatsächlicher Handlungsmöglichkeit in einer konkreten Gefahrenlage strafbar.[578] Vorliegend kommen als objektiv gebotene Handlungen der Eltern entweder das Impfenlassen des Kindes oder die Kontaktvermeidung des Kindes zu erkrankten oder krankheitsverdächtigten Personen in Betracht. Beides hätte aus der ex-ante-Perspektive den Eintritt des tatbestandsmäßigen Erfolgs – die Gesundheitsschädigung des Kindes – verhindert.[579] Fraglich ist jeweils, ob dem konkreten Täter die Vornahme einer dieser Handlungen tatsächlich, das heißt physisch-real, möglich gewesen wäre.[580] Solange das Kind aus medizinischer Sicht impfbar ist, ist ersteres der Fall. Alternativ besteht die Möglichkeit, das Kind von anderen fern zu halten.

Im Sinne der abgewandelten Äquivalenzformel[581] ist zu fragen, ob das rechtlich erwartete Verhalten nicht hinzugedacht werden kann, ohne dass der tatbestandsmäßige Erfolg entfiele.[582] Bei alternativer Vornahme der oben bezeichneten Handlungen entfiele jeweils die Krankheit des Kindes und damit der Körperverletzungserfolg. Die Eltern sind durch die natürliche Verbundenheit Beschützergaranten ihres eigenen Kindes[583], sodass die von § 13 Abs. 1 1. Hs. StGB erforderte Garantenstellung vorliegt. Daneben könnte auch eine Garantenstellung aus Verantwortlichkeit für eine Gefahrenquelle angenommen werden, wenn man das erkrankte Kind als Gefahrenquelle betrachtet.[584]

Das Unterlassen der Eltern entspricht hier einem Tun im Sinne des § 13 Abs. 1 2 Hs. StGB.

Als Vorsatzart reicht dolus eventualis. Dabei müssen die Eltern den Willen zum Untätigbleiben haben in Kenntnis aller Merkmale des objektiven

578 Wessels/Beulke/Satzger, Strafrecht AT, Rn. 1156.
579 Vgl. Kindhäuser, Strafrecht AT, § 36, Rn. 9.
580 BGH NStZ 1997, S. 545–546.
581 Auch „hypothetische Kausalität", siehe Rengier, Strafrecht AT, § 49, Rn. 13.
582 BGHSt 6, 1, 2.
583 Nach § 1626 BGB; siehe auch BGHSt 19, 167, 168.
584 Vgl. Fischer, in: Fischer, StGB, § 13, Rn. 60.

Tatbestands und in dem Bewusstsein, dass die Abwendung der Ansteckung und damit der Erkrankung des Kindes als Taterfolg möglich ist.[585]

Nach Rechtsprechung und Lehre steht die Unterlassensstrafbarkeit unter dem Vorbehalt der Zumutbarkeit normgemäßen Verhaltens.[586] Zweifelhaft erscheint, ob die Vornahme einer Impfung den Eltern, die eine solche ablehnen, zugemutet werden kann. Dies mag jedoch dahinstehen, da zumindest die Kontaktvermeidung zu anderen Personen im Krankheitsfall als Alternativverhalten zumutbar erscheint.

Glauben die Eltern allerdings, die rechtlich geforderte Handlung unterlassen zu dürfen, so kann ein Gebotsirrtum[587] oder ein Verbotsirrtum im Sinne des § 17 StGB vorliegen.

(2) Bei Erkrankung eines Dritten

Darüber hinaus ist zu überlegen, ob Eltern, die ihr Kind, welches an einer übertragbaren, durch Impfung vermeidbaren Krankheit leidet, in Kontakt mit anderen Personen bringen, sich auch der oben unter Punkt (bb) (1) bezeichneten Delikte strafbar machen.[588] Dies kommt insbesondere in Betracht, wenn deren Kind unter 14 Jahre alt und damit gemäß § 19 StGB schuldunfähig ist.

Hier könnte zunächst eine Begehung in mittelbarer Täterschaft im Sinne des § 25 Abs. 1 2. Fall StGB in Betracht gezogen werden, bei der das Kind als ohne Vorsatz und schuldlos handelndes Werkzeug eingesetzt wird.[589] Wahrscheinlich ist eine solche Konstruktion in diesem Fall aber überflüssig, weil allein die Handlung der Eltern, das erkrankte Kind in die Nähe von anderen Personen zu bringen, bereits als kausale Tathandlung tauglich ist.

Durch diese Handlung schaffen die Eltern eine rechtlich relevante Gefahr, die sich im tatbestandsmäßigen Erfolg realisiert, sodass dieser ihnen zugerechnet werden kann.

Abermals kann hier ein Problem im Nachweis der Kausalität und des Vorsatzes liegen.

---

585 Jäger, in: SK-StGB, § 13, Rn. 68ff.

586 BGHSt 48, 77, 89; Momsen, Die Zumutbarkeit als Begrenzung strafrechtlicher Pflichten, S. 386ff.

587 Vgl. BGHSt 19, 295.

588 Siehe dazu schon oben bezügliche der Gemeinschaftseinrichtungen, siehe auch zur Strafbarkeit von sogenannten „Masernpartys“: Roth, Die Strafbarkeit von Masernpartys; Esser/Beckert, „Masern-Party“, JA 2012, S. 590–596.

589 Zur mittelbaren Täterschaft siehe Kindhäuser, Strafrecht AT, § 39, Rn. 7ff.

dd. Beweiswürdigung im Strafverfahren

Das Gericht führt die Beweisaufnahme im Strafverfahren gemäß § 244 Abs. 2 StPO durch. Problematisch ist vorliegend – wie erörtert – der Nachweis der Kausalität. Es drängt sich hier ein Vergleich mit den bekannten Fällen der strafrechtlichen Produkthaftung auf, bei welchen jeweils kein Ursächlichkeitsnachweis im naturwissenschaftlichen Sinne erbracht werden konnte, dass ein bestimmter Inhaltsstoff eines Produktes zu Gesundheitsbeeinträchtigungen geführt hatte.[590] Um dieses unbefriedigende Ergebnis abzuwenden, wird vorgeschlagen, der Richter solle die Kausalitätsfrage anhand von Erfahrungssätzen lösen.[591] Er soll in der Hauptverhandlung aus Indizien Schlüsse ziehen, wie es die empirische Naturwissenschaft im Übrigen auch tue.[592]

Der Nachweis der Kausalität muss dabei in freier richterlicher Beweiswürdigung erfolgen.[593] Eine Wahrscheinlichkeitsaussage bezüglich der Kausalität kann für den Richter dann ausreichen, um die Kausalität juristisch zu bejahen.[594] Demnach besteht in der Praxis die Option, das Vorliegen eines Ursachenzusammenhanges anzunehmen.

Schwierig wird es hingegen für das Opfer einer Ansteckung sein, überhaupt einen konkreten Täter benennen zu können, sodass die Staatsanwaltschaft diesen gemäß § 170 Abs. 1 StPO anklagen könnte. Fest steht ein solcher konkreter Ansteckender beispielsweise in den Fällen von organisierten Masernpartys oder wenn innerhalb einer festen Gruppe, wie in einer Kinderbetreuungseinrichtung, eine bestimmbare Person erkrankt ist und danach weitere Krankheiten auftreten.

ee. Zwischenergebnis

Das Strafrecht bietet in der Theorie einige Möglichkeiten, nach denen sich ein Ansteckender als Täter strafbar macht. Praktisch kann es oft schwierig sein, einen konkreten Täter ausfindig zu machen.

---

590 Siehe dazu Jähnke, Strafrechtliche Produkthaftung, Jura 2010, S. 582–587 m.w.N.: Wesentlich sind die Contergan-, Lederspray- und Holschutzmittelfälle.

591 Jähnke, Strafrechtliche Produkthaftung, Jura 2010, S. 582–587, S. 587.

592 Jähnke, Strafrechtliche Produkthaftung, Jura 2010, S. 582–587, S. 587.

593 Colussi/Haase, Das Problem des Kausalitätsnachweises in komplexen Ermittlungs- und Strafgerichtsverfahren, Kriminalistik 2010, S. 473–479, S. 477.

594 Colussi/Haase, Das Problem des Kausalitätsnachweises in komplexen Ermittlungs- und Strafgerichtsverfahren, Kriminalistik 2010, S. 473–479, S. 475.

d. Zivilrecht

Daneben könnte zivilrechtlich eine Haftung des Ansteckenden gegeben sein.

aa. Gefährdungshaftung des Ansteckenden nach § 833 S. 1 BGB

Ob Bakterien oder Viren, die eine Infektionskrankheit bei einem Dritten durch Ansteckung auslösen, Tiere im Sinne des § 833 S. 1 BGB sind[595] und damit eine zivilrechtliche Gefährdungshaftung auslösen, kann dahinstehen, da ein Erkrankter jedenfalls nicht als „Halter" im Sinne der Vorschrift anzusehen ist. Als solcher gilt derjenige, dem die Bestimmungsmacht über das Tier zusteht und der es aus eigenem Interesse nicht nur vorübergehend nutzt.[596] Bei unfreiwillig erworbenen Viren oder Bakterien ist man nicht deren „Halter".[597]

bb. Verschuldenshaftung des Ansteckenden nach § 823 Abs. 1 BGB

Die Infektion mit einer übertragbaren Krankheit kann grundsätzlich als Gesundheitsverletzung im Sinne der Vorschrift gelten.[598] Allerdings gibt es auch Infektionen, deren Übertragung der Verkehr im Allgemeinen als sozialadäquat hinnimmt, wie beispielsweise ein einfacher Schnupfen. Eine Ansteckung mit jenen ist als rücksichtslos anzusehen, nicht aber als unerlaubte Handlung.[599] Ansonsten müsste der Erkrankte bis zum Eintritt einer vollständigen Genesung jedweden Kontakt zu Dritten strikt vermeiden[600], wodurch das Funktionieren des gesamten gesellschaftlichen Zusammenlebens gefährdet würde. An dieser Stelle errichtet die Literatur also eine Unerheblichkeitsschwelle, unterhalb derer eine Ansteckung nicht als Delikt anzusehen ist.[601] Um die Grenze zu ziehen, ist im Einzelfall zu untersuchen, welche Heilungsmöglichkeiten eine Krankheit hat und wie hoch die Infektionsgefahr konkret ist. Weiterhin sollte das Verhalten des

---

595 Vgl. Dördelmann, Tierhalterhaftung bei Schädigungen durch Mikroorganismen, VersR 2018, S. 1234–1240. Siehe zum Streitstand Eberl-Borges, in: Staudinger, BGB, § 833, Rn. 11ff. m. w. N.

596 BGHZ NJW-RR 88, S. 655–657, S. 656.

597 Deutsch, Die Infektion als Zurechnungsgrund, NJW 1986, S. 757–759, S. 757.

598 Hager, in: Staudinger, BGB, § 823, Rn. B 24 m. w. N. Siehe auch BGHZ 114, 284, 289.

599 So Deutsch, Die Infektion als Zurechnungsgrund, NJW 1986, S. 757–759, 758; hierzu auch Spickhoff, in: Soergel, BGB, § 823, Rn. 42.

600 Hager, in: Staudinger, BGB, § 823, Rn. B 24.

601 Deutsch, Die Infektion als Zurechnungsgrund, NJW 1986, S. 757–759, S. 758; Deutsch, Zivilrechtliche Haftungsprobleme von AIDS, S. 277: Er sieht die Grippe als „immer wieder auftretende, hinzunehmende Plage der Menschheit" an und damit eine Ansteckung mit ihr oder einem Schnupfen als sozialadäquat.

Erkrankten gegenüber besonders gefährdeten Personen, beispielsweise älteren Menschen oder Säuglingen, vorsichtiger sein als gegenüber anderen.[602]

Als weitere Richtschnur bieten sich die oben erarbeiteten Kriterien unter Beachtung der Aufzählungen des Infektionsschutzgesetzes an.[603] Letztendlich ist die Existenz einer Unerheblichkeitsschwelle immer im Einzelfall zu prüfen.

Die tatbestandliche Handlung ist hier wieder das In-Kontakt-Treten mit einer anderen Person trotz Vorliegens einer übertragbaren Krankheit.

Die Rechtsgutverletzung muss der Handlung des Anspruchsgegners objektiv zurechenbar sein. Die Verbindung zwischen Handlung und Verletzungserfolg ist im Deliktsrecht die haftungsbegründende Kausalität.[604] Diese wird wie im Strafrecht zunächst nach der naturwissenschaftlichen Äquivalenztheorie (Conditio-sine-qua-non-Formel) geprüft. Dies birgt dieselbe Nachweisproblematik wie oben.[605] Unterstellt man trotzdem die Kausalität, ist daneben zur Einschränkung der Uferlosigkeit der Ergebnisse nach der Adäquanztheorie zu ermitteln, ob der eingetretene Schaden soweit außerhalb aller Wahrscheinlichkeit liegt, dass mit seinem Eintritt vernünftigerweise nicht zu rechnen war.[606] Dass sich jemand mit einer übertragbaren Krankheit durch Kontakt zu einem Infizierten anstecken kann, ist naheliegend und daher nicht außerhalb aller Wahrscheinlichkeit. Zuletzt bildet die Lehre vom Schutzzweck der Norm ein Korrektiv, nach welcher der geltend gemachte Schaden gerade aus dem Bereich derjenigen Gefahren stammen muss, die eben durch die verletzte Rechtsvorschrift abgewendet werden sollen.[607] Bei unmittelbaren Verletzungen des Rechtsguts, wie hier der Gesundheit oder des Lebens, ist dies regelmäßig der Fall.[608]

Die Verletzungshandlung muss des Weiteren widerrechtlich geschehen sein. Wenn der objektive Tatbestand erfüllt ist, wird in der Regel nach der Lehre vom Erfolgsunrecht dadurch auch die Rechtswidrigkeit indiziert.[609] Liegen jedoch Rechtfertigungsgründe[610] vor, so ist dies nicht der Fall.

---

602 Spickhoff, in: Soergel, BGB, § 823 Rn. 42.

603 Vgl. schon c. bb. (1).

604 Staudinger, in: Hk-BGB, § 823, Rn. 45.

605 Siehe dazu schon c. bb. (1). Allerdings ist die Beweiswürdigung im Zivilrecht eine andere als im Strafrecht, dazu: ee.

606 BGH NJW 1991, S. 1109-1111, S. 1110.

607 BGHZ 57, 245, 256.

608 Staudinger, in: Hk-BGB, § 823, Rn. 49.

609 Brox/Walker, Schuldrecht BT, § 45, Rn. 47, anders nach der Lehre vom Handlungsunrecht, siehe zum Streit: Brox/Walker, Schuldrecht BT, § 45 Rn. 47–49.

610 Z. B. §§ 227ff., 904 BGB.

Zuletzt muss der rechtswidrige Eingriff in die Gesundheit schuldhaft erfolgt sein. Voraussetzung dafür ist die Verschuldensfähigkeit des Täters im Sinne der §§ 827 f. BGB. Nach § 828 Abs. 1 BGB sind Kinder unter sieben Jahren verschuldensunfähig. Kinder im Kindergartenalter fallen danach als Täter aus. Nach Abs. 3 ist die Verschuldensfähigkeit von Kindern und Jugendlichen, die das siebente, nicht aber das 18. Lebensjahr vollendet haben, beschränkt. Sie sind nur dann nicht verantwortlich für einen einem anderen zugefügten Schaden, wenn sie bei Begehung der Handlung nicht die zur Erkenntnis der Verantwortlichkeit erforderliche Einsichtsfähigkeit besaßen. Dabei ist auf die intellektuelle Einsichtsfähigkeit des individuellen Täters abzustellen, die nach der Rechtsprechung dann vorliegt, wenn der Täter seiner geistigen Entwicklung entsprechend erkennen kann, dass eine allgemeine Gefahr oder ein allgemeiner Schaden vorliegen.[611] Dass der Kontakt zu anderen Personen bei Vorliegen einer übertragbaren Krankheit eine Gefahr darstellt und dadurch andere infiziert werden können, wird Kindern im Grundschulalter eher nicht in vollen Umfang bewusst sein, während ältere Kinder diese Erkenntnis durchaus haben können. Das Vorliegen der Einsichtsfähigkeit ist immer im Einzelfall zu prüfen.[612]

Schuldformen sind entweder Vorsatz oder Fahrlässigkeit gemäß § 276 Abs. 2 BGB, was bedeutet, dass der Eintritt des Verletzungserfolgs sowohl nach einem objektiv-abstrakten Sorgfaltsmaßstab sowohl vorhersehbar als auch vermeidbar war. Um die im Verkehr erforderliche Sorgfalt zu ermitteln, ist auf den jeweiligen Verkehrskreis abzustellen und beispielsweise nach Berufs-, Bildungs- oder Altersgruppen zu differenzieren.[613]

Aus der Rechtsgutsverletzung – der Erkrankung des Opfers – muss ein Schaden resultieren. Hier kommen zum einen Vermögensschäden in Betracht.[614] Vorliegend könnten beispielsweise die ärztlichen Behandlungskosten oder ein Verdienstausfall des Opfers als Vermögensfolgeschäden der Erkrankung geltend gemacht werden. Nach § 253 Abs. 2 BGB sind aber auch immaterielle Schäden ersatzfähig, zum Beispiel Schmerzen, die das Opfer durch die Krankheit erleiden musste.[615]

---

611 Staudinger, in: Hk-BGB, § 828 Rn. 6 m. w. N.

612 Wird die Einsichtsfähigkeit des Kindes oder Jugendlichen verneint oder ist das Kind unter sieben Jahre, so kommt eine Haftung der Eltern als Aufsichtspflichtige nach § 832 BGB in Betracht. Siehe dazu: dd.

613 Schulze, in: Hk-BGB, § 276, Rn. 10ff.

614 Solche sind nach den §§ 249 ff. BGB zu ersetzen.

615 Ebert, in: Erman-BGB, § 253, Rn. 16ff.

Zuletzt muss die haftungsausfüllende Kausalität vorliegen, mithin ein Kausalzusammenhang zwischen der Rechtsgutverletzung und dem Schaden.[616] Durch die Gesundheitsschädigung ist hier kausal ein Vermögensschaden eingetreten, sodass der Zusammenhang zu bejahen ist.

cc. Verschuldenshaftung des Ansteckenden nach § 823 Abs. 2 BGB

Auch könnte eine Schadensersatzpflicht nach § 823 Abs. 2 BGB vorliegen, wenn der Anspruchsgegner rechtswidrig und schuldhaft ein Schutzgesetz verletzt hat. Hier käme die Verletzung der oben untersuchten Normen des Strafgesetzbuches und des Infektionsschutzgesetzes in Betracht.[617]

dd. Vermutete Verschuldenshaftung des Aufsichtspflichtigen nach § 832 Abs. 1 S. 1 BGB

Wenn ein Aufsichtsbedürftiger, vorliegend insbesondere ein Minderjähriger, den Tatbestand des § 823 Abs. 1 BGB erfüllt hat, mithin einen Dritten durch Übertragung einer Krankheit an der Gesundheit geschädigt hat, selbst aber nicht verschuldensfähig ist[618], kommt eine Haftung des Aufsichtspflichtigen durch pflichtwidriges Unterlassen in Betracht. Dies sind in der hier zu prüfenden Konstellation in erster Linie die Eltern gemäß §§ 1626 ff. BGB.[619] Anknüpfungspunkt für deren Haftung ist deren eigene schuldhafte Verletzung einer Verkehrspflicht.[620]

Voraussetzung hierfür ist zum einen eine widerrechtliche Schadenszufügung durch den Aufsichtsbedürftigen. Dies wäre vorliegend das Anstecken eines Dritten mit einer übertragbaren Krankheit durch das Kind.

Zum anderen müsste eine Verletzung der Aufsichtspflicht durch die Eltern gegeben sein. Ein solches wäre nicht der Fall, wenn diese zur Verhinderung der Schädigung des Dritten alles getan haben, „was von einem verständigen Aufsichtspflichtigen in seiner Lage nach den Umständen des Einzelfalls vernünftiger- und billigerweise verlangt werden konnte."[621] Diese Bewertung bezieht sich immer auf die konkrete Gefahrensituation, nicht allgemein auf die

616 Spickhoff, in: Soergel, BGB, § 823, Rn. 2ff.

617 Vgl. Hager, in: Staudinger, BGB, § 823, Rn. G 9.

618 Siehe dazu oben.

619 Des Weiteren kommen Vormund oder Pfleger gemäß §§ 1793 ff., 1909 BGB in Betracht.

620 Staudinger, in: Hk-BGB, § 832, Rn. 1.

621 Bernau, in: Staudinger, BGB, § 832, Rn. 65 m. w. N. insb. der Rspr.

Aufsichtspflicht eines Erziehungsberechtigten.[622] Zu prüfen ist der konkrete Inhalt der Aufsichtspflicht in der Situation des bestimmten Einzelfalls.[623] Zum Beispiel sind die Eltern gehalten, eine vorhandene Gefahrenquelle zu beseitigen, um das gefahrbringende Verhalten des Kindes unmöglich zu machen.[624]

Vorliegend stellt das erkrankte Kind selbst die Gefahrenquelle dar, von ihm geht die Ansteckungsgefahr aus. Die Eltern haben in einem solchen Fall dafür Sorge zu tragen, dass das kranke Kind nicht in Kontakt zu Dritten gerät, die es anstecken könnte, um einen Schadenseintritt zu vermeiden. Dies gilt – wie oben – für Krankheiten, die über der Erheblichkeitsschwelle liegen. Bei dieser Art von Erkrankungen muss ein solches Fernhalten des Kindes regelmäßig von umsichtig handelnden Eltern verlangt werden können. Unterbinden sie den Kontakt des Kindes zu anderen nicht und geben es beispielsweise trotz Erkrankung in die Kindertageseinrichtung oder Schule, so ist dies als eine Verletzung ihrer Aufsichtspflicht zu werten.

Die Handlung des Aufsichtsbedürftigen muss für den Schadenseintritt ursächlich sein, daneben muss zusätzlich ein Kausalzusammenhang zwischen der Aufsichtspflichtverletzung und dem Eintritt des Schadens bestehen.[625] Beides ist im theoretischen Fall zu bejahen, die Problematik der Nachweisbarkeit der erstgenannten Kausalbeziehung besteht jedoch fortwährend.

Neben der Haftung aus § 832 Abs. 1 S. 1 BGB können die Eltern durch ihr eigenes Handeln auch eine solche nach § 823 Abs. 1 BGB auslösen, wenn ihnen neben dem Unterlassen der Beseitigung der Gefahrenquelle auch noch ihr eigenes positives Tun zum Vorwurf gemacht werden kann[626], etwa, wenn sie ihr Kind trotz Vorliegens einer ansteckenden Krankheit in eine Einrichtung geben.[627]

ee. Anscheinsbeweis im Zivilprozess nach § 286 Abs. 1 S. 1 ZPO

Nach § 286 Abs. 1 S. 1 ZPO hat das Gericht im Zivilprozess nach freier Überzeugung zu entscheiden, ob eine Behauptung als wahr oder unwahr zu erachten ist.

---

622 Bernau, in: Staudinger, BGB, § 832, Rn. 65.
623 Bernau, in: Staudinger, BGB, § 832, Rn. 68f.
624 Bernau, in: Staudinger, BGB, § 832, Rn. 128.
625 Bernau, in: Staudinger, BGB, § 832, Rn. 175.
626 Bernau, in: Staudinger, BGB, § 832, Rn. 205; für den Geschädigten ist die Haftung aus § 823 Abs. 1 BGB beweisrechtlich allerdings ungünstiger.
627 Ist bei minderjährigen Anspruchsgegnern weder eine Haftung aus § 823 Abs. 1, 2, noch aus § 832 Abs. 1 S. 1 BGB einschlägig, so kommt möglicherweise eine Ersatzpflicht aus Billigkeitsgründen gem. § 829 BGB in Betracht.

Grundsätzlich trägt jede Partei die Beweislast dafür, dass der Tatbestand der für sie günstigen Rechtsnorm erfüllt ist.[628] Das heißt, das Opfer müsste vorliegend den Ursächlichkeitsnachweis führen, es sei denn, es greift ein Anscheinsbeweis.[629] Ein solcher liegt vor, wenn ein typischer Geschehensablauf nach der Lebenserfahrung für eine zu beweisende Tatsache spricht.[630] Bei Kontakt einer erkrankten Person zu einer anderen, die daraufhin erkrankt, ergibt sich die Ursächlichkeit aus dem typischen Geschehensablauf. Hat beispielsweise ein erkranktes Kind in einer Kindertageseinrichtung mit einem gesunden gespielt, welches wenig später an derselben Krankheit erkrankt, so spricht der Anschein dafür, dass sich das eine bei dem anderen angesteckt hat.[631]

In dem Fall muss der Geschädigte nur den Schadenseintritt – also seine eigene Erkrankung – wie die dafür typische Ursache, hier die Erkrankung des Beschuldigten und Kontakt zum Opfer, beweisen.

Jedoch ist auch für eine zivilrechtliche Haftung erforderlich, dass der Geschädigte den Täter benennen kann.

ff. Zwischenergebnis

Demzufolge kommt eine Inanspruchnahme des Ansteckenden auf Schadensersatz nach dem BGB grundsätzlich theoretisch in Betracht. In der Praxis kann sich jedoch auch hier das Problem ergeben, dass der konkrete Ansteckende nicht immer benannt werden kann.

e. Zwischenergebnis

Dem Gesetzgeber steht ein großer Gestaltungsspielraum hinsichtlich der zu treffenden Gesetzesmaßnahmen zu. Vorliegend hat er den Gesetzgebungsauftrag dem Grunde nach erfüllt und eine Reihe von Gesetzen erlassen, die den Schutz der Gesundheit vor der Ansteckung mit einer impfpräventablen, übertragbaren Krankheit gewährleisten sollen, namentlich solche im IfSG, im StGB wie im BGB. In der theoretischen Anwendung der straf- und zivilrechtlichen

---

628 Seiler, in: Thomas/Putzo, ZPO, Vorb. § 284, Rn. 23.

629 Die Kausalität kann nach den Grundsätzen des Anscheinsbeweises im Zivilrecht geklärt werden, vgl. BGH NJW 1987, S. 2302–2304, S. 2303.

630 BGH NJW 2006, S. 2262–2263, S. 2263 m. w. N; Seiler, in: Thomas/Putzo, ZPO, § 286 Rn. 12. Bestehen jedoch Zweifel an der vorgetragenen Ursächlichkeit, so läuft der Anscheinsbeweis ins Leere und erstere ist zu verneinen, vgl. KG Berlin, MDR 2010, S. 1450–1451, S. 1451.

631 Vgl. auch Deutsch, Zivilrechtliche Haftungsprobleme von AIDS, S. 278.

Vorschriften kann ein Ansteckender bestraft beziehungsweise haftbar gemacht werden. Dies kann in der praktischen Umsetzung jedoch daran scheitern, dass ein Täter nicht bestimmt werden kann. Jedenfalls ist aber der Gesetzgeber nicht untätig geblieben.

4. Verhältnismäßigkeitskontrolle des Schutzes

Den obigen Ausführungen zufolge sind die geltenden Impfregelungen im Hinblick auf den Schutz des Einzelnen oder der Bevölkerung vor der Ansteckung mit einer übertragbaren Krankheit wegen des gesetzgeberischen Entscheidungsspielraums nur begrenzt überprüfbar. Anhand der Kriterien des Bundesverfassungsgerichts ist zu fragen, ob die vorhandenen Regelungen offensichtlich vollkommen ungeeignet sind. Im Anschluss bleibt zu untersuchen, ob der Schutz durch sie angemessen und wirksam ist. Dies kann auch davon abhängen, ob seit Erlass der Regelungen zwischenzeitlich eine Veränderung der Verhältnisse eingetreten ist. In dem Fall besteht eine Überprüfungspflicht des Gesetzgebers.

a. Straf- und zivilrechtliche Regelungen

Der Schutz der körperlichen Unversehrtheit im Sinne des Art. 2 Abs. 2 S. 1 GG jedes Einzelnen soll in genereller Weise durch die Straf- und Schadensersatzandrohung gegen einen potentiellen Schädiger gewährleistet werden.

Durch die strafrechtlichen Regelungen zum Schutz der körperlichen Unversehrtheit besteht zumindest theoretisch die Möglichkeit, denjenigen, der einen anderen vorsätzlich oder fahrlässig mit einer Krankheit ansteckt, zu bestrafen. Diese drohende Strafbarkeit kann geeignet sein, den Einzelnen von der Begehung einer solchen Tat abzuschrecken. Allerdings ist es für potentielle Täter auch offensichtlich, dass sie oft nicht ausfindig gemacht werden können, sodass die Abschreckungsfunktion eine Relativierung erfährt.

Im Zivilrecht bestehen grundsätzlich Möglichkeiten, bei einer Ansteckung mit einer impfpräventablen Infektionskrankheit den Schädiger in Anspruch zu nehmen. Diese Aussicht kann zur Verhaltenssteuerung von potentiellen Schädigern beitragen, wodurch das Rechtsgut des Opfers Schutz erfährt. Im Falle einer Schädigung kann das Opfer einen Ausgleich verlangen. Aber auch die zivilrechtliche Inanspruchnahme des Täters setzt voraus, dass man den konkreten Ansteckenden benennen kann.

Diese Regelungen sind demnach nur bedingt geeignet, den Schutz der körperlichen Unversehrtheit zu gewährleisten. Eine solche bedingte Eignung reicht jedoch nach dem Maßstab des Bundesverfassungsgerichts aus, solange eben keine vollkommene Ungeeignetheit vorliegt.

b. Regelungen des IfSG

Das Ziel der Impfgesetzgebung des Gesetzgebers ist es, den Schutz der Gesundheit des Einzelnen insbesondere durch das Zurverfügungstellen von Informationen und Empfehlungen mit der erwünschten Folge des Sich-impfen-Lassens zu erreichen. Dadurch soll die Gefahr der Erkrankung eingedämmt und der Schutz gewährleistet werden. Wie festgestellt besteht überall dort, wo Menschen aufeinandertreffen, ein Schutzbedarf.[632]

Für die Untersuchung der Schutzpflichterfüllung ist es entscheidend, aus wessen Warte die vorhandenen Schutzmaßnahmen betrachtet werden. Daher wird hier nach den verschiedenen Adressaten differenziert, an die sich jeweils der Schutz richtet.

aa. Einzelner Erwachsener

Erwachsene können, soweit sie körperlich und geistig in der Lage sind, ihren Gesundheitsschutz selbstständig herbeiführen, indem sie sich für die Durchführung einer Schutzimpfung bei sich selbst entscheiden.

Über die Impfgesetze stellt der Gesetzgeber ihnen Informationen über die Vor- und Nachteile von Schutzimpfungen zur Verfügung und gibt Empfehlungen, welche Impfungen durchgeführt werden sollten.[633]

Der Einzelne soll die Verantwortung für seine eigene Gesundheit selbst tragen.

Diese Regeln des Infektionsschutzgesetzes sind hier nicht offensichtlich ungeeignet und können den Einzelnen bei ihrer Beachtung durchaus vor der Ansteckung mit einer Krankheit schützen.

Entscheidet sich jemand gegen die Vornahme von Impfungen bei sich selbst, so liegt dies im Rahmen seiner Handlungsfreiheit. Er verzichtet mithin auf den Schutz seiner eigenen Person durch den Staat, was in der Regel auch möglich ist.[634]

---

632 Siehe 2.

633 Vgl. oben zur Subsidiarität: 2. c.

634 Vgl. oben: A. I. a. cc. In diesem Fall können durch den Ungeimpften auch Dritte, die wiederum gemäß Art. 2 Abs. 2 S. 1 GG durch den Staat zu schützen sind, angesteckt werden. Es entsteht ein Grundrechtsdreieck (vgl. oben 1.), in dem sich jeweils die zu schützenden und abwehrrechtlichen Positionen gegenüber stehen. Vorliegend sollen aber zunächst die einzelnen Positionen isoliert betrachtet werden.

Für sich genommen ist der Schutz gegenüber dem einzelnen gesunden Erwachsenen durch Bereitstellen von Informationen also ausreichend und auch angemessen und wirksam.

Anders verhält es sich jedoch bei Erwachsenen, die ihre Angelegenheiten nicht selbst besorgen können und daher unter Betreuung im Sinne von § 1896 BGB stehen. Diese können die Impfentscheidung nicht selbst treffen und sind diesbezüglich auf einen anderen, nämlich ihren Betreuer gemäß § 1896 BGB, angewiesen. Dieser ist hier der Adressat der Impfinformationen und -empfehlungen.

Der Gesetzgeber hat zur Sicherstellung des Schutzes der Betreuten ergänzend § 1904 Abs. 2 BGB erlassen, nach welchem die Nichteinwilligung des Betreuers in eine Untersuchung des Gesundheitszustandes, eine Heilbehandlung oder einen ärztlichen Eingriff der Genehmigung des Betreuungsgerichts bedarf, wenn die Maßnahme medizinisch angezeigt ist und die Gefahr eines gesundheitlichen Schadens für den Betreuten besteht. Zum Fall des ärztlichen Eingriffs dürfe auch die Durchführung einer Schutzimpfung zählen.[635] Willigt der Betreuer zu einer solchen nicht ein, so kann das Betreuungsgericht angerufen werden. Dies gewährleistet den Gesundheitsschutz des Betreuten und wird damit dem Schutzauftrag der Verfassung gerecht.

bb. Einzelnes Kind

Kinder können allein (noch) keinen vernünftigen Entschluss darüber fassen, ob sie eine Schutzimpfung empfangen wollen oder nicht.[636] Sie sind hier auf die Entscheidung ihrer Eltern[637], die nach Art. 6 Abs. 2 S. 1 GG i. V. m. § 1626 BGB dafür zuständig sind, angewiesen.

Dementsprechend richtet sich die staatliche Information über die Wichtigkeit von Schutzimpfungen in diesem Fall an die Eltern. Bei der Anmeldung ihres Kindes in eine Kindertageseinrichtung müssen sie nachweisen, dass sie sich über Schutzimpfungen haben beraten lassen. Daneben gibt es hierzu noch verschiedene Länderregelungen. Diejenigen Kinder, die keine Einrichtung besuchen, werden von diesen Regelungen nicht erfasst.[638]

---

635 Roth, in: Erman-BGB, § 1904, Rn. 18; Bienwald, in: Staudinger, BGB, § 1904, Rn. 61.
636 Dies gilt bei Kindern bis zu einer gewissen, von der individuellen Entwicklung abhängigen Altersgrenze.
637 Oder ihres Vormunds i. S. v. § 1773 BGB.
638 Siehe dazu: 2. Kap. B. II. 1., 2.

Richten sich die Eltern nach den Empfehlungen und impfen ihr Kind, so ist der Schutz seiner körperlichen Unversehrtheit aus Art. 2 Abs. 2 S. 1 GG gewährleitet.

Die Impfgesetze lassen es aber auch zu, dass die Eltern sich in deren Rahmen gegen eine Schutzimpfungsdurchführung bei ihrem Kind entscheiden. Sie können sich dabei auf ihr Elternrecht aus Art. 6 Abs. 2 S. 1 GG berufen, nach welchem ihnen die Pflege ihres Kindes als natürliches Rech obliegt.[639]

Ist dieses ungeimpft, so kann es sich mit einer übertragbaren Krankheit anstecken, davon bleibende Folgen davon tragen und im schlimmsten Fall daran auch sterben. Folglich stehen die Rechte des Kindes auf körperliche Unversehrtheit und auf Leben, welche der Staat zu schützen verpflichtet ist, dem Elternrecht gegenüber. Dies wirft die Frage auf, ob der staatliche Schutz der Gesundheit der Kinder vollständig von der Entscheidung der Eltern abhängen kann. Insbesondere in Anbetracht der möglicherweise besonders hohen Gefahr der Ansteckung mit einer übertragbaren Krankheit unter Kindern und innerhalb von Kindergemeinschaftseinrichtungen und Schulen erscheint dies fragwürdig.[640] Natürlich haben die Eltern im Rahmen ihres Elternrechts aus Art. 6 Abs. 2 S. 1 GG die Pflege und Erziehung ihres Kindes inne[641], losgelöst davon muss aber der Gesetzgeber einen Mindeststandard an Schutz von Kindern garantieren. Dies ist gerade dann nicht der Fall, wenn sich die Eltern vollkommen frei in jeder gesellschaftlichen Lebenssituation ihres Kindes gegen eine Impfung desselben entscheiden können.

Im Einzelfall mag der Schutz eines Kindes noch gewährleistet sein, wenn dieses im häuslichen Umfeld betreut wird und wenig Kontakt zu anderen Kindern pflegt, sodass die Ansteckungsgefahr dann als gering einzustufen ist. Hier ist der Schutzbedarf niedrig[642] und die Verantwortungsübertragung auf die Eltern erscheint ausreichend. Spätestens mit dem Schuleintritt eines solchen Kindes erhöht sich die Gefahr jedoch.

Die heutige gesellschaftliche Situation stellt sich überdies anders dar: Der Großteil der Kleinkinder wird in Gemeinschaftseinrichtungen betreut. Die Zahl der Kinder, die bereits in sehr jungem Alter in einer Gemeinschaftseinrichtung angemeldet sind, ist im Vergleich zu früher deutlich angestiegen. Laut Bundesministerium für Familie, Senioren, Frauen und Jugend sollten bis 2020 100.000

---

639 Vgl. A. I. 3. a. aa.

640 Vgl. oben: 2. b.

641 Siehe dazu: A. I. 3. a. aa.

642 Siehe 2.

zusätzliche Plätze in solchen Einrichtungen durch Finanzhilfen des Bundes gefördert werden.[643] Auch verbleiben die Kinder im Vergleich zu früher zeitlich länger in der Einrichtung, sodass auch aus diesem Grund die Ansteckungsgefahr höher und damit der Schutzbedarf hier groß ist.

Mithin hat sich die gesellschaftliche Situation der Kinderbetreuung sehr verändert. Diejenigen Kinder, die aus Nachlässigkeit oder Vorsatz der Eltern nicht geimpft sind, stehen der Ansteckungsgefahr innerhalb einer Einrichtung schutzlos gegenüber. Der Staat lässt dies zu und gefährdet sehenden Auges die verfassungsrechtlich zu schützende Gesundheit dieser Kinder.

Mag früher unter anderen gesellschaftlichen Gegebenheiten das Informationskonzept womöglich noch ausreichend gewesen sein, so entspricht es heute nicht mehr den neuen sozialen Anforderungen.

Daraus folgt, dass das oben untersuchte Informations-Modell, bei welchem die Impffrage allein von der freien Entscheidung der Eltern abhängt, als Schutzmaßname zur Sicherstellung des Schutzes der Gesundheit derjenigen Kinder, die sich in Gemeinschaftseinrichtungen und Schulen aufhalten, den die Verfassung durch Art. 2 Abs. 2 S. 1 GG einfordert, demnach ungeeignet und nicht wirksam ist.

Den Staat trifft eine Überprüfungs- und Verbesserungspflicht zugunsten der kindlichen körperlichen Unversehrtheit.

cc. *Einzelne Nichtimpfbare*

Alle Personen, die aufgrund ihrer körperlichen Verfassung nicht in der Lage sind, eine Schutzimpfung zu empfangen, zählen zu der Gruppe der Nichtimpfbaren. Darunter fallen zum einen Säuglinge und Kleinkinder, deren Grundimmunisierung nach dem STIKO-Impfkalender erst im Alter von 15 bis 23 Monaten vollständig abgeschlossen ist.[644] Zum anderen gehören dazu kranke oder immunschwache[645] Menschen sowie Schwangere, die aus medizinischen Gründen entweder nicht geimpft werden können oder bei denen die Impfung nicht richtig anschlägt. Diese Personen haben also nur eingeschränkte

643 https://www.bmfsfj.de/bmfsfj/themen/familie/kinderbetreuung/kita-ausbau/kita-ausbau--gesetze-und-investitionsprogramme/86394 (zuletzt abgerufen am 16.10.2019).

644 Diese verfügen anfangs ggf. über einen sogenannten Nestschutz.

645 Z. B. Personen mit Primären Immundefekterkrankungen oder mit HIV-Infektion, siehe Niehues u. a., Impfen bei Immundefizienz, Bundesgesundheitsbl. 2017, S. 674–684.

Möglichkeiten, sich eigenständig vor der Ansteckung mit einer übertragbaren Krankheit zu schützen und sind damit auf einen Schutz vor Dritten durch den Staat angewiesen.

Der Schutzbedarf dieser Gruppe ist als besonders hoch einzustufen. Denn auch überdurchschnittlich empfindlichen Personen und Risikogruppen steht ein Schutz ihrer Gesundheit zu.[646]

Stößt eine nicht impfbare Person im gesellschaftlichen Zusammenleben auf eine erkrankte, so ist sie dieser schutzlos ausgeliefert.

Auch hier hängt die Größe der Gefahr von den individuellen Verhältnissen ab. Weiß ein Nichtimpfbarer um seine Risikosituation, so kann er gegebenenfalls versuchen, sich selbst entsprechend vor anderen Menschen in Acht zu nehmen. Säuglinge und Kleinkinder hingegen können je nach ihrer individuellen Situation stark gefährdet sein. Zum einen gibt es immer wieder Fälle, in denen diese, obwohl sie noch keine Gemeinschaftseinrichtung besuchen, eine Ansteckung erfahren, beispielsweise im Wartezimmer des Kinderarztes.[647] Zum anderen sind diejenigen Säuglinge und Kleinkinder, die ungeimpft in ihrem Alter bereits eine Gemeinschaftseinrichtung besuchen, einer immensen Ansteckungsgefahr ausgesetzt.

Dieser Risikogruppe hilft das Impfsystem der Freiwilligkeit demnach wenig. Denn entscheiden sich in dessen Rahmen viele Personen gegen eine Impfung bei sich selbst oder ihrem Kind, so vergrößert sich die Ansteckungsgefahr durch eine verringerte Herdenimmunität[648] für die Risikogruppe beträchtlich. Nichtimpfbare sind darauf angewiesen, dass andere Personen sich impfen lassen, damit sie geschützt werden. Ein effektiver Schutz dieser Gruppe kann nur dann erreicht werden, wenn der Gesetzgeber dafür sorgt, dass eine hohe Impfquote sichergestellt ist. Sicherstellen kann aber die Eigenverantwortlichkeit eines jeden gerade keine verlässliche Impfdurchführung, stattdessen ist der Staat auf die Mithilfe der Bevölkerung angewiesen und es ist fortwährend ungewiss, ob ein adäquates Schutzniveau erreicht werden kann.

---

646 Murswiek/Rixen, in: Sachs, GG, Art. 2, Rn. 202a; vgl. auch Wulfhorst, Der Schutz „überdurchschnittlich empfindlicher“ Rechtsgüter im Polizei- und Umweltrecht.

647 Die Spätfolgen von Masern können tödlich sein, WELT v. 25.11.2016, https://www.welt.de/wissenschaft/article159764430/Die-Spaetfolgen-von-Masern-koennen-toedlich-sein.html (zuletzt abgerufen am 11.10.2019); Spätfolge von Masern, Focus-Online v. 11.04.2019, https://www.focus.de/gesundheit/news/spaetfolge-von-masern-ende-oktober-bekam-micha-die-diagnose-an-weihnachten-war-er-schwerstbehindert_id_10581134.html (zuletzt abgerufen am 11.10.2019).

648 1. Kap. B. III.

Mithin sind die vorhandenen Regelungen für die Risikogruppe der Nichtimpfbaren offensichtlich vollkommen ungeeignet.

Für diese Gruppe sind die staatlichen Maßnahmen zur Erfüllung der Schutzpflicht nach Art. 2 Abs. 2 S. 1 GG in Bezug auf deren körperliche Unversehrtheit und ihr Leben nicht ausreichend und bedürfen einer Überprüfung durch den Gesetzgeber.

dd. Impfquote als Anknüpfungspunkt

Zu beachten ist bei den obigen Ausführungen jedoch, dass der Schutzbedarf für die Gruppe der Kinder sowie der Nichtimpfbaren jeweils von der Ansteckungsgefahr, der sie ausgesetzt sind, abhängt. Diese Gefahr kann stark variieren. Je mehr Personen über einen wirksamen Impfschutz verfügen, desto kleiner wird sie. Es besteht dann nur ein geringer Schutzbedarf und der Schutz der einzelnen Ungeimpften ist durch eine bestehende Herdenimmunität gewährleistet. Jene können innerhalb der Gruppe der Geimpften kaum mehr angesteckt werden.

Sind hingegen viele Menschen nicht geimpft, so ist der Herdenschutz nicht mehr gewährleistet, die Ansteckungsgefahr erscheinen groß und der Schutzbedarf hoch.

Daraus folgt, dass die Ansteckungsgefahr und damit der Schutzbedarf abhängig sind von der Impfquote.

Auch die Beantwortung der Frage, ob die getroffenen Maßnahmen zur Erfüllung der staatlichen Schutzpflicht offensichtlich ungeeignet sind, hängt letztendlich einzig von der bestehenden Impfquote und damit von der Akzeptanz des Impfens in der Bevölkerung ab. So lässt sich feststellen, dass Information und Impfempfehlungen als Maßnahmen zur Schutzpflichterfüllung ausreichen, wenn sie dazu führen, dass Impfungen durchgeführt werden. Ist das Gegenteil der Fall und damit die Impfquote zu gering, um eine ausreichende Herdenimmunität zu erreichen, so wird die Schutzpflicht aus Art. 2 Abs. 2 S. 1 GG nicht mehr erfüllt.

Daran schließt sich die Frage an, wie der Gesetzgeber diese Akzeptanz des Impfens zu messen gedenkt, ohne eine genaue, repräsentative Datenerhebung über die Impfquote in der Bevölkerung gesetzlich verankert zu haben. Auf der einen Seite macht der Gesetzgeber seinen ihm durch die Verfassung übertragenen Schutz der Bürger allein von der Mitwirkung der Bevölkerung abhängig, auf der anderen Seite hat er keine Kenntnis über den Umfang selbiger. Dass dieses im Widerspruch zueinander steht, liegt auf der Hand.

Daraus folgt, dass zur Gewährleistung des verfassungsrechtlichen Schutzauftrages die Erhebung genauer Daten über durchgeführte Impfungen gesetzlich geregelt werden müsste. Erst dann kann der Gesetzgeber Rückschlüsse auf die Akzeptanz des Impfens innerhalb der Bevölkerung ziehen und erkennen, ob der Schutzauftrag aktuell erfüllt wird.

Derzeit ist es üblich, neben vereinzelten regionalen Erhebungen durchgeführter Impfungen, aus den Erkrankungszahlen, die gemäß §§ 6 ff. IfSG erhoben werden, Rückschlüsse auf die Impfzahlen zu ziehen. Sobald vermehrte Ausbrüche einer Krankheit innerhalb einer Region verzeichnet werden – gegenwärtig handelt es sich meist um gemeldete Masernfälle – fordern einige Politiker reflexhaft eine Impfpflicht. Dass diese Orientierung an den Krankheitszahlen verfassungsrechtlich bedenklich ist, weil hier die Schädigung der körperlichen Unversehrtheit bei den Betroffenen bereits staatgefunden hat, ist augenscheinlich.

Ohne ein gesetzlich festgelegtes einheitliches System zur Erhebung der Impfdaten kann dem Schutzauftrag aus der Verfassung mithin nicht entsprochen werden.

c. *Zwischenergebnis*

Der Schutz einzelner Erwachsener ist isoliert betrachtet durch die vorhandenen Impfgesetze ausreichend gewährleistet.

Kinder und Nichtimpfbare werden hingegen durch die bestehenden Regelungen unzureichend in ihrer körperlichen Unversehrtheit geschützt.

Zuletzt ist im Hinblick auf die Schutzpflicht zu beanstanden, dass der Gesetzgeber die Wirkung seiner getroffenen Maßnahmen zur Erfüllung der Schutzpflicht nicht ausreichend überprüft.

5. *Ergebnis*

Durch die vorhandenen gesetzlichen Regelungen über das Impfen entstehen Grundrechtskollisionen. Dabei hat der Gesetzgeber den Abwehrrechten den Vorzug vor den aus der Schutzpflicht erwachsenden Rechten gegeben. Ein grundsätzlicher Schutzbedarf der Gesundheit der Bevölkerung besteht, wobei die Ansteckungsgefahr im Falle des Auftretens einer übertragbaren Krankheit je nach Gegebenheit verschieden hoch einzustufen ist. Dem Gesetzgeber steht ein weiter Entscheidungsspielraum bezogen auf die zu treffenden gesetzlichen Maßnahmen zu. Er hat in diesem Rahmen verschiedene Regelungen getroffen, von denen einige grundsätzlich geeignet sind, einen Schutz herbeizuführen. Die körperliche Unversehrtheit von Kindern und Nichtimpfbaren wird durch die gesetzlichen Regelungen indes nicht ausreichend geschützt. Hier trifft den Gesetzgeber eine Überprüfungspflicht. Daneben fehlt eine gesetzlich verankerte Impfdatenerhebung, was ebenfalls der Schutzpflicht zuwider läuft.

Es sind demnach neue zu treffende Gesetzesmaßnahmen erforderlich.

IV. Vergleich: Schutzpflichterfüllung durch Information

Auch früher hat der Gesetzgeber bereits versucht, den Schutz der körperlichen Unversehrtheit durch Information zu gewährleisten und damit seinen Schutzauftrag zu erfüllen. Zum Zweck des Vergleichs sollen ähnlich gelagerte Problematiken aus vergangener Zeit herangezogen werden.

1. Schutzhelm- und Sicherheitsgurtpflicht

Zunächst sind die Einführung der Schutzhelmpflicht für Kraftradfahrer sowie die Sicherheitsgurtpflicht für Kraftfahrzeugfahrer zu betrachten.

In beiden Fällen versuchte der Gesetzgeber zunächst, die Fahrzeugführer durch Informationen und Aufklärung davon zu überzeugen, dass ein Schutzhelm beim Kraftrad- wie ein Sicherheitsgurt beim Autofahren zum Schutz der Gesundheit sinnvoll ist und schwerere Verletzungen vermeiden kann. Dies gleicht exakt der dargestellten Impfgesetzgebung.[649]

Am 27.11.1975 wurde § 21a Abs. 1 und 2 in die StVO eingefügt.[650] Nach Abs. 1 mussten vorgeschriebene Sicherheitsgurte für die Vordersitze von Kraftfahrzeugen während der Fahrt angelegt sein. Abs. 2 bestimmte, dass Führer von Krafträdern und deren Beifahrer während der Fahrt Schutzhelme zu tragen hatten. Der Verordnungsgeber ging dabei davon aus, dass diese Pflichten weitgehend freiwillig befolgt werden würden, sodass er die Vorschriften zunächst nicht unter Bußgeldandrohung stellte. 1980 wurde dies bezüglich der Schutzhelmpflicht jedoch nachgeholt[651], weil die Entwicklung gezeigt hatte, dass Aufklärung und Appelle an die Vernunft nicht ausgereicht hatten, um eine Einhaltung der Pflichten zu erreichen.[652]

Durch die Vorschrift des Abs. 2, mithin die Schutzhelmpflicht, sahen sich einige Bürger in ihrem Grundrecht aus Art. 2 Abs. 1 GG verletzt. Sie gingen davon aus, dass der Staat seine Bürger nicht zu einem Verhalten zwingen dürfe, nur weil es in ihrem eigenen Interesse vernünftig erscheine.[653] Der mündige

649 Siehe 2. Kap. B. I. 1.

650 BGBl. I 1975, S. 2967, S. 2969.

651 Einfügung der damaligen Nr. 20 a in § 49 StVO; BGBl. I 1980, S. 1060, S. 1063.

652 Vgl. auch BVerfGE 59, 275, 278.

653 BVerfGE 59, 275, 276.

Bürger müsse sein eigenes Risiko selbst beurteilen können und sich entsprechend verhalten dürfen.[654]

Das Bundesverfassungsgericht konnte jedoch keine Grundrechtsverletzung feststellen. Schließlich sind der allgemeinen Handlungsfreiheit dort Grenzen gesetzt, wo der Gesetzgeber Regelungen zur Pflege und Förderung des sozialen Zusammenlebens im Rahmen des Zumutbaren getroffen hat.[655] Dies gilt insbesondere dort, wo die Folgen eines von Einzelnen eingegangenen hohen Risikos die Allgemeinheit schwer belasten.[656]

Auch durch §§ 21a Abs. 1, 49 Abs. 1 Nr. 20a StVO fühlten sich Personen in ihren Grundrechten aus Art. 2 Abs. 2 S. 1 und Art. 2 Abs. 1 GG verletzt, sodass das Bundesverfassungsgericht ebenso die Sicherheitsgurtpflicht auf ihre Verfassungsmäßigkeit zu überprüfen hatte.[657]

Die Beschwerdeführer sahen in der Möglichkeit, dass durch das Anlegen des Sicherheitsgurtes Verletzungsfolgen bei einem Unfall sich auch verschlimmern oder gar erst herbeigeführt werden können, einen Eingriff in ihr Recht auf körperliche Unversehrtheit.

Nach dem Beschluss des Gerichts ist allerdings kein Verstoß gegen Art. 2 Abs. 2 S. 1 GG durch die Anschnallgurtpflicht gegeben. Offen lassend, ob ein solcher dargestellter Eingriff tatsächlich vorliegt, sieht das Gericht einen solchen jedenfalls stets als gerechtfertigt an. Die Benutzung des Dreipunktgurtes setzt das Verletzungsrisiko der Insassen eines Fahrzeuges entscheidend herab, während die benannten negativen Folgen nur sehr selten eintreten.[658] Diese sind in höchstens 0,5 bis 1 % der Fälle zu erwarten. Die Vorteile, die sich aus der Benutzung des Sicherheitsgurtes zum Schutz von Leben und körperlicher Unversehrtheit ergeben, überwiegen eindeutig gegenüber den geringen möglichen Risiken.[659]

Einen Verstoß gegen Art. 2 Abs. 1 GG sieht das Gericht aus den gleichen Gründen wie bereits bei der Helmpflicht erörtert für nicht gegeben an.[660]

Mittlerweile haben beide Pflichten in der Bevölkerung weitestgehend Akzeptanz gefunden. Die Gurtanlegequoten lagen 2013 bei 98 % für die Vorder- und

---

654 BVerfGE 59, 275, 276.
655 BVerfGE 59, 275, 279; siehe auch schon II. 5.
656 BVerfGE 59, 275, 279; siehe auch Dreier, in: Dreier, GG, Art. 2 Abs. 1, Rn. 29.
657 BVerfG NJW 1987, S. 180.
658 Vgl. auch BGHZ 74, 25, 31f.
659 BVerfG NJW 1987, S. 180.
660 BVerfG NJW 1987, S. 180; BVerfGE 59, 275, 278f.

bei 97 % für Rücksitze.[661] Verstöße gegen die Helmtragepflicht sind selten Gegenstand von Gerichtsverhandlungen.

Grundsätzlich lassen sich diese Ausführungen genau auf die Impfproblematik übertragen. Es findet zum einen eine Einschränkung der allgemeinen Handlungsfreiheit statt, zum anderen wird die Gefahr einer Gesundheitsverletzung in Kauf genommen, um dadurch die Rechtsgüter Leben und Körper zu schützen.

Der Unterschied liegt hier jedoch darin, dass die Eingriffe, die durch die Schutzhelm- und die Sicherheitsgurtpflicht stattfinden, von leichterer Qualität sind, während – wie erörtert – der Eingriff durch eine Schutzimpfung ein besonders schwerwiegender ist.

2. *Aids-Gesetzgebung*

Ein ähnliches Problem stellte sich dem Gesetzgeber 1986 bei der Frage des Schutzes von Leben und Gesundheit der Bevölkerung vor den Gefahren der Krankheit Aids. Einerseits musste der Staat dem Schutzauftrag gegenüber der Gesamtheit der Bevölkerung gerecht werden, andererseits die Menschenwürde der infizierten Personen wahren. Als wichtigstes Mittel zur Bekämpfung von Aids wählte der Gesetzgeber damals die Aufklärung. Es wurde großflächig Werbung geschaltet und darauf vertraut, dass Information und Beratung die richtigen Maßnahmen zum Schutz der Bevölkerung wären. Demgegenüber gab es Forderungen nach allgemeinen Meldepflichten, Reihenuntersuchungen der Bevölkerung oder gar Isolation der Infizierten zur Eindämmung der Krankheit.[662] Solange jedoch keine sicheren Erkenntnisse vorliegen, die die Wirksamkeit der getroffenen Maßnahmen widerlegen, genügt der Gesetzgeber seiner Schutzpflicht gegenüber den Infektionsgefährdeten, wobei er Eingriffe in die Grundrechte der Infizierten vermeidet.[663]

Der Unterschied liegt hier jedoch darin, dass es sich bei den Vor-Aids-zu-Schützenden in erster Linie um Erwachsene handelt, denn die Krankheit wird in den meisten Fällen durch Geschlechtsverkehr übertragen. Durch Information und Aufklärung verlagert der Gesetzgeber die Verantwortung auf die zu Schützenden, in deren eigener Macht es steht, sich vor der Ansteckung durch Nutzung eines Kondoms zu schützen.

---

661 Eggert, in: Freymann/Wellner, jurisPK-StVR, § 21a, Rn. 20.

662 Scherf, Aids und Strafrecht, S. 22.

663 Siehe dazu BVerfGK, NJW 1987, S. 2287–2288; Gramm, Rechtsfragen der staatlichen Aids-Aufklärung, NJW 1989, S. 2917–2926, S. 2921f.; Isensee, Das Grundrecht als Abwehrrecht und als staatliche Schutzpflicht, in: HStR IX, § 191, Rn. 294 m. w. N.

Verglichen mit der Impfproblematik kann dies auf gesunde Erwachsene zu Impfende übertragen werden. Es bleibt jedoch das erörterte Problem, dass diejenigen, die sich aufgrund von Impfunverträglichkeiten nicht selber schützen können, auf die Impfung der anderen angewiesen sind. Sie können sich den Ansteckungsgefahren im öffentlichen Raum – anders als bei Aids, wo dies durch die freie Auswahl der Kontaktpersonen möglich sein dürfte – nicht so leicht entziehen. Hinsichtlich Kindern, die diese Impfentscheidung noch nicht selbst treffen können, kann die Wertung auch nicht übernommen werden.

3. Ergebnis

Eine Pflicht erscheint denkbar, wenn vorherige Versuche der Herbeiführung des gewünschten Erfolgs durch Information und Aufklärung gescheitert sind.

Grundsätzlich wird ein geringes bestehendes Risiko einer drohenden Gesundheitsverletzung von den erheblichen Vorteilen, die eine Maßnahme für den Erhalt der Gesundheit bietet, überwogen.

Erwachsenen kann die Verantwortung für ihre eigene Gesundheit durch Information und Aufklärung übertragen werden. In Bezug auf Kinder, die selbst noch nicht in der Lage sind, eine Verantwortung zu tragen, ist dies offensichtlich nicht möglich.

V. Das Wächteramt der staatlichen Gemeinschaft

Es stellt sich darüber hinaus die Frage, ob Kindern aufgrund des Art. 6 Abs. 2 S. 2 GG ein besonderer Schutz ihrer Gesundheit durch die staatliche Gemeinschaft bezüglich der Ansteckung mit einer impfpräventablen Krankheit zukommt und anschließend – so ersteres der Fall ist – ob eine solche Schutzpflicht durch die vorhandenen Impfgesetze auch verletzt ist.

1. Besondere staatliche Schutzpflicht aus Art. 6 Abs. 2 S. 2 GG

Laut Art. 6 Abs. 2 S. 2 GG wacht die staatliche Gemeinschaft über die Pflege und Erziehung der Kinder, welche ursprünglich nach Satz 1 primäres Recht sowie auch die Pflicht der Eltern sind. Unter dem Terminus „die staatliche Gemeinschaft“ ist der Gesamtzusammenhang der staatlich verfassten Gemeinschaft zu verstehen, gemeinhin die gesamte Staatsgewalt, wobei der Begriff regelmäßig mit demjenigen des Staates gleichgestellt wird.[664]

664 Robbers, in: von Mangoldt/Klein/Starck, GG, Art. 6 Abs. 2, Rn. 240 m. w. N.

Satz 2 berechtigt wie verpflichtet diesen, die Pflege und Erziehung des Kindes an der Stelle der Eltern zu gewährleisten, wenn diese ihrer ihnen durch Satz 1 auferlegten Pflicht nicht nachkommen und die Kindesentwicklung dadurch gefährdet wird.[665] In diesem Fall ist der Staat gehalten, sowohl präventiv Gefahren abzuwehren, um das Kind zu schützen, als auch repressiv entstandene Schäden zu beseitigen.[666]

Der Staat hat dafür Sorge zu tragen, dass die Eltern ihre Befugnisse im Interesse des Kindes ausüben und darf einschreiten, wenn sie es nicht tun. Er muss das Kind, welches sich noch nicht selbst schützen kann, davor bewahren, dass dessen Entwicklung durch eine Vernachlässigung der Eltern Schaden erleidet.[667]

Diese Verpflichtung des Staates, die Pflege und Erziehung der Kinder sicherzustellen, begründet sich neben dem Interesse der staatlichen Gemeinschaft an der Erziehung des Nachwuchses und sozialstaatlichen Gründen vor allem dadurch, dass das Kind selbst Grundrechtsträger ist und daher einen Anspruch auf Schutz durch den Staat hat.[668]

Es besitzt eine eigene Menschenwürde und ein eigenes Recht auf freie Entfaltung seiner Persönlichkeit. Da die Verfassung den Eltern durch Art. 6 Abs. 2 S. 1 GG Rechte an ebendiesem Wesen einräumt, muss sie daneben auch dafür Sorge tragen, dass diese den Eltern gegebenen Rechte in positiver Weise ausgeübt werden.[669]

Dadurch entsteht abermals ein Grundrechtsdreieck[670] zwischen dem Staat, dem zu schützenden Kind im status positivus und den Eltern im abwehrrechtlichen status negativus. Anders als oben überwiegt hier jedoch die abwehrrechtliche Seite der Eltern, denn die Verfassung räumt ihnen primär die Verantwortung für ihr Kind durch Art. 6 Abs. 2 S. 1 GG ein.[671]

In zeitlicher Hinsicht ergibt sich aus dem Sinn und Zweck der Vorschrift, dass der Staat als Wächter nur solange zur Verfügung stehen muss, wie das Kind aufgrund seines Alters und seiner Selbstbestimmungsfähigkeit überhaupt der Pflege und Erziehung durch die Eltern bedarf.[672]

---

665 Brosius-Gersdorf, in: Dreier, GG, Art. 6, Rn. 175.

666 Brosius-Gersdorf, in: Dreier, GG, Art. 6, Rn. 185; Stern, Der Schutz von Ehe, Familie und Eltern/Kind-Beziehung, in: Stern Staatsrecht VI/1, S. 590.

667 BVerfGE 24, 119, 144.

668 BVerfGE 24, 119, 144; 60, 79, 88.

669 BVerfGE 24, 119, 144.

670 Vgl. III. 1.

671 Vgl. Isensee, Das Grundrecht als Abwehrrecht und als staatliche Schutzpflicht, in: HStR IX, § 191, Rn. 40f.

672 Siehe auch Brosius-Gersdorf, in: Dreier, GG, Art. 6, Rn. 180.

Aus dem staatlichen Wächteramt entspringt demzufolge eine besondere Schutzpflicht des Staates zugunsten der Kinder.[673]

2. Schutzpflichtverletzung

Zu prüfen bleibt, ob der Staat durch die geltenden Impfgesetze seiner Wächterfunktion zum Wohle der Kinder ausreichend nachkommt. Der Staat hat die Aufgabe, über das Kindeswohl zu wachen, überlässt aber die für die Gesundheit so wichtige Impfentscheidung den Eltern. Damit nimmt er in Kauf, dass bei Nichtimpfung Kinder krank werden oder sterben, was nicht dem Kindeswohl entsprechen kann. Allerdings ist das staatliche Wächteramt nicht allgegenwärtig, sondern tritt erst sekundär nach der Elternverantwortung ein.

Aufgrund der Subsidiarität des Wächteramtes kann die Prüfung im Sinne des Art. 6 Abs. 2 S. 1 GG überhaupt erst an der Stelle einsetzen, wo erstens ein Fehlverhalten der Eltern und zweitens eine daraus resultierende Gefährdung des Kindeswohls vorliegen.

Sind beide Voraussetzungen erfüllt, steht dem Staat ein Auswahlermessen bezüglich einer geeigneten Maßnahme zu.[674] Dabei hat er das Elternrecht wie das Verhältnismäßigkeitsprinzip zu berücksichtigen und immer das mildeste vorhandene Mittel zu wählen.[675]

a. Elterliches Fehlverhalten

Erste Voraussetzung für ein Einschreiten des Staates ist demnach ein Fehlverhalten der Eltern. Dieses liegt vor, wenn das Verhalten der Eltern bei weitester Anerkennung ihrer Selbstverantwortlichkeit nicht mehr als Pflege und Erziehung zu beurteilen ist[676] und sich als Missbrauch des Elternrechts offenbart.[677]

„Pflege" umfasst dabei die Sorge für das körperliche, „Erziehung" selbige für das seelisch-geistige Wohl des Kindes. Eine trennscharfe Unterscheidung der beiden Begriffe ist entbehrlich, denn beide sind als eine Einheit zu

673 BVerfGE 60, 79, 88; Robbers, in: von Mangoldt/Klein/Starck, GG, Art. 6 Abs. 2, Rn. 241 m. w. N.; Brosius-Gersdorf, in: Dreier, GG, Art. 6, Rn. 175.

674 Brosius-Gersdorf, in: Dreier, GG, Art. 6, Rn. 185.

675 BVerfGE 107, 104, 118; Coester-Waltjen, in: von Münch/Kunig, GG, Art. 6, Rn. 93.

676 BVerfGE 24, 219, 143.

677 Siehe auch Brosius-Gersdorf, in: Dreier, GG, Art. 6, Rn. 179 m. w. N; siehe auch schon A. I. 3. a. aa.

verstehen.[678] Jedenfalls umfasst ist die Sorge für die Gesundheit und die körperliche Entwicklung des Kindes wie auch für dessen medizinische Behandlung im Krankheitsfall.[679]

Dabei erscheint es unerheblich, ob ein Verschulden der Eltern vorliegt. Diese können es auch gut mit dem Kind meinen und sich nach bestem Können verhalten und dabei trotzdem gegen die Interessen ihres Kindes handeln.[680]

Vorliegend müsste im eigenverantwortlichen Nichtimpfenlassen des eigenen Kindes, welches als Verhalten durch die Impfgesetzgebung gedeckt ist, zunächst ein Fehlverhalten der Eltern liegen.

Die bewusste Entscheidung, ein Kind nicht mit den behördlich wie medizinisch empfohlenen Schutzimpfungen zu versorgen, mag zwar aus schulmedizinischer Sicht fragwürdig sein. Es ist aber nicht jede, möglicherweise auch unvernünftige Entscheidung der Eltern als Fehlverhalten einzustufen. Entscheiden sich die Eltern also bewusst – unter Abwägung der Vor- wie Nachteile – gegen die Vornahme von Schutzimpfungen bei ihrem Kind, so muss auch diese getroffene Entscheidung unter den Begriff „Pflege" im Sinne des Art. 6 Abs. 2 S. 1 GG fallen und ist damit vom Elterngrundrecht gedeckt. In diesem Fall liegt kein Fehlverhalten vor und es bleibt kein Raum für einen Einsatz des Wächteramtes. Daneben könnte aber eine staatlich angeordnete Impfung des Kindes, die zwar dementsprechend in den Schutzbereich des Elternrechts fällt, nichtsdestotrotz gerechtfertigt sein.

Abweichendes gilt, wenn Eltern sich über Schutzimpfungen ihres Kindes überhaupt keine Gedanken machen und deren Vornahme aus Vernachlässigung der Gesundheit ihres Kindes schlichtweg versäumen. In einem solchen Fall handelt es sich nicht um „Pflege" des Kindes, denn diese setzt ein positives Handeln in irgendeiner Form voraus und nicht ein Passivbleiben. Ein solches Verhalten widerspräche dem Abs. 2 S. 1 des Art. 6, sodass es als Fehlverhalten der Eltern einzustufen ist.

---

678 Coester-Waltjen, in: von Münch/Kunig, GG, Art. 6, Rn. 63; Burgi, in: Friauf/Höfling, Berl. Komm. GG, Art. 6, Rn. 111; siehe auch Robbers, in: von Mangoldt/Klein/Starck, GG, Art. 6 Abs. 2, Rn. 143.

679 Brosius-Gersdorf, in: Dreier, GG, Art. 6, Rn. 158.

680 BVerfGE 60, 79, 88f.; Robbers, in: von Mangoldt/Klein/Starck, GG, Art. 6 Abs. 2, Rn. 245 m. w. N.; Brosius-Gersdorf, in: Dreier, GG, Art. 6, Rn. 179.

b. Kindeswohlgefährdung

Die zweite notwendige Voraussetzung für Wächteramtsmaßnahmen des Staates ist, dass objektiv eine Gefahr für das körperliche, geistige oder seelische Wohl des Kindes vorliegt. Wann dies konkret der Fall ist, hängt vom Gewicht der betroffenen Rechtsgüter ab und obliegt letztendlich der Einschätzung des Staates in jedem Einzelfall.[681]

Im Falle fehlender Impfungen ist diese Entscheidung schwierig. Erkrankt ein Kind schwerwiegend oder stirbt gar an einer impfpräventablen Krankheit, so lässt sich in der Rückschau leicht feststellen, dass das Wohl jenen Kindes durch fehlenden Impfschutz gefährdet worden war. In dem Nichtimpfen selbst liegt jedoch an sich noch keine Kindeswohlgefährdung, denn es besteht auch die Möglichkeit, dass ein Kind trotzdem gar nicht oder ohne schwere Folgen erkrankt. Letztendlich muss die Bewertung hier aber von der jeweiligen Gefahrenlage abhängig gemacht werden. Diese erhöht sich beispielsweise denklogisch, sobald sich das Kind in einem Umfeld aufhält, in welchem sich mit ihm gemeinsam viele andere Kinder auf engem Raum befinden und umso mehr, je mehr dieser Kinder keinen Impfschutz haben. Wie untersucht ist die Ansteckungsgefahr in Gemeinschaftseinrichtungen besonders hoch. Ein Kind ohne Impfschutz dort hinzugeben gefährdet dessen körperliche Unversehrtheit in besonderem Maße, sodass dann von einer objektiven Gefährdung für das körperliche Wohl des Kindes auszugehen ist.[682]

c. Umsetzung durch §§ 1666 und 1628 BGB

Als unmittelbare Umsetzung des staatlichen Wächteramtes aus der Verfassung gilt die Zentralvorschrift des zivilrechtlichen Kinderschutzes § 1666 BGB, welche gerichtliche Maßnahmen bei Gefährdung des Kindeswohls beinhaltet.[683] Die kindliche Gesundheit erfährt dabei Schutz durch § 1666 Abs. 3 Nr. 1 i. V. m. Abs. 1 BGB, wonach ein Familiengericht den Eltern auftragen kann, öffentliche Hilfen wie zum Beispiel Leistungen der Gesundheitsvorsorge mit dem Kind in Anspruch zu nehmen, wenn das körperliche, geistige oder seelische Wohl des Kindes gefährdet ist und die Eltern die Gefahr nicht abwenden wollen oder können. Unter solchen Leistungen der Gesundheitsvorsorge sind insbesondere Früherkennungsuntersuchungen zu verstehen, damit Fehlentwicklungen oder auch Anzeichen von Missbrauch des Sorgerechts so früh wie möglich ärztlich

681 Brosius-Gersdorf, in: Dreier, GG, Art. 6, Rn. 182.

682 Vgl. auch schon oben.

683 Coester, in: Staudinger, BGB, § 1666, Rn. 1.

festgestellt werden können. In deren Rahmen würde ein Kinderarzt auch auf fehlenden Impfschutz hinweisen. Im Umkehrschluss ist § 1666 Abs. 3 Nr. 1 BGB aber nicht so zu verstehen, dass die Nichtwahrnehmung solcher empfohlenen Früherkennungsuntersuchungen generell eine Gefährdung des Kindeswohles bedeutet.[684] Die Ablehnung ärztlich empfohlener Impfungen ist grundsätzlich auch im Sinne der Vorschriften des BGB noch keine hinreichend konkrete Kindeswohlgefährdung.[685] Anders kann aber auch hier die Einzelfallbewertung bei einer erhöhten Gefährdung des Kindes ausfallen.

Nach § 1628 S. 1 BGB kann das Familiengericht auf Antrag eines Elternteils eine Entscheidung einem Elternteil übertragen, wenn die Eltern sich – bei gemeinsamem Sorgerecht – nicht einigen können und die Angelegenheit für das Kind von erheblicher Bedeutung ist. Der BGH hat im Hinblick auf Impfentscheidungen mehrfach festgestellt, dass es sich bei einer solchen um eine Angelegenheit von erheblicher Bedeutung für das Kind im Sinne der Norm handelt. Zudem sieht er eine Übertragung auf denjenigen Elternteil, der das Impfen im Sinne der STIKO-Empfehlungen befürwortet, als legitim an, weil dieser das bessere Konzept bezüglich des Kindeswohls verfolge. Nach Auffassung des BGH entspricht es hier am ehesten dem Wohl des Kindes, den STIKO-Empfehlungen zu folgen.[686]

3. *Ergebnis*

Der Staat hat eine besondere Schutzpflicht gegenüber Kindern aus Art. 6 Abs. 2 S. 2 GG. Im Nichtimpfenlassen eines Kindes liegt erst dann ein Fehlverhalten der Eltern im Sinne des Art. 6 Abs. 2 S. 1 GG, wenn es aus Vernachlässigungsgründen geschieht. Grundsätzlich folgt daraus aber noch keine Gefährdung des Kindeswohls, wobei dies im jeweiligen Einzelfall zu untersuchen und von der Gefahrenlage abhängig ist. Im Falle eines Kindes, welches eine Gemeinschaftseinrichtung ohne ausreichenden Impfschutz besucht, ist von einer Kindeswohlgefährdung auszugehen. Hier muss der Staat als Wächter im Rahmen seines Auswahlermessens geeignete Maßnahmen treffen.

Durch § 1666 Abs. 3 Nr. 1 i. V. m. Abs. 1 BGB hat der Gesetzgeber eine Regelung geschaffen, die das Kind schützen soll, wenn im Einzelfall eine Gefährdung seines Wohls vorliegt.

---

684 Coester, in: Staudinger, BGB, § 1666, Rn. 221, 104.

685 Coester, in: Staudinger, BGB, § 1666, Rn. 104.

686 Zuletzt BGH Bschl. vom 03.05.2017 - XII ZB 157/16, siehe dazu Jost, JR 2018, S. 335; vgl. ebenso OLG Koblenz, 18.04.2018 - 9 UF 77/18.

VI. Ergebnis

Die Untersuchung der konkreten Schutzpflichterfüllung hat ergeben, dass der vorhandene Gesundheitsschutz durch die Impfgesetze an einigen Stellen dem Verhältnismäßigkeitsgrundsatz nicht entspricht. Auch aus dem staatlichen Wächteramt des Art. 6 Abs. 2 S. 2 GG erwächst eine besondere Schutzpflicht zugunsten der kindlichen Gesundheit, welche durch die Impfgesetze teils nicht erfüllt ist. Hier liegt eine Pflichtverletzung durch gesetzgeberisches Unterlassen vor.

C. Ergebnis

Einige der geltenden Impfregelungen greifen in Grundrechte ein. Immer sind die Eingriffe jedoch verfassungsrechtlich gerechtfertigt. Aus Art. 2 Abs. 2 S. 1 GG erwächst eine staatliche Schutzpflicht zugunsten der Gesundheit. Eine Verletzung derselben liegt bezüglich der körperlichen Unversehrtheit von Kindern und nichtimpfbaren Menschen vor, denn die getroffenen Maßnahmen zur Erfüllung der Schutzpflicht sind für jene ungeeignet. Den Gesetzgeber trifft daher eine Überprüfungspflicht bezüglich seiner Impfgesetzgebung.

4. Kapitel – Möglichkeiten zur Erhöhung der Impfquote und deren verfassungsrechtliche Bewertung

Wie festgestellt, ist der Gesetzgeber in der Pflicht, seine Impfgesetzgebung zu überprüfen, um seinem aus der Verfassung erwachsenden Schutzauftrag gerecht zu werden.

Im Folgenden sollen daher einige denkbare Maßnahmen, die geeignet sein könnten, die Impfquote zu erhöhen und damit der Schutzpflicht nachzukommen, vorgestellt und auf ihre Verfassungsmäßigkeit überprüft werden. Die Spannweite der Möglichkeiten reicht von einer allgemeinen umfassenden Impfpflicht für die Gesamtbevölkerung über einen eingeschränkten Impfzwang für bestimmte Bevölkerungsgruppen bis hin zur Verbesserung des derzeitigen Informationsprinzips.

A. Impfpflicht für Jedermann

Die aus medizinischer Sicht einfachste Möglichkeit zum Schutz der Bevölkerung vor der Ansteckung mit impfpräventablen gefährlichen Krankheiten[687] wäre, die Gesamtheit der Menschen zu impfen.

Eine solche strikte gesetzliche Anordnung einer umfassenden Impfpflicht würde beinhalten, dass sich jeder Einwohner Deutschlands bestimmten Pflichtimpfungen, die gesetzlich genau zu bestimmen wären, zu unterziehen hätte. Lediglich diejenigen, bei denen eine Impfung aus medizinischen Gründen nicht angezeigt ist, blieben ausgenommen. Für die Nichtbeachtung der gesetzlichen Pflicht könnten Sanktionsandrohungen beispielsweise in Form von Geldstrafen erlassen werden.

Durch ein solches Modell würde die Impfquote deutlich steigen und bestehende Impflücken könnten geschlossen werden. Impfsäumige wie Impfgegner würden sich Impfungen unterziehen müssen. Dadurch könnte voraussichtlich eine Ausrottung bestimmter Krankheiten in Deutschland erreicht werden[688], was der Gesunderhaltung der Allgemeinheit zu Gute käme.

---

687 Also solche, die den Tod oder bleibende Gesundheitsschäden nach sich ziehen können.

688 Vgl. die Pockenimpfpflicht von 1874, siehe 2. Kap. A. I.

Allerdings ist dieses Modell auch mit den stärksten Grundrechtseingriffen verbunden, namentlich mit solchen in Art. 2 Abs. 2 S. 1, Art. 4 Abs. 1 und 2, Art. 2 Abs. 1, Art. 6 Abs. 2 S. 1 GG.[689] Bezüglich des Eingriffs als solchem lässt sich auf die obigen Ausführungen zu der Notfallermächtigung des § 20 Abs. 6, 7 IfSG verweisen.[690] Die Rechtfertigung muss hier jedoch unter einem anderen Blickwinkel vorgenommen werden.

Die Erhöhung der Impfquote der Menschen in Deutschland sowie die Eindämmung oder gar Ausrottung bestimmter Infektionskrankheiten zum Schutz der gesamten Bevölkerung sind ein legitimer Zweck. Hinzu kommt als ein solcher daneben auch die Erfüllung einer grundrechtlichen Schutzpflicht durch den Staat.[691]

In Bezug auf die Erforderlichkeit des Mittels sind zwar zahlreiche weniger belastende Maßnahmen denkbar[692], aber keine davon wird im Ergebnis gleich effektiv wie gesetzlich verpflichtende Impfungen sein. Auch aus medizinischer Sicht ist die Impfung die effektivste Maßnahme zur Bekämpfung von ansteckenden Krankheiten.

Im Rahmen einer Gesamtabwägung bei der Prüfung der Verhältnismäßigkeit im engeren Sinne muss jedoch die Grenze der Zumutbarkeit gewahrt bleiben. Bei einer Impfpflicht im Notfall nach § 20 Abs. 6, 7 IfSG muss der Fall des Eintritts einer Epidemie unmittelbar bevorstehen und damit eine konkrete Gefahr vorhanden sein. Das bedeutet, dass flächendeckend bereits zahlreiche Krankheitsfälle eingetreten sind und die Schwelle zur Epidemie – also einer zeitlich und örtlich in besonders starkem Maße auftretenden ansteckenden Massenerkrankung[693] – bald überschritten ist. Der grundrechtlich garantierte Gesundheitsschutz der Bevölkerung muss hier unverzüglich gewährleistet werden. Die Dringlichkeit der Maßnahme ist dann sehr hoch und in der Abwägung zwischen der Schwere des Eingriffs und dem zu erreichenden Ziel genießt der konkrete Gesundheitsschutz Vorrang. Handelte der Staat in einem solchen unmittelbar bevorstehenden Epidemiefall nicht, so riskierte er zahlreiche tatsächliche Gesundheitsverletzungen.

Eine allgemeine Impfpflicht hingegen würde der Vorbeugung dienen, damit der von § 20 Abs. 6, 7 IfSG beschriebene Notfall gar nicht erst einträte.

---

689 Vgl. schon 3. Kap. A. I. 1. a.

690 Siehe oben 3. Kap. A. I. 1. a.

691 Siehe dazu 3. Kap. B. II.

692 Betretungsverbote, Verbesserung des Freiwilligkeitssystems, siehe dazu noch unten.

693 Vgl. 2. Kap. B. I. 5. a. bb.

Zu untersuchen ist, inwiefern eine solche vorbeugende Impfpflicht ebenso zu rechtfertigen ist.

Zunächst stellt sich die Frage, ob eine Verpflichtung des Individuums im Sinne der Solidargemeinschaft[694] überhaupt zulässig sein kann. Dies mag hier jedoch dahinstehen, da durch jede vorgenommene Impfung zunächst einmal die geimpfte Person selbst vor der Ansteckung mit einer Krankheit geschützt wird. Als günstige Begleiterscheinung trägt ihre Immunität gegen die betreffende Krankheit zusätzlich noch zum Schutz der Gemeinschaft bei.

Wenn eine Erkrankung nur so selten auftritt, dass lediglich Einzelpersonen von ihr betroffen werden und dadurch keine Ansteckung für Gruppen oder Teile der Bevölkerung droht, so ist die Gefahr für die Gesundheit letzterer so gering, dass kein Handlungsbedarf besteht.

Sobald aber einzelne Erkrankungen auftreten, denen hier und da mehrere Personen oder kleinere Gruppen zum Opfer fallen, jedoch der Anzahl nach noch entfernt von den Anforderungen einer Bezeichnung als bevorstehender Epidemie, so ist eine konkreter werdende Gefahr der Krankheit gegeben. Diese muss sodann mit den Abwehrrechten des Individuums abgewogen werden. Je größer hier die Gefahr wird, desto weniger darf die Position des Einzelnen in der Abwägung den Vorrang einnehmen.

Eine gesetzliche Impfpflicht kann immer nur als letztes Mittel, als ultima ratio, gerechtfertigt sein.[695] Das bedeutet, dass sie erst dann auf den Plan tritt, wenn alle anderen denkbaren Möglichkeiten zur Erreichung des Ziels ausprobiert wurden und gescheitert sind. Erst in diesem Moment kommt eine Impfpflicht als härtestes Mittel in Betracht. Allerdings kann es auch nicht im Sinne der Verfassung sein, durch Experimentieren mit diversen nicht ausreichenden Maßnahmen zahlreiche Schädigungen von Leben und Gesundheit zu riskieren, bis endlich der Punkt erreicht ist, an dem die Schwelle zur ultima ratio überschritten ist. In Anbetracht der sich aus der Verfassung ergebenden Schutzpflicht muss der Gesetzgeber frühzeitig genug handeln, um für die Rechtsgüter des Art. 2 Abs. 2 S. 1 GG ausreichenden Schutz zu gewährleisten. Das Bundesverfassungsgericht hat klargestellt, dass jedes einzelne menschliche Leben als solches gleich wertvoll und schützenswert ist.[696]

Es ist im Hinblick darauf nicht nachvollziehbar anzunehmen, dass erst ein zu erwartender Epidemiefall unmittelbar bevorstehen müsste, was bedeutet, dass es

694 Vgl. § 1 SGB V.
695 Siehe schon 3. Kap. B. III. 1. c.; vgl. auch Erdle, IfSG, § 20 Zif. 7).
696 BVerfGE 115, 118, 139.

bereits zahlreiche Erkrankte oder Tote gäbe, damit die Voraussetzungen des § 20 Abs. 6, 7 IfSG vorlägen und dann in dessen Rahmen eine Impfpflicht angeordnet werden könnte. Nicht außer Acht zu lassen ist hier, dass die Impfquoten in der Regel in Deutschland so hoch sind, dass mit einem solchen von § 20 Abs. 6 IfSG beschriebenen unmittelbar bevorstehenden Epidemiefall eher nicht zu rechnen ist. Außerdem zeigt bisher die Erfahrung, dass es in Krankheitsfällen, die Ausmaße in Richtung einer bevorstehenden Epidemie annehmen, in der Regel nicht notwendig ist, die Impfpflicht über eine Rechtsverordnung anzuordnen, weil die betroffenen Teile der Bevölkerung aus Angst vor der dann präsenten übertragbaren Krankheit angebotene Impfungen freiwillig vornehmen lassen.[697]

§ 20 Abs. 6 IfSG wird demnach in der Praxis kaum zum Einsatz kommen und die Schwelle, wann eine Impfpflicht gerechtfertigt ist, muss niedriger gesetzt werden, als es die strengen Voraussetzungen der Regelung vorgeben. Die Kernfrage ist, wann diese Grenze zur gerechtfertigten Impfpflicht überschritten ist. Zu überlegen ist, ob hier als Maßgabe eine bestimmte Erkrankungszahl gerechnet auf die Einwohner des gesamten Bundesgebietes oder eines jeweils betroffenen regionalen Gebietes dienen könnte.

Dies wirft erneut die Frage auf, ob es im Hinblick auf die verfassungsmäßig zu schützende körperliche Unversehrtheit richtig sein kann, dass sich der Gesetzgeber für zu treffende Maßnahmen an den Erkrankungszahlen orientiert.[698] In diesem Fall haben schon Schädigungen der körperlichen Unversehrtheit oder des Lebens stattgefunden und der Gesetzgeber entschließt sich aufgrund dessen, Maßnahmen zu treffen.

In vielen Bereichen, in denen Vorkehrungen zum Gesundheitsschutz getroffen werden, ist keine andere Handhabe möglich. So muss beispielsweise die Verkehrsunfallstatistik herangezogen werden, um Rückschlüsse zu ziehen, an welchen konkreten Stellen im Straßenverkehr Nachbesserungsbedarf besteht. Selbstverständlich muss der Gesetzgeber Prognosen hinsichtlich bevorstehender Gefahren versuchen zu treffen und diese durch geeignete Maßnahmen, wie beispielsweise Geschwindigkeitsbeschränkungen an unübersichtlichen Stellen, versuchen abzuwenden. Am Ende wird er aber die Unfallstatistik heranziehen müssen, um zu überprüfen, ob seine Maßnahmen ausreichend waren oder ob stärkere bzw. andere Maßnahmen zu treffen sind. Dies ist im Hinblick auf die körperliche Unversehrtheit oder das Leben derjenigen Unfallopfer, für die die Maßnahmen nicht ausreichten oder noch nicht getroffen waren, gewiss

697 Erdle, IfSG, § 20, Zif. 7).
698 Vgl. 3. Kap. B. III. 4. b. dd.

unbefriedigend. Eine andere Möglichkeit ist hier, sofern keine Gefahrprognosen möglich sind, aber nicht denkbar.

Gerade anders verhält es sich aber im Bereich des Lebens- und Gesundheitsschutz durch Schutzimpfungen. Hier wäre es gerade nicht nötig, abzuwarten, wie viele Menschen an einer bestimmten Krankheit erkranken oder sterben, um danach Maßnahmen zu treffen. Der Anknüpfungspunkt ist hier abermals die Impfquote. Sie erlaubt es, bereits im Vorfeld eingetretener Erkrankungen Rückschlüsse auf die bestehende Gefahr zu ziehen. Anhand dieser Daten könnte es dem Gesetzgeber möglich sein, eine sehr genaue, regionale Gefahrenprognose zu treffen und über konkrete präventiv durchzuführende Maßnahmen zu entscheiden. Durch ein solches Vorgehen würde nicht ein einziger Mensch bezüglich des Leben oder der Gesundheit gefährdet, sodass die Integrität dieser durch die Verfassung zu schützenden Güter bestmöglich gewahrt würde. Das für den Erhalt selbiger so wertvolle Instrument der Impfquote könnte dem Gesetzgeber für Rückschlüsse bezüglich zu treffender Maßnahmen zur Verfügung stehen. Nicht verständlich ist, warum er dies nicht nutzt, denn wie oben festgestellt, gibt es kein einheitliches umfassendes System zur Erhebung von Impfdaten.

Genau dieses ist aber notwendig, um festzulegen, wie hoch die Gefahr jeweils ist und ab welchem Moment in einer bestimmten Region eine allgemeine Impfpflicht gerechtfertigt wäre.

Festzuhalten bleibt, dass die Anordnung einer Impfpflicht unter Wahrung von Art. 1 Abs. 1 und Art. 2 Abs. 2 S. 1 GG auch schon im Vorfeld eines unmittelbar bevorstehenden epidemischen Ausbruches möglich sein muss. Mit anderen Worten: Der Staat darf mit der Erfüllung seiner Schutzpflicht nicht warten, bis die Epidemie bereits ausgebrochen ist.

Es bleibt hier bei den oben getroffenen Erörterungen: Der Grundrechtseingriff durch eine Impfpflicht ist nicht gering. Um jedoch größere Verletzungen von Leben und Gesundheit abzuwehren, muss das mit der Impfung einhergehende geringe Risiko vom Einzelnen in Kauf genommen werden. In der Abwägung überwiegt der Nutzen der Impfung für die Gesundheit gegenüber den Einschränkungen, denen der Einzelne durch die Impfung ausgesetzt ist.

Eine Schutzimpfung ist aus medizinischer Sicht gerade eine Präventivmaßnahme. Es würde auch diesem Sinn und Zweck zuwiderlaufen, sie erst in dem Moment einzusetzen, in dem bereits zahlreiche Erkrankungen aufgetreten sind. Denn sie ist dazu bestimmt, gerade einen solchen Fall zu vermeiden. Sie soll hauptsächlich im Vorfeld einer Krankheit zur Vorbeugung des Auftretens derselben eingesetzt werden und nur im Notfall erst während die Erkrankung in der Bevölkerung bereits präsent ist.

Demzufolge ist auch eine präventive Impfpflicht gerechtfertigt, wenn eine Erkrankung mit bestehender Ausbreitungsgefahr, die jedoch noch unterhalb der an eine bevorstehende Epidemie zu stellenden Anforderungen liegt, vorhanden ist, da ansonsten der eigentliche Zweck der Schutzimpfung unterlaufen werden würde.

Demnach steht auch eine Impfpflicht für Jedermann im Falle einer Gefahr des Eintritts einer gefährlichen Krankheit mit der Verfassung in Einklang. Voraussetzung dafür ist jedoch, dass zuvor andere Möglichkeiten nicht zum erwünschten Ziel der Erhöhung der Impfquote und damit einhergehend dem Schutz der Bevölkerung geführt haben.

Der Bundesgesetzgeber könnte ein entsprechendes Gesetz gemäß Art. 74 Abs. 1 Nr. 19 GG dann auf den Weg bringen.

B. Impfpflicht für Kinder

Als weiteres Modell käme eine Impfpflicht nur für Kinder in Betracht. Es müsste dabei genau bestimmt sein, in welchem Alter ein Kind welche Impfungen zu erhalten hätte, ähnlich wie die derzeitigen Empfehlungen im Impfkalender der STIKO. Diese Empfehlungen würden dann zu verpflichtenden Maßnahmen werden. Ebenso wie oben könnten Sanktionsmöglichkeiten bei Nichtnachkommen geregelt werden.

Auch durch dieses Modell würde die gesamte Impfquote ansteigen.

Aber auch die Impfpflicht für Kinder geht mit einem schwerwiegenden Grundrechtseingriff einher.

Wie oben ist die Verhältnismäßigkeitsfrage neu zu untersuchen. Die kindliche Gesundheit würde durch eine Impfpflicht geschützt. Genau dies gibt die Verfassung durch Art. 2 Abs. 2 S. 1 GG auf. Das Recht der Eltern, über die Pflege ihres Kindes selbst zu bestimmen, steht der Impfpflicht jedoch entgegen. Allerdings kann dieses nur in den Grenzen der Verfassung ausgeübt und muss demnach mit dem Recht des Kindes aus Art. 2 Abs. 2 S. 1 GG abgewogen werden. Wie bereits festgestellt, kommt dem Kindesrecht grundsätzlich bei Kollisionen dieser Art Vorrang zu. Der Schutz des Kindes vor der Ansteckung mit einer übertragbaren Krankheit hat hier erhöhte Priorität.

Im Übrigen gilt das oben Festgestellte: Wenn eine Impfpflicht im epidemischen Notfall gerechtfertigt sein würde, dann muss sie es – zum Schutz der Unversehrtheit des Lebens und der Gesundheit der noch nicht Erkrankten – ebenso schon im Vorfeld sein.

Gleichermaßen gilt hier die Voraussetzung, dass andere bestehende Maßnahmen ausgeschöpft sein müssen.

C. Dauerhafte Betretungsverbote für Nichtgeimpfte in Kindertageseinrichtungen oder Schulen

Es kann des Weiteren angedacht werden, dauerhafte Betretungsverbote für Nichtgeimpfte für Kindertageseinrichtungen oder Schulen zu erlassen. Diese Maßnahme kommt faktisch einer Impfpflicht in Bezug auf die Einrichtungen gleich.

Das bedeutet, die Eltern müssten bei der Anmeldung ihres Kindes in einer Kindertageseinrichtung, einer Grund- oder weiterführenden Schule einen ausreichenden Impfschutz des Kindes schriftlich durch Vorlage des Impfausweises oder eines anderen geeigneten ärztlichen Dokuments nachweisen. Kämen sie dieser Verpflichtung nicht nach, so dürfte ihr Kind die entsprechende Einrichtung nicht betreten.[699]

Dieses Modell hätte mit großer Sicherheit auch positive Auswirkungen auf die Impfquote. Die meisten Eltern von Kleinkindern im Vorschulalter sind heutzutage auf eine Betreuungsmöglichkeit ihres Kindes aus beruflichen Gründen angewiesen und würden sich möglicherweise eher für eine Impfung entscheiden, wenn ihnen andernfalls der Betreuungsplatz versagt würde.[700] Aufgrund der in Deutschland bestehenden Schulpflicht[701] bliebe Eltern spätestens bei der Schulanmeldung keine andere Möglichkeit, als ihr Kind impfen zu lassen.

In einem solchen Betretungsverbot für Nichtgeimpfte für Kindertagesstätten und Schulen könnte ein Eingriff in das Erziehungsrecht der Eltern aus Art. 6 Abs. 2 S. 1 GG liegen, denn die Entscheidung über die Impfung des Kindes fällt in den Schutzbereich des Art. 6 Abs. 2 S. 1 GG. [702]

Bezüglich einer Kindertageseinrichtung haben die Eltern jedoch auch die Möglichkeit, auf den Besuch einer solchen zu verzichten. Sie können ihr Kind selbst betreuen oder es anderweitig durch private Dritte beaufsichtigen lassen und müssen die Kindertageseinrichtung nicht nutzen.

Fraglich ist, ob durch eine solche Regelung der bestehende Rechtsanspruch auf einen Betreuungsplatz[703] unterlaufen würde. Denn danach besteht zwar ein

---

699 Vgl. Forderungen des DÄT und des BVJK, Kap. 2 C. III. und IV.

700 Vgl. Ausführungen des DÄT zu Auslandsaufenthalten, Kap. 2 C. III.

701 Diese wird aus Art. 7 Abs. 1 GG abgeleitet, nach welchem das Schulwesen unter die alleinige Aufsicht des Staates fällt. Dies umfasst einen umfassenden staatlichen Bildungs- und Erziehungsauftrag. Normiert wird die konkrete Schulpflicht jeweils durch die Länder. Für NRW vgl. z. B. §§ 34 ff. SchulG NRW.

702 Siehe dazu auch schon: 3. Kap. A. I. 3. a. aa.

703 Geregelt in § 24 SGB VIII.

Anspruch auf einen Betreuungsplatz, für Eltern, die die Impfung verweigern, hat dieser faktisch jedoch keinen Wert. Es ist allerdings legitim, Rechte mit Pflichten zu verbinden. Auch in anderen Bereichen müssen für den Erhalt staatlicher Leistungen bestimmte Voraussetzungen erfüllt sein.[704] Der Anspruch auf den Betreuungsplatz darf mithin durchaus unter die Bedingung des Impfnachweises gestellt werden.

Demzufolge liegt in einem solchen Betretungsverbot für Nichtgeimpfte für Kindertagesstätten kein Eingriff in den Schutzbereich des Art. 6 Abs. 2 S. 1 GG.

Anders verhält es sich bei einem Betretungsverbot für Schulen.

Hier haben die Eltern aufgrund der bestehenden Schulpflicht[705] anders als beim Besuch der Kindertageseinrichtung keine alternative Handlungsmöglichkeit. Sie können ihr Kind nicht zu Hause unterrichten[706], sondern müssen es in die Schule gehen und dementsprechend auch impfen lassen. Dadurch entsteht eine faktische Impfpflicht.

Zu der Einschränkung des Elternrechts gilt das bereits oben Ausgeführte.[707] Des Weiteren liegt hier gleichermaßen wieder ein Eingriff in Art. 2 Abs. 2 S. 1, Art. 2 Abs. 1 GG und gegebenenfalls in Art. 4 Abs. 1 und 2 GG vor.

Alle durch die Verfassung garantierten Rechte gelten jedoch immer nur soweit, wie keine anderen Grundrechte Dritter betroffen werden. Abermals steht die körperliche Unversehrtheit einzelner Schüler einer betroffenen Schule aus Art. 2 Abs. 1 S. 1 GG den benannten Grundrechten entgegen.

Die Gesunderhaltung der gesamten Schülerschaft ist ein legitimes Ziel. Wenn dieses durch zuvor erprobte Maßnahmen nicht erreicht werden konnte, was sich an wiederkehrenden Ausbrüchen bestimmter Krankheiten zeigt[708], so ist das Betretungsverbot erforderlich. Bei der Abwägung der widerstreitenden Interessen ist die Schutzpflicht des Staates insbesondere gegenüber den Kindern nicht außer Acht zu lassen. Jeder Schüler, der eine staatliche Schule besucht, hat ein Recht darauf, dass er

---

704 Vgl. z. B. Leistungen nach dem SGB II, siehe dazu auch Urteil des BVerfG v. 05.11.2019 - 1 BvL 7/16.

705 Der wiederum mit der Schulpflicht an sich verbundene Grundrechtseingriff in die Rechte des Kindes und der Eltern wird durch Art. 7 Abs. 1 GG gerechtfertigt, siehe dazu Brosius-Gersdorf, in: Dreier, GG, Art. 7, Rn. 71.

706 Dagegen spricht Art. 7 Abs. 1 GG. Vgl. Beschluss des BVerfG v. 31.05.2006, 2 BvR 1693/04; siehe auch EGMR, Urteil vom 10.01.2019, 18925/15; zum Homeschooling auch m. w. N. Brosius-Gersdorf, in: Dreier, GG, Art. 7, Rn. 71.

707 Siehe oben 3. Kap. A. I. 3 a. bb.

708 Zur Zweifelhaftigkeit der Krankheitsausbrüche als Maßstab für das Erreichen des Ziels siehe bereits 3. Kap. B. III. 4. d.

sich dort nicht mit einer schwerwiegenden Krankheit[709] infiziert. Die Schutzpflicht aus Art. 2 Abs. 2 S. 1 GG gebietet es, die Gesundheit eines jeden Schülers zu schützen. Insbesondere diejenigen, die selbst aus medizinischen Gründen eine Impfung nicht vertragen oder deren Eltern selbige verweigern, bedürfen des staatlichen Schutzes. So überwiegen hier die Schutzpflicht und das Recht des Einzelnen auf körperliche Unversehrtheit aus Art. 2 Abs. 2 S. 1 GG gegenüber den Elterninteressen und den anderen möglicherweise betroffenen Grundrechtspositionen.

Demnach kann auch ein Betretungsverbot für Nichtgeimpfte in Schulen verhältnis- und damit verfassungsmäßig sein.

D. Impfpflicht mit Ausnahmen / Widerspruchslösung

Als Alternative zu einer umfassenden Impfpflicht für alle Kinder oder zu Betretungsverboten bietet sich ein Modell an, das von Anfang an bestimmte Ausnahmemöglichkeiten von der Impfung vorsieht. Aufgrund des starken Grundrechtseingriffs in die körperliche Unversehrtheit einer umfassenden Pflicht[710] erscheint eine Variante mit der Regelung verschiedener Ausnahmetatbestände beziehungsweise der Möglichkeit eines Widerspruchs unter verfassungsrechtlichen Gesichtspunkten schonender, wenngleich die Effektivität des Mittels nicht so hoch zu bewerten ist wie ohne Ausnahmen.

Dennoch könnte die Impfquote unter einem strengen Ausnahmenmodell eine Steigerung erfahren, während Grundrechtspositionen Einzelner besser gewahrt würden.

Zu denken ist an die Möglichkeit des Erteilens von individuellen Befreiungen von einer Impfpflicht nach umfassender ärztlicher Beratung, wobei die Befreiung an verschiedene Auflagen, wie beispielsweise die Verpflichtung, dass sich die ungeimpfte Person im Falle eines Krankheitsausbruches in der Region nicht mehr in der Öffentlichkeit aufhalten dürfte, geknüpft sein müsste.

Wegen des sehr erheblichen bürokratischen Aufwands ist ein umfangreich geregeltes Ausnahmensystem, welches in der Lage wäre, bestmöglich auf alle Grundrechtsbelange einzugehen, in der praktischen Umsetzung allerdings eher weniger vorstellbar. Andererseits wurde früher ein ähnliches Prinzip bei der Wehrpflicht praktiziert, bei welchem jeder Kriegsdienstverweigerer einer Einzelfallprüfung bezüglich seiner Gewissensentscheidung unterzogen wurde.

---

709 Leichtere Erkrankungen wie Schnupfen und ähnliche Infekte sind wohl als sozialadäquat hinzunehmen, siehe dazu oben 3. Kap. B. III. 3. c. bb. (1) und d. bb.

710 Vgl. 3. Kap. A. I. 1. a. aa. (2).

E. Allgemeiner Beratungszwang mit schriftlicher Bestätigung

Außerdem könnte ein Modell eines allgemeinen Beratungszwangs mit schriftlicher Bestätigung in Betracht kommen. Angelehnt an § 34 Abs. 10a IfSG müsste sich hier jeder Bürger über die Wichtigkeit und die Durchführung von Schutzimpfungen beraten lassen und bei Verweigerung derselben schriftlich bestätigen, dass er (bestimmte) Impfungen ablehne. Eine solche Beratung sollte bestenfalls durch speziell dafür geschulte Amtsärzte durchgeführt werden. Durch diese schriftliche Bestätigung würde dem Betroffenen deutlich vor Augen geführt, dass er sich bewusst gegen die Impfung entscheidet und im Falle einer Erkrankung an einer impfpräventablen Krankheit die Verantwortung für diese selbst zu tragen hätte. Es ist zu überlegen, wie dieses Modell praktisch umzusetzen wäre. Beispielsweise könnten diese Daten jeweils mit der Beantragung eines neuen Personalausweises erhoben werden[711] oder aber die Gesundheitsämter müssten jeden ungeimpften Bürger in regelmäßigen Abständen zur Beratung laden.

Insbesondere die Impfsäumigen, die das Impfen oder die Auffrischung desselben vergessen oder sich damit gar nicht auseinandersetzen, könnten durch dieses Modell gut erreicht werden. Ideologische Impfgegner würden sich durch einen solchen staatlichen Beratungszwang jedoch eher nicht umstimmen lassen. Nichtsdestotrotz wäre mit einem Anstieg der Impfquote allein durch das Erreichen der ersten Gruppe zu rechnen.

Ob dieses Modell für einen im medizinischen Sinne ausreichenden Anstieg genügt, bleibt fraglich.

Es bestehen zu diesem Modell keine verfassungsrechtlichen Bedenken. Die Impfung selbst – und damit ein Eingriff in die körperliche Unversehrtheit – wird hier nicht vorgeschrieben, sondern lediglich die Beratung über selbige. Die zwangsweise Beratung an sich greift sicher in das Recht auf allgemeine Handlungsfreiheit aus Art. 2 Abs. 1 GG ein, ist aber aus Gründen des Allgemeinwohls gerechtfertigt.[712]

---

711 Ähnlich wurde es teils auch in der Diskussion um einen verpflichtenden Organspende-Ausweis vorgeschlagen, vgl. bspw. den Vorschlag der Bundesvorsitzenden B90/Grüne Annalena Baerbock v. 25.11.2018, https://www.annalena-baerbock.de/organspende-wiederkehrende-befragung-bei-ausweisneu-beantragung/ (zuletzt abgerufen am 28.10.2010).

712 Vgl. oben bzgl. § 34 Abs. 10a.

F. Verbesserungen des vorhandenen Systems

Zuletzt könnten einige Verbesserungen an dem derzeit bestehenden Informationsprinzip vorgenommen werden.

I. Einladungssystem

Es könnte ein Einladungssystem eingeführt werden, durch welches die Bürger schriftlich von ihrem Arzt an den nächsten Impftermin erinnert würden. So ähnlich wurde es bereits auf dem Deutschen Ärztetag 2007 vorgeschlagen.[713]

Dadurch würden jedoch nur diejenigen erreicht, die einen festen Hausarzt haben, der diese Daten für sie verwaltet. Außerdem könnten Impfsäumige ein solches Erinnerungsschreiben aus Bequemlichkeit oder anderen Gründen unbeachtet lassen. Impfgegner würden von einer derartigen Maßnahme ohnehin nicht berührt. Daher ist es zweifelhaft, ob sich an der Impfquote durch ein solches Erinnerungssystem signifikant etwas ändern würde.

Datenschutzrechtliche Gesichtspunkte müssten hier hinter dem Schutz der körperlichen Unversehrtheit zurücktreten. Weitere verfassungsrechtliche Bedenken bestehen gegen ein solches System nicht.

II. Elektronischer Impfpass

Eine weitere Idee, um dem Einzelnen Impfungen präsent und deren Durchführung besser nachvollziehbar zu machen, ist die Einführung eines elektronischen Impfpasses mit einem Erinnerungssystem. Die meisten Menschen besitzen nach einer Studie zwar einen Impfpass, sehr viele wissen aber nicht, wo sich dieser befindet.[714] Verbunden mit einem digitalen Erinnerungssystem könnten so mehr Menschen als bisher erreicht und zur Impfung bewegt werden.

III. Schockwerbung

Ähnlich wie bei der Bebilderung von Zigarettenschachteln könnte auch bezüglich des Impfens Werbung mit abschreckendem Inhalt geschaltet werden. Solche gab es bereits früher in den 60er- und 70er-Jahren.[715] Beispielsweise liefen

---

713 Siehe dazu oben 2. Kap. C. III.

714 https://www.bvkj.de/fileadmin/pdf/BVKJ/Impfinitiative_BVKJ_NAV_final_240919_2.pdf, S. 4 (zuletzt abgerufen am 31.10.2019); https://www.aerzteblatt.de/nachrichten/102498/Gruene-wollen-digitalen-Impfpass (zuletzt abgerufen am 02.11.2019).

715 Vgl. 2. Kap. A. II., III.

Anfang der 60er-Jahre TV-Spots zur besten Sendezeit, die für die Polioimpfung warben. Dabei wurde auf die Schockwirkung einschlägiger Darstellungen gesetzt, um Eltern unter dem Motto: „Schluckimpfung ist süß, Kinderlähmung ist grausam!" von der Impfdurchführung zu überzeugen.[716]

Es würden dabei dementsprechend Bilder von an den bestimmten Krankheiten beziehungsweise deren Folgen oder Spätfolgen leidenden Personen gezeigt und darauf hingewiesen, dass diese schwerwiegenden Erkrankungen bei vorheriger Impfung nicht aufgetreten wären.

Auf diesem Wege könnte die Bevölkerung für das Thema wieder sensibilisiert werden. Denn gerade durch die gute Wirksamkeit von Impfungen verschwinden die durch sie vermeidbaren Krankheiten aus der Gesellschaft und damit aus den Köpfen der Menschen. Sie sehen die Gefahr der Erkrankung nicht mehr als groß an, weil die Krankheit eben nicht mehr präsent ist.[717]

Durch die Werbung könnte die Problematik der Erkrankung an impfpräventablen Krankheiten in den Fokus gerückt werden.

Auch durch dieses Modell könnten möglicherweise die Impfsäumigen erreicht werden. Allerdings müssten diese, nachdem sie durch die Werbung überzeugt oder erinnert worden sind, die Impfung dann auch wirklich durchführen.

Bei Impfgegnern ist es hingegen nicht ausgeschlossen, dass eine solche provokative Werbung gar das Gegenteil auslösen würde. Das Thema „Impfen" ist in den letzten Jahren zu einem polarisierenden und kontrovers diskutierten geworden. Es gibt einige, die bereits jetzt der Meinung sind, die Impfaufforderung des Staates sei Propaganda. Durch solch eine schockierende Werbung könnte diese Ansicht untermauert werden.

Letztendlich lässt sich aus juristischer Sicht schwer abschätzen, inwiefern ein Anstieg der Impfquote durch Schockwerbung zu erreichen ist.

Aus verfassungsrechtlicher Sicht könnte ein Eingriff in Art. 5 Abs. 1 S. 1 GG in Betracht kommen, der aber immer durch Gründe des Allgemeinwohls gerechtfertigt sein müsste.

---

716 Thießen, Vorsorge als Ordnung des Sozialen, in: Zeithistorische Forschungen, Online-Ausgabe, 10 (2013), Heft 3, S. 1–23, S. 9, siehe auch Abbildungen S. 10, 11.

717 Sog. „Complacency" (Nachlässigkeit) nach dem 5C-Modell, Betsch u. a., Beyond confidence: Development of a measure assessing the 5C psychological antecedents of vaccination.

IV. Verbesserte Datenerhebung und gesetzliche Festlegung von Impfquoten

Problematisch erscheint, dass die Erhebung der Impfdaten nicht gesetzlich festgeschrieben ist und kein einheitliches System zur Erhebung der Impfdaten existiert.[718]

Hier müsste dringend nachgebessert werden. Das Forschungsprojekt KV-Impfsurveillance sollte auf eine gesetzliche Grundlage gestellt und auf alle Altersgruppen ausgeweitet werden. Alternativ könnte ein anderes System zur Erhebung jeder einzelnen durchgeführten Impfung geschaffen werden, sodass exakt erkennbar wäre, in welchen Regionen oder Altersgruppen Lücken vorhanden sind.

Daneben erscheint es sinnvoll, eine zu erreichende Impfquote für jede impfpräventable Krankheit gesetzlich festzulegen.[719] Medizinisch gesehen ist der Herdenschutz ab Erreichen einer bestimmten Impfquote gewährleistet, sodass einzelne Ungeimpfte in der Gruppe der Geimpften keiner Gefahr mehr ausgesetzt sind. Bei Masern ist dies laut WHO beispielsweise ab einer Impfquote von 95 % der Fall.

Anhand der erhobenen Daten könnte sodann überprüft werden, ob die Impfquote jeweils erreicht ist. Für den Fall des Nichterreichens würden zuvor Konsequenzen – beispielsweise Pflichtimpfungen oder Betretungsverbote – gesetzlich festgelegt.

Eine solche gesetzlich festgeschriebene Impfquote könnte mit entsprechendem Publikmachen und Informationskampagnen dazu führen, dass Einzelne ihren Beitrag zur Erreichung des Ziels leisten und sich oder ihr Kind impfen lassen würden. Schließlich zeigen Untersuchungen immer wieder, dass die Zahl der Impfgegner sehr klein ist und die breite Mehrheit in Deutschland dem Impfen positiv gegenüber steht.[720]

Zuletzt wäre es auch wichtig, repräsentative Zahlen über nachgewiesene schwere Impfnebenwirkungen und -schäden zu erheben und der Öffentlichkeit zugänglich zu machen. Dadurch würde aufgezeigt werden können, dass Nebenwirkungen sehr selten und Impfungen gut verträglich sind. Skeptiker könnten vielleicht durch repräsentative Daten umgestimmt werden.

---

718 Siehe A.; 2. Kap. B. VI. 6.; 3. Kap. B. III. 4. d.

719 Vgl. Antwort der Bundesregierung auf die Kleine Anfrage des Abgeordneten Dr. Wieland Schinnenburg und der Fraktion der FDP, BT-DS 19/320 v. 22.12.2017, S. 2.

720 Vgl. 1. Kap. B. VI.

Ob dieses Modell genügend Ungeimpfte ansprechen würde, bleibt offen. Zumindest wäre es aber ein milderes Mittel vor der Einführung einer Impfpflicht und damit eine Art letzter Warnschuss, bevor die Impfpflicht als ultima ratio auf den Plan träte.

Verfassungsrechtlich bestehen keine Bedenken bezüglich der Datenerhebung und der verbindlichen Festlegung der Quote, da letztlich die Freiwilligkeit des Impfens gewahrt bliebe. Bezüglich der möglichen Konsequenzen gilt jeweils das bereits oben Erörterte.

V. Verbesserte Impfberatung

Zuletzt müsste auch die ärztliche Beratung bezüglich des Impfens optimiert werden. Hier gilt es, diejenigen 20 Prozent der Bevölkerung, die dem Impfen unentschlossen gegenüberstehen oder sich unsicher sind, von den Vorteilen zu überzeugen. Durch den Abbau praktischer Barrieren und eine vertrauensvolle Gesprächsführung könnte es dem Arzt gelingen, einen Patienten für die Impfung zu gewinnen.[721]

G. Ergebnis

Wie dargestellt gibt es einige Maßnahmen, die geeignet erscheinen, die derzeitige Impfquote zu erhöhen.

Eine allgemeine Impfpflicht ist das effektivste Mittel, das jedoch auch mit den stärksten Grundrechtseingriffen verbunden ist. Nichtsdestotrotz kann sie auch schon im Falle einer bestehenden Gefahr, die noch keinen unmittelbar bevorstehenden Epidemiestatus erreicht hat, aus Gründen des Individual- wie Gemeinwohls gerechtfertigt sein. In einem Betretungsverbote für Nichtgeimpfte in Kindertageseinrichtungen liegt wegen alternativer Handlungsmöglichkeiten kein Eingriff in Art. 6 Abs. 2 S. 1 GG. Ein selbiges bezüglich Schulen kommt aufgrund der Schulpflicht einer faktischen Impfplicht gleich, sodass das oben Ausgeführte gilt.

Als milderes Mittel im Vergleich zur verpflichtenden Impfung kommen ein allgemeiner Beratungszwang sowie Verbesserungen des vorhandenen Systems in Betracht. Diese Maßnahmen sind in der Regel wenn überhaupt mit nur leichten Grundrechtsbeeinträchtigungen verbunden. Ein Einladungssystem, die Einführungen eines elektronischen Impfpasses sowie insbesondere eine bessere

721 Siehe hierzu: Betsch u. a., Impfberatung in der Praxis: Professionelle Gesprächsführung - wenn Reden Gold wert ist, in: Dtsch. Ärztebl. 2019, Heft 11, S. 520-527.

Datenerhebung und eine gesetzlich festgelegte Impfquote erscheinen vor einer Einführung einer Impfpflicht jedenfalls geeignete Mittel zu sein, um die Impfquote zu erhöhen und dabei die Grundrechte der Betroffenen besser zu wahren.

5. Kapitel – Masernschutzgesetz ab 01.03.2020

Wie zuvor festgestellt, traf den Staat eine sich aus der Schutzpflicht ergebende Überprüfungspflicht zugunsten der kindlichen körperlichen Unversehrtheit.[722] Diese hat die Bundesregierung zumindest zum Teil erfüllt und ein Masernschutzgesetz auf den Weg gebracht.

A. Das Gesetz

Am 14.11.2019 beschloss der Bundestag das Gesetz für den Schutz vor Masern und zur Stärkung der Impfprävention (Masernschutzgesetz).[723] 459 Abgeordnete stimmten dafür, 89 dagegen und 105 enthielten sich.[724] Das Gesetz tritt am 01.03.2020 in Kraft und zieht zahlreiche Änderungen des Infektionsschutzgesetzes nach sich.[725] Diejenigen davon, die sich auf Schutzimpfungen beziehen, sollen im Folgenden einer kritischen Würdigung unterzogen werden.

I. § 13 Abs. 5 IfSG

Ein neu eingefügter § 13 Abs. 5 IfSG bestimmt, dass die Kassenärztlichen Vereinigungen dem Robert-Koch-Institut Daten über durchgeführte Impfungen anonymisiert zum Zwecke der Feststellung der Inanspruchnahme von Schutzimpfungen und Impfeffekten zu übermitteln haben (Impfsurveillance).

II. § 20 IfSG

Abs. 1 des § 20 IfSG ist dahingehend konkretisiert worden, dass die Information nun „zielgruppenspezifisch“ zu erfolgen hat. Außerdem soll laut einem neu eingefügten Satz 2 dabei die vorhandene Evidenz zu bestehenden Impflücken in der Bevölkerung berücksichtigt werden.

---

722 Siehe 3. Kap. B III. 4. b. bb.

723 BR-DS 629/19 v. 29.11.2019.

724 https://www.aerzteblatt.de/nachrichten/107417/Bundestag-beschliesst-Masernschutzgesetz (zuletzt abgerufen am 14.12.2019).

725 Daneben erfährt auch das SGB V Änderungen. Diese sollen hier aber nicht aufgezeigt werden, da sie für die Bearbeitung nicht von Bedeutung sind.

Abs. 4 wurde gänzlich abgeändert und stellt nun klar, dass jeder Arzt zur Durchführung von Schutzimpfungen berechtigt ist, also auch Fachärzte über die Grenzen ihrer fachärztlichen Tätigkeit hinaus.

§ 20 Abs. 6 S. 2 erfuhr eine sprachliche Überarbeitung.

Neu eingefügt worden sind die Absätze 8 bis 14, die eine Masernimpfpflicht enthalten. Demnach müssen Personen, die nach dem 31.12.1970 geboren sind und in einer Gemeinschaftseinrichtung betreut werden oder in einer solchen tätig sind, einen ausreichenden Impfschutz gegen Masern oder ab Vollendung des ersten Lebensjahres eine Immunität gegen die Krankheit nachweisen (Abs. 8 S. 1). Dieser Nachweis ist selbst dann verpflichtend, wenn zur Erlangung des entsprechenden Impfschutzes ausschließlich Kombinationsimpfstoffe zur Verfügung stehen, die auch Impfstoffkomponenten gegen andere Krankheiten enthalten. (Abs. 8 S. 3) Eine Ausnahme gilt dann, wenn die Impfung bei einer Person medizinisch kontraindiziert ist (Abs. 8 S. 4).

Abs. 9 regelt, in welchen Formen der Nachweis erbracht werden muss und in welchen speziellen Fällen das Gesundheitsamt über nicht erbrachte Nachweise zu informieren ist.

Die Abs. 10 und 11 enthalten Übergangsregelungen betreffend diejenigen Personen, die zum Zeitpunkt des Inkrafttretens des Gesetzes bereits in einer Gemeinschaftseinrichtung betreut werden.

Abs. 12 enthält Regelungen über die Kontrolle der aufgrund der Pflicht durchgeführten Impfungen durch das Gesundheitsamt sowie die Möglichkeit, Personen, die der Impfung trotz Pflicht nicht nachgekommen sind, vom Besuch der jeweiligen Einrichtung auszuschließen, es sei denn, dass sie der Schulpflicht unterliegen.

Abs. 13 S. 1 stellt klar, dass derjenige, dem die Personensorge für eine nach den Abs. 9 bis 12 verpflichtete minderjährige Person zusteht, für die Einhaltung der Verpflichtung zu sorgen hat. Das gleiche gilt nach Abs. 13 S. 2 für den Betreuer einer ebenso verpflichteten Person.

Abs. 14 besagt, dass die Abs. 6 bis 12 das Grundrecht der körperlichen Unversehrtheit einschränken.

III. §§ 22, 33 IfSG

In § 22 IfSG sind die Regelungen über die Impfdokumentation verändert und in § 33 IfSG der Begriff der Gemeinschaftseinrichtung in ausführlicherer Form als zuvor definiert worden.

IV. § 73 IfSG

In die Aufzählung der mit Bußgeld bedrohten Ordnungswidrigkeiten des § 73 IfSG wurden die nach § 20 Abs. 9 bis 12 gebotenen Handlungen aufgenommen (§ 73 Abs. 1a Nr. 7a-7d). § 73 Abs. 2 1. Hs. IfSG eröffnet die Möglichkeit, die benannten Ordnungswidrigkeiten (Nrn. 7a-7d) mit einer Geldbuße von bis zu zweitausendfünfhundert Euro zu ahnden.

B. Stellungnahmen

Der Deutsche Ethikrat erklärte am 27.06.2019 in einer Stellungnahme zu dem Gesetzesentwurf, dass nach seiner Ansicht jede Person moralisch verpflichtet sei, sich selbst und gegebenenfalls ihre Kinder gegen Masern zu impfen.[726] Allerdings folge daraus nicht, dass auch eine gesetzliche Pflicht gerechtfertigt sei. Vielmehr bleibe im Rahmen einer Verhältnismäßigkeitsprüfung festzustellen, ob eine Rechtfertigung zum Zwecke der Erhöhung der Impfquote möglich sei. Der Ethikrat verneint dies bezüglich der Impfpflicht nach dem Maserschutzgesetz mit der Begründung, dass die Impfquoten in den das Gesetz betreffenden Altersgruppen hoch seien. Eine Impfpflicht für bestimmte Berufsgruppen hält der Rat hingegen für geboten.[727]

Befürworter von Impfungen kritisieren, dass nur die Masernschutzimpfung verpflichtend gestellt wurde. Viele Menschen könnten dies so verstehen, dass die anderen Impfungen nicht so wichtig seien und diese vernachlässigen.[728]

Daneben steht in der Kritik der Impfbefürworter, dass auch bei Erwachsenen viele Impflücken bestünden, das neue Gesetz jedoch nur auf Kinder und in Gemeinschaftseinrichtungen Beschäftigte Anwendung finde.[729] So hätten weniger als die Hälfte der 30- bis 39-Jährigen jemals eine Masernimpfung erhalten.[730]

---

726 https://www.ethikrat.org/fileadmin/Publikationen/Stellungnahmen/deutsch/stellungnahme-impfen-als-pflicht.pdf, S. 54 ff. (zuletzt abgerufen am 14.12.2019).

727 https://www.ethikrat.org/fileadmin/Publikationen/Stellungnahmen/deutsch/stellungnahme-impfen-als-pflicht.pdf, S. 64ff. (zuletzt abgerufen am 14.12.2019).

728 https://www.mdr.de/thueringen/mitte-west-thueringen/erfurt/professor-betsch-erfurt-kritik-an-masern-impfpflicht-100.html (zuletzt abgerufen am 02.11.2019); siehe auch Höfling, Vom präventiven Selbst zum immunisierten Volkskörper?, in: JZ 2019, S. 776–778, S. 778 m. w. N.

729 https://www.aerzteblatt.de/nachrichten/107417/Bundestag-beschliesst-Masernschutzgesetz (zuletzt abgerufen am 14.12.2019).

730 Höfling, Vom präventiven Selbst zum immunisierten Volkskörper?, in: JZ 2019, S. 776–778, S. 778.

Des Weiteren wird statt einer Pflicht vielfach ein umfassendes Konzept gefordert, das vor allem auf Aufklärung setzen und nicht nur Kinder, sondern alle Bevölkerungsgruppen in den Blick nehmen solle.[731]

C. Verfassungsrechtliche Bewertung

I. Eingriffe

Durch das neue Gesetz wird in die körperliche Unversehrtheit der zu Impfenden aus Art. 2 Abs. 2 S. 1 GG sowie in das elterliche Erziehungsrecht aus Art. 6 Abs. 2 S. 1 GG und gegebenenfalls ebenso in Rechte aus Art. 4 Abs. 1 und 2 GG eingegriffen. Insofern kann auf die obigen Ausführungen verwiesen werden.[732]

II. Rechtfertigung

Der Schutz vor einer Masernerkrankung sowohl des Individuums als auch der Gemeinschaft und langfristig die dadurch erreichbare Elimination von Masern ist sicherlich ein legitimer Zweck.[733] Das Gesetz ist dazu geeignet, diesen zu erreichen.

Fraglich bleibt, ob das Gesetz in der Form auch erforderlich war oder ob mildere Mittel hätten ergriffen werden müssen. Es gibt keine Maßnahme, die gleichermaßen effektiv ist, wie eine Pflicht. Bei der isolierten Beurteilung der Effektivität wird die Freiwilligkeit immer hinter dem staatlichen Zwang zurückstehen müssen. Eine Betrachtung der Entwicklung der Impfgesetze bestätigt dies[734]:

Am 01.01.2001 wurde das Infektionsschutzgesetz und mit ihm sein § 20 Abs. 1 eingeführt, nach welchem die Bevölkerung über die Bedeutung von Schutzimpfungen informiert werden sollte. Sein Zweck war nach der Gesetzesbegründung, die Impfbeteiligung insbesondere von Kleinkindern zu erhöhen.[735] Vierzehneinhalb Jahre später, am 17.07.2015, beschloss der Bundestag das Präventionsgesetz, durch welches die Überprüfung des Impfzustands des Einzelnen und die Beratung darüber konkretisiert und ein Beratungsnachweis vor der Aufnahme eines Kindes in eine Kindertageseinrichtung verpflichtend gestellt wurde. In der

---

731 https://www.gruene-bundestag.de/themen/gesundheit/impfquoten-nachhaltig-steigern (zuletzt abgerufen am 15.12.2019).

732 3. Kap. A. I.

733 Gesetzentwurf der Bundesregierung, BT-DS 19/13452 v. 23.09.2019, S. 1.

734 Vgl. dazu bereits ausführlich: 2. Kap.

735 Vgl. 2. Kap. B. I. 1. b. m. w. N.

Gesetzesbegründung stellte die Bundesregierung fest, dass die Zahl der nicht gegen Masern geimpften Kleinkinder immer noch zu hoch sei.[736] Weitere vier Jahre später begründete die Bundesregierung nun ihren neuen Gesetzesentwurf damit, dass die bisherigen Maßnahmen zur Stärkung der Impfbereitschaft nicht in ausreichendem Maße Früchte getragen hätten und noch immer eine große Zahl von Kindern, Jugendlichen und Erwachsenen nicht durch eine Impfung geschützt seien. Bis Ende Mai 2019 seien dem Robert-Koch-Institut für dieses Jahr bereits 420 Masernfälle in Deutschland gemeldet worden.[737]

Die Entwicklung zeigt, dass 18 Jahre lang versucht wurde, einen ausreichenden Impfschutz durch mildere Gesetzesmaßnahmen zu erreichen, dies aber nicht erfolgreich war.

Zuletzt stellt sich die Frage, ob die verpflichtende Masernimpfung auch verhältnismäßig im engeren Sinne ist. Das dazu bereits oben Ausgeführte gilt fort[738]: In der Abwägung stehen sich die betroffenen Abwehrgrundrechte derjenigen, die nicht geimpft werden möchten oder die ihr Kind nicht impfen lassen möchten – namentlich Art. 2 Abs. 2 S. 1, Art. 4 Abs. 1 und 2, Art. 6 Abs. 2 S. 1 GG – und die sich aus der staatlichen Schutzpflicht aus Art. 2 Abs. 2 S. 1 GG ergebenden Rechte gegenüber. Immer wieder zahlreich auftretende Masernfälle zeigen, dass ein Handeln des Gesetzgebers zum Schutz der körperlichen Unversehrtheit und des Lebens der Betroffenen unerlässlich ist. 420 Krankheitsfälle in fünf Monaten weisen darauf hin, dass die Krankheit sehr präsent ist. Einige der Erkrankten werden bleibende Schäden davon tragen oder daran sterben. Für diese Betroffenen kommt der Schutz des Gesetzgebers zu spät. Um aber die Ausbreitung der Krankheit einzudämmen und damit die in Zukunft daran möglicherweise Erkrankenden vor selbigem zu bewahren, sind über die derzeitigen Regelungen hinausgehende Maßnahmen geboten. Die Schwelle zum Eingreifen muss angesichts der Anzahl der Erkrankungen hier überschritten sein. Der Nutzen der Impfung für das Leben und die Gesundheit insbesondere derjenigen, die sich selbst nicht zu schützen vermögen, überwiegt gegenüber den Nachteilen durch die in der Regel gut verträgliche Impfung.[739]

Wie oben herausgearbeitet, steht dem Gesetzgeber ein erheblicher Einschätzungs-, Wertungs- und Gestaltungsspielraum bei der Auswahl einer

---

736 Vgl. 2. Kap. C. VI. 2. m. w. N.

737 Gesetzentwurf der Bundesregierung, BT-DS 19/13452, S. 1.

738 Siehe 3. Kap. A. I. 1. b. cc.

739 Vgl. dazu ausführlich oben 3. Kap. A. I. und 4. Kap. A.

Maßnahme zur Erfüllung der Schutzpflicht zu, wobei mehrere Möglichkeiten der Schutzpflichterfüllung verfassungsgemäß sein können.[740]

III. Zitiergebot

Mit § 20 Abs. 14 IfSG ist das Zitiergebot aus Art. 19 Abs. 1 S. 2 GG beachtet worden.

IV. Bestimmtheitsgrundsatz

Der Bestimmtheitsgrundsatz besagt, dass jedes Gesetz für den Bürger hinreichend bestimmte klare Anordnungen enthalten muss und nicht unklar oder vage formuliert sein darf.[741] § 20 Abs. 8 S. 3 IfSG stößt diesbezüglich auf große Bedenken.[742]

Danach gilt die Masernimpfpflicht nach Abs. 8 S. 1 selbst dann, wenn nur Impfstoffe zur Verfügung stehen, die auch Impfstoffkomponenten gegen „andere Krankheiten" enthalten. Laut Gesetzesbegründung soll durch die Regelung der Umstand berücksichtigt werden, dass gegenwärtig ausschließlich Kombinationsimpfstoffe gegen Masern-Mumps-Röteln oder Masern-Mumps-Röteln-Windpocken vorhanden sind.[743] Aus medizinischer und praktischer Sicht sind solche Drei- oder Vierfachimpfstoffe sinnvoll, weil durch nur eine einzige Impfung gleichzeitig der Schutz gegen mehrere Krankheiten hervorgerufen wird und der Patient dementsprechend weniger Eingriffe in seinen Körper erleiden muss.

Problematisch erscheint hier jedoch, dass der Wortlaut des Gesetzes gerade nicht definiert, gegen welche „anderen Krankheiten" im Rahmen der verpflichtenden Impfung gleichzeitig mitgeimpft wird. Zwar nennt die Gesetzesbegründung Impfstoffe, deren Einsatz die STIKO derzeit empfiehlt.[744] Es ist jedoch nicht ausgeschlossen, dass in Zukunft noch weitere Kombinationsimpfstoffe entwickelt werden, die derzeit noch gar nicht vorhersehbar sind und die sodann auch unter den Begriff der „Impfstoffkomponenten gegen andere Krankheiten"

740 Vgl. 3. Kap. B. III. 3. a.

741 Battis/Gusy, Einführung in das Staatsrecht, Rn. 270; Sachs, Verfassungsrecht II, Kap. 10, Rn. 53.

742 Siehe auch Höfling, Vom präventiven Selbst zum immunisierten Volkskörper?, in: JZ 2019, S. 776–778, S. 778, der dies auf eine „mangelnde Sensibilität [des Gesetzgebers] für die Anforderungen des verfassungsrechtlichen Übermaßkriteriums der Erforderlichkeit" zurückführt.

743 Gesetzentwurf der Bundesregierung, BT-DS 19/13452, S. 28.

744 Vgl. 2. Kap. B. I. 2. a.

fallen würden. Das Gesetz schränkt den Begriff der anderen Krankheiten nicht ein, sodass jeder Impfstoff gegen jede andere Krankheit darunter fällt. Demnach ist die Gesetzesformulierung „andere Krankheiten“ trotz Klarstellung in der Gesetzesbegründung unklar und sehr vage.

Für jeden einzelnen Impfstoff gegen eine bestimmte Krankheit, der aufgrund einer gesetzlichen Impfpflicht verabreicht wird, muss die Prüfung der Rechtfertigung des Grundrechtseingriffs konkret und im Einzelfall erneut durchgeführt werden. Dies gilt sowohl für die in der Gesetzesbegründung aufgeführten, als auch für mögliche neue in der Zukunft zu entwickelnde Impfstoffe.

Für jeden einzelnen davon muss die Frage der Erforderlichkeit einer Impfpflicht neu beantwortet werden. Dies könnte dazu führen, dass im Einzelfall eine Pflicht gar nicht erforderlich wäre, weil diejenige Krankheit, gegen die der Kombinationsimpfstoff neben Masern wirkt, nicht in erhöhtem Maße auftritt, sodass mildere Mittel zur Eindämmung derselben bestehen könnten und demnach eine derart einschneidende Maßnahme in das Grundrecht des Art. 2 Abs. 2 S. 1 GG nicht gerechtfertigt wäre.

Der Gesetzgeber hat es vorliegend versäumt, eine bestimmte Formulierung zu finden, die keine Zweifel zulässt, auf welche Impfstoffe sich die Impfpflicht bezieht und damit gegen den Bestimmtheitsgrundsatz verstoßen.

D. Beurteilung

Der Gesetzgeber hat erkannt, dass auf dem Feld der Impfregelungen Handlungsbedarf im Sinne der Erfüllung der staatlichen Schutzpflicht bezüglich der kindlichen Gesundheit bestand. Dies ist dem Grunde nach positiv zu bewerten.

Offen bleibt, wie der Gesetzgeber dafür sorgen will, dass auch andere von der STIKO empfohlene Impfungen bei Kindern durchgeführt werden und dass Erwachsene gleichermaßen alle empfohlenen Schutzimpfungen vornehmen beziehungsweise ihren Impfstatus überprüfen lassen. Inwiefern die konkretisierte Informationsvermittlung des § 20 Abs. 1 IfSG dazu beitragen kann, bleibt abzuwarten. Für diese Bereiche wären weiterreichende Maßnahmen wie beispielsweise ein Impferinnerungssystem wünschenswert gewesen.

Positiv erscheint die gesetzliche Verankerung der Impfsurveillance nach § 13 Abs. 5 IfSG.

Auf große Bedenken hinsichtlich der Bestimmtheit des Gesetzes stößt hingegen die Regelung des § 20 Abs. 8 S. 3 IfSG, durch welchen nicht nur die Masern-, sondern noch weitere nicht konkreter benannte Impfungen faktisch verpflichtend gestellt werden.

6. Kapitel – Zusammenfassung und wesentliche Ergebnisse der Arbeit

Im Folgenden werden die wichtigsten Untersuchungsergebnisse thesenartig zusammengefasst:

- Durch die Impfpflicht, die das Reichsimpfgesetz von 1874 anordnete, konnte die Pockenkrankheit in Deutschland schließlich ausgerottet werden.
- Wenn eine Epidemie mit einer übertragbaren Krankheit mit klinisch schwerer Verlaufsform unmittelbar bevorsteht, kann gemäß § 20 Abs. 6 IfSG eine Impfpflicht per Rechtsverordnung angeordnet werden. Eine solche ist zum Schutz der Gesundheit der Bevölkerung verfassungsrechtlich zulässig.
- Auch alle anderen durch das Infektionsschutzgesetz im Hinblick auf Impfungen angeordneten Grundrechtseingriffe sind verfassungsrechtlich gerechtfertigt.
- Aus der Verfassung lässt sich eine Schutzpflicht des Staates zugunsten des Lebens und der Gesundheit ableiten. Hinsichtlich Kindern besteht eine besondere Schutzpflicht durch das Wächteramt des Staates aus Art. 6 Abs. 2 S. 2 GG. Diese Pflichten schließen auch den Schutz vor Gefährdungen dieser Rechtsgüter mit ein.
- Die Impfdurchführung ist in Deutschland bis auf die durch das Masernschutzgesetz vorgeschriebenen Impfungen freiwillig. Dieses Freiwilligkeitsmodell ist solange verfassungsrechtlich nicht zu beanstanden, wie sich genügend Menschen freiwillig impfen lassen. Bei den durch die Freiwilligkeit entstehenden Grundrechtskollisionen hat der Gesetzgeber den Abwehrrechten stets den Vorrang vor den sich aus der Schutzpflicht ergebenden Rechten gegeben.
- Hinsichtlich der Erfüllung dieser Schutzpflicht steht dem Gesetzgeber ein weiter Gestaltungsspielraum zu. Er hat in Bezug auf die Vermeidung impfpräventabler Krankheiten unterschiedliche Vorkehrungen getroffen. Durch diese werden Kinder und Nichtimpfbare jedoch nicht ausreichend in ihrer Gesundheit geschützt, sodass hier eine Überprüfungspflicht des Gesetzgebers besteht.
- Es sind zahlreiche Maßnahmen denkbar, die Impfquote zu erhöhen und den Schutz, den die Verfassung gebietet, besser zu gewährleisten. Insbesondere wäre es überaus wichtig, eine zu erreichende Impfquote gesetzlich festzulegen, um daran die bestehende Gefahr messen und die zu treffenden Schutzmaßnahmen auswählen zu können.

- Das Masernschutzgesetz, welches am 01.03.2020 in Kraft tritt, betrifft nur Kinder. Gerade in der Gruppe der Erwachsenen wäre eine Erhöhung der Masernimpfquote jedoch ebenso wichtig gewesen. Es stellt überdies nur die Masernimpfung verpflichtend, sodass offen bleibt, wie der Schutz vor anderen Erkrankungen gewährleistet werden soll. Zuletzt stößt das Gesetz hinsichtlich seiner Bestimmtheit auf große Bedenken.

Literaturverzeichnis

Abhandlungen aus dem Bundesgesundheitsamt: Heft 2 - Gutachten des Bundesgesundheitsamtes über die Durchführung des Impfgesetzes, Berlin/Göttingen/Heidelberg 1959

Alexy, Robert: Theorie der Grundrechte, Baden Baden 1985

Amelung, Knut/Eymann, Frieder: Die Einwilligung des Verletzten im Strafrecht,

Bales, Stefan/Baumann, Hans Georg/Schnitzler, Norbert: Infektionsschutzgesetz, Kommentar und Vorschriftensammlung, 2. Auflage, Stuttgart 2003

Battis, Ulrich/Gusy, Christoph: Einführung in das Staatsrecht, 6. Auflage, Berlin/Boston 2018

Bethge, Herbert: Grundrechtskollisionen, in: HGR III, § 72

Bethge, Herbert: Gewissensfreiheit, in: HStR VII, § 158

Bethge, Herbert: Grundrechtswahrnehmung, Grundrechtsverzicht, Grundrechtsverwirkung, in: HStR IX, § 203

Betsch, Cornelia/Böhm, Robert/Korn, Lars/Holtmann, Cindy: On the benefits of explaining herd immunity in vaccine advocacy, Nature Human Behaviour 56, 2017, S. 1–6, http://rocs.hu-berlin.de/papers/betsch_etal_2017.pdf (zuletzt abgerufen am 02.11.2019)

Betsch, Cornelia/Schmid, Philipp/Heinemeier, Dorothee/Korn, Lars/Holtmann, Cindy/Böhm, Robert: Beyond confidence: Development of a measure assessing the 5C psychological antecedents of vaccination, PLOS ONE 7.12.2018, https://journals.plos.org/plosone/ article?id=10.1371/journal.pone.0208601 (zuletzt abgerufen am 14.12.2019)

Betsch, Cornelia/von Hirschhausen, Eckart/Zylka-Menhorn, Vera: Impfberatung in der Praxis: Professionelle Gesprächsführung - wenn Reden Gold wert ist, Deutsches Ärzteblatt 2019, Heft 11, S. 520–527

Brox, Hans/Walker, Wolf-Dietrich: Besonderes Schuldrecht, 43. Auflage, München 2019

Bruns, Manfred: Ein Rückschlag für die AIDS-Prävention, MDR 1989, S. 199–201

Burgi, Martin/Hölbling, Pamela: Die Struktur des elterlichen Erziehungsrechts nach Art. 6 II und III GG, Jura 2008, S. 901–906

Calliess, Christian: Schutzpflichten, in: HGR II, § 44

Colussi, Marc/Haase, Stefanie: Das Problem des Kausalitätsnachweises in komplexen Ermittlungs- und Strafgerichtsverfahren, Kriminalistik 2010, S. 473–479

Detterbeck, Steffen: Öffentliches Recht, 11. Auflage, München 2018

Deutsche Apotheker Zeitung Online: Medizingeschichte: Geschichte der Schutzimpfung, DAZ 2003, Nr. 17, S. 76–79, https://www.deutsche-apotheker-zeitung.de/daz-az/2003/daz-17-2003/uid-9640 (zuletzt abgerufen am 07.10.2019)

Deutsch, Erwin: Die Infektion als Zurechnungsgrund, NJW 1986, S. 757–759

Deutsch, Erwin: Zivilrechtliche Haftungsprobleme von AIDS, in: Schünemann, Bernd/Pfeiffer, Gerd (Hrsg.), Die Rechtsprobleme von AIDS, S. 271–291, Baden-Baden 1988

Dördelmann, Philipp: Tierhalterhaftung bei Schädigungen durch Mikroorganismen, VersR 2018, S. 1234–1240

Dreier, Horst (Hrsg.): Grundgesetz Kommentar, Band I, 3. Auflage, Tübingen 2013 (zitiert: Bearb., in: Dreier, GG)

Erdle, Helmut: Infektionsschutzgesetz Kommentar, 6. Auflage, Landsberg am Lech 2018

Esser, Robert/Beckert, Sandra Maria: „Masern-Party", JA 2012, S. 590–596

Exner, Thomas: Sozialadäquanz im Strafrecht – Zur Knabenbeschneidung, Berlin 2011

Fischer, Thomas: StGB - Kommentar, 66. Auflage, München 2019

Franz, Matthias (Hrsg.): Die Beschneidung von Jungen: Ein trauriges Vermächtnis, Göttingen 2014

Freymann, Hans-Peter/Wellner, Wolfgang: jurisPK-Straßenverkehrsrecht, 1. Auflage 2016 (zitiert: Bearb., in: Freymann/Wellner, jurisPK-StVR)

Friauf, Karl Heinrich/Höfling, Wolfram (Hrsg.): Berliner Kommentar zum Grundgesetz, Band 1, Loseblattsammlung, Stand: Lieferung 2/2019, Berlin 2019 (zitiert: Bearb., in: Friauf/Höfling, Berl. Komm. GG)

Gaßner, Maximilian/Strömer, Jens M.: Das heimliche Verschwinden der Appellfunktion des Straftatbestandes und die unheimliche Kriminalisierung des Bürgers, HRRS 2015, Heft 3, S. 122–127, https://www.hrr-strafrecht.de/hrr/archiv/15-03/index.php?sz=8 (zuletzt abgerufen am 21.09.2019)

Geene, Raimund/Reese, Michael: Handbuch Präventionsgesetz – Neuregelungen der Gesundheitsförderung, Frankfurt am Main 2016

Gramm, Christof: Rechtsfragen der staatlichen Aids-Aufklärung, NJW 1989, S. 2917–2926

Grüner, Anna-Maria: Biologische Katastrophen - Eine Herausforderung an den Rechtsstaat, Baden-Baden 2017

Gusy, Christoph: Polizei- und Ordnungsrecht, 10. Auflage, Tübingen 2017

Hänlein, Andreas/Schuler, Rolf: Sozialgesetzbuch V – Gesetzliche Krankenversicherung, Lehr- und Praxiskommentar, 5. Auflage, Baden-Baden 2016. (zitiert: Bearbeiter, in: LPK-SGB V)

Hellermann, Johannes: Die sogenannte negative Seite der Freiheitsrechte, Berlin 1993

Herdegen, Matthias: Völkerrecht, 18. Auflage, München 2019

Herzberg, Rolf Dietrich: Religionsfreiheit und Kindeswohl, ZIS 2010, S. 471–475

Herzberg, Rolf Dietrich: Ist die Beschneidungserlaubnis (§ 1631d BGB) mit dem Grundgesetz vereinbar?, JZ 2016, S. 350–355

Hesse, Konrad: Grundzüge des Verfassungsrechts der Bundesrepublik Deutschland, 20. Auflage, Heidelberg 1995

Höfling, Wolfram: Elternrecht, in: HStR VII, § 155

Höfling, Wolfram: Vom präventiven Selbst zum immunisierten Volkskörper?, JZ 2019, S. 776–778

Hufen, Friedhelm: Staatsrecht II, Grundrechte, 7. Auflage, München 2018

Ipsen, Jörn: Staatsrecht II, Grundrechte, 21. Auflage, München 2018

Isensee, Josef/Kirchhof, Paul (Hrsg.): Handbuch des Staatsrechts der Bundesrepublik Deutschland

- Band VI: Freiheitsrechte, Heidelberg 1989
- Band VII: Freiheitsrechte, 3. Auflage, Heidelberg 2009
- Band IX: Allgemeine Grundrechtslehren, 3. Auflage, Heidelberg 2011 (zitiert: Bearb., in: HStR VI/VII/IX)

Isensee, Josef: Das Grundrecht auf Sicherheit – Zu den Schutzpflichten des freiheitlichen Verfassungsstaates, Berlin/New York 1983

Isensee, Josef: Das Grundrecht als Abwehrrecht und als staatliche Schutzpflicht, in: HStR IX, § 191

Jähnke, Burkhard: Strafrechtliche Produkthaftung, Jura 2010, S. 582–587

Jarass, Hans D.: Funktionen und Dimensionen der Grundrechte, in: HGR II, § 38

Jarass, Hans D./Pieroth, Bodo: Grundgesetz für die Bundesrepublik Deutschland – Kommentar, 15. Auflage, München 2018 (zitiert: Bearb., in: Jarass/Pieroth, GG)

Jellinek, Georg: System der subjektiven öffentlichen Rechte, 2. Auflage, Darmstadt 1963

Joecks, Wolfgang/Jäger, Christian: Strafgesetzbuch Studienkommentar, 12. Auflage, München 2018 (zitiert: Bearb., in: SK-StGB)

Jost, Fritz: Elterliche Entscheidungsbefugnis i. S. d. § 1628 BGB bei Schutzimpfung, JR 2018, S. 335–340

Kahl, Wolfgang/Waldhoff, Christian/ Walter, Christian (Hrsg.): Bonner Kommentar zum Grundgesetz, Loseblattsammlung, Heidelberg, Stand: 198. Aktualisierung Mai 2019 (zitiert: Bearb., in: BK-GG)

Kaufmann, Armin: Die Aufgabe des Strafrechts, Opladen 1983

Kerscher, Wolfram: Der preußische Weg zum Impfzwang - Die Entwicklung der preußischen Pockenschutzgesetzgebung 1750–1874, Baden-Baden 2011

Kindhäuser, Urs: Strafrecht Allgemeiner Teil, 8. Auflage, Baden-Baden 2017

Kindhäuser, Urs: Strafrecht Besonderer Teil I, 8. Auflage, Baden-Baden 2017

Kindhäuser, Urs/Neumann, Ulfried/Paeffgen, Hans-Ullrich (Hrsg.): Strafgesetzbuch Kommentar, Band 2, 5. Auflage, Baden-Baden 2017

Kloepfer, Michael: Zum Grundrecht auf Umweltschutz, Berlin/New York 1978

Klotz, Christopher: „Die Masern und das zwangsweise Schulfrei", JA 2016, S. 123–132

Lackner, Karl/Kühl, Kristian/Heger, Martin: Strafgesetzbuch Kommentar, 29. Auflage, München 2018

Leupold, Hendrik: Die Feststellung des Katastrophenfalls, Baden-Baden 2012

Lindlbauer-Eisenach, Ursel: Warum ist eine Impfpflicht in Deutschland sinnvoll?, KrV 2009, S. 224–227

Lindner, Josef Franz: Verpflichtende Gesundheitsvorsorge für Kinder?, ZRP 2006, S. 115–118

Lorenz, Dieter: Recht auf Leben und körperliche Unversehrtheit, in: HStR VI, § 128

Mers, Jutta: Infektionsschutz im liberalen Rechtsstaat, Baden-Baden 2019

Manok, Andreas: Die medizinisch nicht indizierte Beschneidung des männlichen Kindes, Berlin 2015

Maunz, Theodor/Dürig, Günter (Begr.): Grundgesetz Kommentar, 87. Ergänzungslieferung, März 2019 (zitiert: Bearb., in: Maunz/Dürig, GG)

Merten, Detlef: Negative Grundrechte, in: HGR II, § 42

Merten, Detlef: Verhältnismäßigkeitsgrundsatz, in: HGR III, § 68

Merten, Detlef/Papier, Hans-Jürgen (Hrsg.): Handbuch der Grundrechte in Deutschland und Europa

- Band II: Grundrechte in Deutschland: Allgemeine Lehren I, Heidelberg 2006
- Band III: Grundrechte in Deutschland: Allgemeine Lehren II, Heidelberg 2009 (zitiert: Bearb., in: HGR II/III)

Mollnau, Karl A. und andere: Rechtshandbuch für den Bürger, Berlin (DDR), 1985

Momsen, Carsten: Die Zumutbarkeit als Begrenzung strafrechtlicher Pflichten, Baden-Baden 2006

Müller-Terpitz, Ralf: Recht auf Leben und körperliche Unversehrtheit, in: HStR VII, § 147

Münchener Kommentar (Hrsg. Erb, Volker/Schäfer, Jürgen): Kommentar zum Strafgesetzbuch, Band 4, §§ 185–262, 3. Auflage 2017 (zitiert: Bearb., in: MüKo-StGB)

Niehues, Tim u. a.: Impfen bei Immundefizienz, Bundesgesundheitsblatt 2017, S. 674–684, https://link.springer.com/content/pdf/10.1007/s00103-017-2555-4.pdf (zuletzt abgerufen am 11.10.2019)

Rengier, Rudolf: Strafrecht Allgemeiner Teil, 10. Auflage, München 2018

Robert-Koch-Institut: Aktuelles aus der KV-Impfsurveillance - Impfquoten ausgewählter Schutzimpfungen in Deutschland, Epidemiologisches Bulletin 1/18, S. 1–14.

Roth, Christopher Leander: Die Strafbarkeit von Masernpartys, Baden-Baden 2013

Rupp, Johannes-Peter (Hrsg.): Hundert Jahre Impfgesetz - Ausstellung in der Universitäts-Bibliothek Gießen, 19.-26. April 1974, Katalog, http://geb.uni-giessen.de/geb/volltexte/2006/3727/pdf/Impfgesetz-1974.pdf (zuletzt abgerufen am 02.11.2019)

Sachs, Michael (Hrsg.): Grundgesetz Kommentar, 8. Auflage, München 2018 (zitiert: Bearb., in: Sachs, GG)

Sachs, Michael: Verfassungsrecht II - Grundrechte, 3. Auflage, Berlin Heidelberg 2017

Sachs, Michael: Abwehrrechte, in: HGR II, § 39

Scherer, Werner/Alff, Richard/Poretschkin, Alexander/Lucks, Ulrich: Soldatengesetz Kommentar, 10. Auflage, München 2018 (zitiert: Bearb., in: Scherer/Alff/Poretschkin/Lucks, SoldG)

Scherf, Klaus: Aids und Strafrecht: Schaffung eines Gefährdungstatbestandes zur Bestrafung ungeschützten Geschlechtsverkehrs, Baden-Baden 1992

Schmidt-Bleibtreu, Bruno/Hofmann, Hans/Henneke, Hans-Günter: Kommentar zum Grundgesetz, 14. Auflage, Köln 2018 (zitiert: Bearb., in: Schmidt-Bleibtreu/Hofmann/Henneke, GG)

Schneider, Harald: Die Güterabwägung des Bundesverfassungsgerichts bei Grundrechtskonflikten - Empirische Studie zu Methode und Kritik eines Konfliktlösungsmodells, Baden-Baden 1979

Schönke, Adolf/Schröder, Horst (Begr.): Strafgesetzbuch Kommentar, 30. Auflage, München 2019 (zitiert: Bearb., in: Schönke/Schröder, StGB)

Schulze, Reiner (Schriftleitung): Bürgerliches Gesetzgebuch, Handkommentar, 10. Auflage, Baden-Baden 2019 (zitiert: Bearb., in: Hk-BGB)

Schumacher, Wolfgang/Meyn, Egon: Bundes-Seuchengesetz, Kurzkommentierung, 4. Auflage, Köln 1992 (zitiert: Schumacher/Meyn, BSeuchG)

Schwabe, Jürgen: Der Schutz des Menschen vor sich selbst, JZ 1998, S. 66–75

Soergel, Theodor (Begr.): Bürgerliches Gesetzbuch, Kommentar, Band 12, §§ 823–853, 13. Auflage, Stuttgart 2005 (zitiert: Bearb., in: Soergel)

Staudinger, Julius von (Begr.): Kommentar zum Bürgerlichen Gesetzbuch, Berlin

- §§ 823 A-D, Neubearbeitung 2017
- §§ 823 E-I, 824, 825, Neubearbeitung 2010
- §§ 830-838, Neubearbeitung 2018
- §§ 1626-1633, Neubearbeitung 2015
- §§ 1638-1683, Neubearbeitung 2016
- §§ 1896-1921, Neubearbeitung 2017

Stebner, Frank A./Bothe, Benjamin: Impfzwang der Bevölkerung wegen Pockengefahr?, MedR 2003, 287–288

Stern, Klaus: Das Staatsrecht der Bundesrepublik Deutschland, Band IV - Die einzelnen Grundrechte, 1. Halbband, München 2006

Stern, Klaus: Der Schutz von Ehe, Familie und Eltern/Kind-Beziehung, in: Stern, Staatsrecht IV/1, § 100, S. 315–649

Stern, Klaus/Becker, Florian: Grundrechte-Kommentar, 2. Auflage, Köln 2016 (zitiert: Bearb., in: Stern/Becker, GG)

Thießen, Malte: Vom immunisierten Volkskörper zum „präventiven Selbst" – Impfen als Biopolitik und soziale Praxis vom Kaiserreich zur Bundesrepublik, in: VfZ 1/2013, S. 35–64

Thießen, Malte: Vorsorge als Ordnung des Sozialen: Impfen in der Bundesrepublik und der DDR, in: Zeithistorische Forschungen, Online-Ausgabe, 10 (2013), Heft 3, S. 1–23, http://www.zeithistorische-forschungen.de/16126041-Thiessen-3-2013

Thomas, Heinz/Putzo, Hans (Begr.): Zivilprozessordnung – Kommentar, 40. Auflage, München 2019

Unruh, Peter: Zur Dogmatik der grundrechtlichen Schutzpflichten, Berlin 1996

Von Mangoldt, Hermann/Klein, Friedrich/Starck, Christian: Kommentar zum Grundgesetz, Band 1, 7. Auflage, München 2018 (zitiert: Bearb., in: von Mangoldt/Klein/Starck, GG)

von Münch, Ingo/Kunig, Philip: Grundgesetz Kommentar, Band 1, 6. Auflage, München 2012 (zitiert: Bearb., in: von Münch/Kunig, GG) von Steinau-Steinrück, Sandra: Die staatliche Verhütung und Bekämpfung von Infektionskrankheiten, Frankfurt am Main 2013

Walz, Dieter/Eichen, Klaus/Sohm, Stefan: Soldatengesetz – Kommentar, 2. Auflage, Heidelberg 2010 (zitiert: Bearb., in: Walz/Eichen/Sohm, SoldG)

Weißner, K./Barth, I./Keller-Stanislawski, B.: Sicherheit von Impfstoffen, Bundesgesundheitsblatt 2009, S. 1–12, https://www.pei.de/SharedDocs/Downloads/bundesgesundheitsblatt/2009/2009-sicherheit-impfstoffe.pdf?__blob=publicationFile&v=3 (zuletzt abgerufen am 21.09.2019)

Wessels, Johannes/Beulke, Werner/Satzger, Helmut: Strafrecht Allgemeiner Teil, 48. Auflage, Heidelberg 2018

Westermann, Harm Peter/Grunewald, Barbara/Maier-Reimer, Georg: Erman BGB Handkommentar, Band 1 u. 2, 15. Auflage, Köln 2017 (zitiert: Bearb., in: Erman-BGB)

Wulfhorst, Reinhard: Der Schutz „überdurchschnittlich empfindlicher" Rechtsgüter im Polizei- und Umweltrecht, Berlin 1994

WWU Münster: Masern: Streng gläubige Protestanten gegen Impfung, 05. Juli 2013, in: NiederlandeNet, Münster, https://www.uni-muenster.de/NiederlandeNet/ueberuns/index.shtml (zuletzt abgerufen am 21.09.2019)

Zuck, Rüdiger: Gesetzlicher Masern-Impfzwang, ZRP 2017, S. 118–121

Ohne Autor: Nachrichten zum Europäischen Sozial- und Arbeitsrecht, ZESAR 2019, S. 313–316.

www.ingramcontent.com/pod-product-compliance
Ingram Content Group UK Ltd.
Pitfield, Milton Keynes, MK11 3LW, UK
UKHW021131041026
8980IPUK00034B/1692

9 783631 847480